शाहीन बाग़

लोकतंत्र की नई करवट

शाहीन बाग़

लोकतंत्र की नई करवट

भाषा सिंह

सार्थक
राजकमल प्रकाशन का उपक्रम

ISBN : 978-93-92757-13-6

मूल्य : ₹250

पहला संस्करण : 2022

सार्थक राजकमल प्रकाशन का उपक्रम

प्रकाशक
राजकमल प्रकाशन प्रा.लि.
1-बी, नेताजी सुभाष मार्ग, दरियागंज
नई दिल्ली-110 002

शाखाएँ
अशोक राजपथ, साइंस कॉलेज के सामने, पटना-800 006
पहली मंज़िल, दरबारी बिल्डिंग, महात्मा गांधी मार्ग, प्रयागराज-211 001
36 ए, शेक्सपियर सरणी, कोलकाता-700 017

वेबसाइट : www.rajkamalprakashan.com
ई-मेल : info@rajkamalprakashan.com

मुद्रक
बी.के. ऑफ़सेट
नवीन शाहदरा, दिल्ली-110 032

SHAHEEN BAGH : Loktantra Ki Nai Karavat
Reportage by Bhasha Singh

शाहीन बाग़ और
देश-भर में फैले अनगिनत शाहीन बाग़ों में,
अपने मुल्क और जम्हूरियत को बचाने उतरीं
भारतीय नागरिकों के नाम

क्रम

अमन का राग

देश की राजधानी दिल्ली में यमुना और गन्दे नालों के बीच आबाद एक छोटा-सा, नामालूम-सा ख़बरों से ग़ायब रहनेवाला मोहल्ला रातों-रात देश-दुनिया की सुर्ख़ियों में आ गया। दक्षिण-पूर्वी दिल्ली के जामिया नगर में बसा है शाहीन बाग़—जो संज्ञा और विशेषण, दोनों भूमिकाओं में आ गया। यूँ तो गूगल मैप में खोजनेवालों को इसका पता कुछ यूँ मिलेगा—13-ए सड़क, जी.डी. बिड़ला मार्ग, शाहीन बाग़, कालिन्दी कुंज इलाक़ा (Shaheen Bagh, Delhi, India E-Coordinates: 28°32'34"N 77°18'09"E), लेकिन शाहीन बाग़ इलाक़े में चले ऐतिहासिक धरने को खोजने के लिए सबसे आसान पता था—40 फुटा रोड, कालिन्दी कुंज को नोएडा से जोड़नेवाला हाई-वे। इसके पास सबसे बड़ा पहचाना इलाक़ा जामिया मिल्लिया इस्लामिया है, जिसकी शोहरत दूर-दूर तक है। लेकिन 15 दिसम्बर, 2019 तक शाहीन बाग़ पूरी तरह से गुमनाम इलाक़ों में शुमार था।

इसके बाद तो शाहीन बाग़ एक पर्याय बन गया। महज़ 101 दिनों के भीतर देश के कई राज्यों में 80 से अधिक जगहों पर शाहीन बाग़ पहुँच गया। संज्ञा ने सर्वनाम का और कई जगह विशेषण का रूप धर लिया। दिल्ली में नागरिकता संशोधन क़ानून (सीएए) के ख़िलाफ़ सबसे पहला मोर्चा खुला जामिया नगर के शाहीन बाग़ में। इसके बाद यह पसरा पूरी दिल्ली के ऐसे गुमनाम इलाक़ों में, जहाँ कभी कोई आन्दोलन का इतिहास नहीं रहा। चाहे वह हौज़ रानी हो, तुर्कमान गेट या खुरेजी—हर जगह मॉडल शाहीन बाग़ ही था यानी मंच से लेकर सामने की कतारों तक में सिर्फ़ औरतें ही औरतें। यह सिलसिला पूरे देश में रहा—क्या लखनऊ, इलाहाबाद, जयपुर,

शिमला, हैदराबाद या अहमदाबाद या क्या कोझिकोड—हर जगह शाहीन बाग़ सर्वनाम के रूप में विराजमान रहा। बहुत जल्द हर जगह शाहीन बाग़ एक विशेषण के रूप में, एक आन्दोलन के पर्याय के रूप में इस्तेमाल किया जाने लगा—उसके नाम से मिसालें दी जाने लगीं—शाहीन बाग़ का हौसला, शाहीन बाग़ का रास्ता, शाहीन बाग़ की नानियाँ-दादियाँ आदि।

देश के 20 राज्यों के अनगिनत इलाक़ों में शाहीन बाग़ आन्दोलन फैला, लौ से लौ जलती गई। हर शहर में एक गुमनाम-सा इलाक़ा शाहीन बाग़ बन कर खड़ा हो गया। अब आप ही सोचिए, ज़्यादा वक़्त नहीं गुज़रा, जब शाहीन बाग़ छोटी काश्तकारी करनेवालों का इलाक़ा था। इस इलाक़े में 1985 तक छोटे-छोटे खेतों में सब्ज़ियाँ उगाई जाती थीं, जैसा कि दिल्ली के यमुना खादर के अधिकतर इलाक़ों में रहा है। फिर गुर्जर समाज ने इस इलाक़े में ज़मीन के प्लॉट बनाकर बेचना शुरू कर दिया। धीरे-धीरे बसावट सघन होती गई। तब भी बेहद ग़रीब-बुनियादी सुविधाओं से महरूम रहा यह इलाक़ा। 1990 तक यहाँ सड़कें कच्ची, गन्दी थीं। लेकिन एक विचित्र बात जो यहाँ जाकर पता चली, वह यह कि शाहीन बाग़ इलाक़े में तो बुनियादी सुविधाओं को लेकर भी कभी किसी आन्दोलन जैसी नौबत नहीं आई और यहाँ के लोग तो 'जो है जैसा है' में ही सब्र करनेवाले नागरिक रहे हैं।

1992 में बाबरी मस्जिद ध्वंस के बाद से यहाँ बसनेवालों की संख्या बढ़ गई। शाहीन बाग़ का यह इलाक़ा देश के बाक़ी हिस्सों में बसे मुस्लिम घैटो (ghetto) जैसा ही दिखाई देता है। आर्थिक रूप से मिली-जुली आबादी है। गन्दे नाले के पार बसा है जसोला विहार, जहाँ दिल्ली विकास प्राधिकरण (डीडीए) ने फ़्लैट्स बनाए हैं। बिल्डर्स फ़्लैट्स भी हैं, जहाँ सुविधा-सम्पन्न मध्यम वर्ग की रिहाइश है। यह सारा जुगराफ़िया समझना इसलिए ज़रूरी है, क्योंकि तभी एक पूरी तसवीर सामने आएगी और शाहीन बाग़ इलाक़े और इस आन्दोलन की अहमियत का अन्दाज़ा हो पाएगा।

देश की अधिकतर सघन मुस्लिम बस्तियों का इतिहास-भूगोल, सामाजिक-आर्थिक विकास-क्रम कमोबेश एक-सा ही है। ऐसे में शाहीन बाग़ का सीएए के विरोध में खड़े हुए आन्दोलन का एपिक सेंटर यानी केन्द्रक बनना दर्शाता है कि आम भारतीय मुसलमान—जो अधिकतर

सुविधाओं से वंचित रहने व भेद-भाव को सामना करने का अभ्यस्त हो चला था—अब नागरिकता से भी महरूम होने के ख़तरे से बावस्ता था, जो उसके लिए अपने वजूद से ही महरूम होने जैसा था। यह उसे किसी भी सूरत में गवारा नहीं था।

इसके साथ ही मुसलमानों के बड़े तबक़े में बच्चों को शिक्षित, अच्छी नौकरीशुदा बनाने की ललक बहुत तेज़ी से बढ़ी है। जब जामिया मिल्लिया इस्लामिया में पढ़ रहे विद्यार्थियों पर पुलिसिया हमला (15 दिसम्बर, 2019 को) हुआ, और इसकी ख़बरें बाहर आईं तो समाज में आग की तरह फैलीं। इसने पूरे समाज और ख़ासतौर से औरतों में गहरा रोष पैदा किया। यह ट्रिगर प्वाइंट था।

यह किताब एक कोशिश है, भारतीय राजनीतिक फलक पर हुई इस अहम करवट को सहेजने की, उसे सही परिप्रेक्ष्य में समझने की। लोकतंत्र को वाइब्रेंट बनाए रखने की अतुलनीय जिजीविषा को जेंडर लेंस के साथ परखने की। इस आन्दोलन का दस्तावेज़ीकरण करके ही भारतीय लोकतंत्र की जटिलताओं के साथ-साथ प्रतिरोध की सुन्दरता शक्ति और सम्भावनाओं को भाँपा जा सकता है।

शाहीन बाग़ आन्दोलन 15 दिसम्बर, 2019 से लेकर 24 मार्च, 2020 तक चला और बाद में नानियों-दादियों की खड़ाऊँ के रूप में हमारे लोकतांत्रिक स्पेस का स्थायी हिस्सा बन गया। अपने बहुमत की बदौलत केन्द्र की नरेन्द्र मोदी सरकार द्वारा 11 दिसम्बर, 2019 को संसद से नागरिकता संशोधन अधिनियम, 2019 पारित करा लिया गया। लिहाज़ा, देखते-ही-देखते सीएए और राष्ट्रीय नागरिकता रजिस्टर (एनआरसी) के ख़िलाफ़ शुरू हुआ यह आन्दोलन देश की नए सिरे से खोज़ करने, देश की नई प्रस्तावना को गढ़ने की प्रक्रिया में तब्दील हो गया। यह आन्दोलन इस मामले में अनूठा रहा कि इसमें अपने मुल्क पर दावेदारी पेश करती हुई औरतें (ज़्यादातर मुसलमान) यह ऐलान कर रही थीं कि वतन से उनका रिश्ता किसी काग़ज़ का मोहताज़ नहीं है। वतन में हमारे पुरखों का ख़ून-पसीना शामिल है और यह मिट्टी ही हमारा दस्तावेज़ है।

इस नए भारत की खोज़ में मुल्क का आईन (संविधान) सबसे बड़ा सम्बल बनकर सामने आया और संविधान की प्रस्तावना 'हम भारत के

लोग' मशाल की तरह मार्ग प्रशस्त करती रही। देश की विविधता का जश्न वतनपरस्ती का सबब बना और तमाम राष्ट्रीय प्रतीकों को हाथ में थामे यह आन्दोलन अलग नज़ीर पेश करता रहा। वतन के लोग ही वतन के मालिक हैं, सम्प्रभु देश के सम्प्रभु नागरिक जो देशप्रेम में धर्म, जात-पात, भाषा, रंग व लिंग के भेद को आड़े नहीं आने देंगे—इस धारणा को ईंट-गारे की तरह देश निर्माण का बुनियादी आधार बनाया इस आन्दोलन ने। यही वजह रही कि पूरे देश में संविधान और संविधान की प्रस्तावना का जितना पाठ इस दौरान हुआ, उतना किसी भी दूसरे आन्दोलन में नहीं हुआ था। बच्चे-बच्चे की जुबाँ पर राष्ट्र गान था और चेहरे पर तिरंगा था।

आंबेडकर और गांधी का दुर्लभ संगम था शाहीन बाग़ आन्दोलन। संविधान और क़ानून की छत्रच्छाया में सभी नागरिकों के बीच समानता, समता और बन्धुत्व सुनिश्चित करनेवाले अधिकारों की दावेदारी जताकर यह आंबेडकर की बताई राह दे पर बढ़ रहा था, तो गांधी की राह अपनाते हुए, असहयोग आन्दोलन की तर्ज़ पर 'काग़ज़ नहीं दिखाएँगे' का नारा बुलन्द कर रहा था। साथ ही, हर हाल में इस आन्दोलन को भी सत्य व अहिंसा की कसौटी पर कसने की सफल क़वायद की जा रही थी।

शायद आज़ादी के बाद पहली बार किसी जनान्दोलन ने आंबेडकर के नागरिकता पर धर्मनिरपेक्ष ख़यालों को संविधान सभा की चर्चाओं और बाद में संविधान के प्रावधानों से निकालकर पब्लिक स्पेस में डाला। आंबेडकर ने खुलकर हर चर्चा में धर्म को राजकाज से अलग रखने की ज़ोरदार वकालत की थी। चाहे शिक्षा का मसला हो या नागरिकता का—आंबेडकर का मानना था कि धर्म एक निजी मामला है और इसे सार्वजनिक नीति के मामले में लागू नहीं किया जाना चाहिए। धार्मिक शिक्षा प्रदान करनेवाले शिक्षण संस्थानों को सरकार के वित्तीय समर्थन के सवाल पर उन्होंने विरोध करते हुए कहा था—

> हमने उस प्रस्ताव को स्वीकार कर लिया है जो अनुच्छेद 21 में सन्निहित है, कि करों के ज़रिये अर्जित सार्वजनिक धन का उपयोग किसी विशेष सम्प्रदाय के लाभ/कल्याण के लिए नहीं किया जाएगा।

> दुर्भाग्य से देश में जो धर्म हैं, वे केवल ग़ैर-सामाजिक नहीं हैं—जहाँ तक उनके आपसी सम्बन्धों का सवाल है—बल्कि वे असामाजिक भी हैं, क्योंकि एक धर्म का यह दावा करना कि उसकी शिक्षाएँ ही मानव उद्धार के लिए एकमात्र सही रास्ता हैं और अन्य सभी धर्म ग़लत हैं...इसको देखते हुए, मुझे ऐसा लगता है कि हम तब किसी संस्था के शान्तिपूर्ण माहौल को ही बिगाड़ रहे होंगे...अगर इस विवाद को किसी धर्म विशेष के सत्य चरित्र और दूसरों के ग़लत चरित्र के सम्बन्ध में उसकी तुलना करने के लिए स्कूलों में लाते हैं।
>
> (संविधान सभा में भाषण)

लिहाज़ा, जब सीएए के तहत यह स्थापित किया गया कि भारत के तीन पड़ोसी देशों (अफ़गानिस्तान, पाकिस्तान और बांग्लादेश) के मुसलमानों को छोड़कर बाक़ी सभी धर्मों से आनेवाले सभी अवैध अप्रवासियों को अवैध नहीं माना जाएगा और दूसरों की तुलना में बहुत कम समय सीमा में उनका नागरिकीकरण कर दिया जाएगा, तो स्पष्ट हो गया कि नागरिकता को धर्म से जोड़ा जा रहा है। इससे पहले असम और पूरे उत्तर-पूर्व में घुसपैठियों के नाम पर हिंसा को बढ़ावा देकर और आतंक को फैलाकर राजनीतिक ध्रुवीकरण किया जा रहा था। इसने बड़ी संख्या में मुसलमानों को आतंकित कर रखा था।

नए भारत की प्रस्तावना निर्मित करते हुए, शाहीन बाग़ ने राष्ट्रवाद-राष्ट्रप्रेम और देश से वास्ते को भी नए सिरे से परिभाषित करने का ऐतिहासिक काम किया। जिस संस्था-विचारधारा (राष्ट्रीय स्वसंसेवक संघ और हिन्दुत्ववाद) ने आज़ादी के बाद अपने मुख्यालय पर तिरंगा तक नहीं लहराया, वे ही तिरंगे के मालिक बन बैठे थे। बदली परिस्थिति में अल्पसंख्यकों को डराने के लिए निकाले जानेवाले तमाम उग्र, आक्रामक जुलूसों में तिरंगे का दुरुपयोग किया जा रहा था। यहाँ तक कि बलात्कारियों के पक्ष में तिरंगा लहराया जाने लगा था (कठुआ में मुस्लिम गुज्जर बच्ची के साथ यौन अत्याचार और हत्या के बाद फरवरी, 2020 में बलात्कारियों को बचाने के लिए तिरंगा सहित जुलूस निकाला

गया।[1] ऐसे में शाहीन बाग़ ने वतन के प्रतीकों को वापस वतनपरस्तों के हाथ में पहुँचाने का काम किया।

दरअसल, यह देशभक्ति की पूरी अवधारणा को ठीक करने की कोशिश के तहत हुआ। वतन मतलब वतन के लोग और वतन से प्यार का बुनियादी अर्थ है, वतन के लोगों और उनके सुख-दुःख से प्यार। आन्दोलन ने राष्ट्रवाद और राष्ट्रभक्ति की मूल धारणा को ज़िन्दा किया, जिसे ख़ास विचारधारा ने बिलकुल संकुचित कर दिया था।

ख़ुद महात्मा गांधी ने कहा था—

> मेरी राष्ट्रभक्ति समावेशी है और मैं उस राष्ट्रभक्ति को नकार दूँगा जो अन्य राष्ट्रीयताओं के दुःख व शोषण पर खड़ी होने का प्रयास करेगी। जो राष्ट्रभक्ति सम्पूर्ण मानवता की अधिकाधिक भलाई न साध सके, वह मेरे लिए निरर्थक है।
>
> (यंग इंडिया, 4 अप्रैल, 1929)

शाहीन बाग़ को इस लिहाज़ से याद करना और इस आन्दोलन के दौरान जो अहम करवट देश की जम्हूरियत ने ली, उसे दिमाग़ में दर्ज़ करना इसलिए ज़रूरी है क्योंकि यहाँ से भविष्य के गर्भ की हलचलों का अन्दाज़ा होता है। लोकतंत्र के लोक में सृजनात्मक शक्ति ज़बर्दस्त है और वह विकट से विकट परिस्थितियों में आस को ज़िन्दा रखना जानता है। अमन का राग गाना-बजाना उसकी बुनियादी फ़ितरत है।

हिन्दी साहित्य के एक प्रमुख हस्ताक्षर कवि शमशेर बहादुर सिंह ने 'अमन का राग' शीर्षक से एक कविता आज़ादी के सात साल बाद, 1954 में लिखी थी, लेकिन इसकी थाप हर उस कोने-क़तरे में दिखाई देती है, जहाँ सपने पलते हैं, भविष्य की राह निकलती है, एक का सपना दूसरे की आँख में खिलता है...और यही ख़ूबसूरती हमारे मुल्क़ की जान है। शाहीन बाग़ के सन्दर्भ में 'अमन का राग' की निम्नलिखित पंक्तियों में दर्ज अभिव्यक्ति उर्दू के मशहूर शायर फ़ैज़ अहमद फ़ैज़ की नज़्म 'हम देखेंगे' में व्यक्त सपने से ही मिलती है और इन्द्रधनुषी रंगों में छितरा जाती है देश-भर में फैले शाहीन बाग़ों पर—

1. https://www.bbc.com/hindi/india-43108939

...यह सुख का भविष्य शान्ति की आँखों में ही वर्तमान है
इन आँखों से हम सब अपनी उम्मीदों की आँखें सेंक रहे हैं
ये आँखें हमारे दिल में रौशन और हमारी पूजा का फूल हैं
ये आँखें हमारे क़ानून का सही चमकता हुआ मतलब
और हमारे अधिकारों की ज्योति से भरी शक्ति हैं...

(अमन का राग, 1954)

यह महज़ इत्तेफ़ाक़ नहीं है कि शमशेर और फ़ैज़ बहुत क़रीबी दोस्त थे। उनके इसी साझे सपनों की, उनकी इसी साझी विरासत की याद दिलाती हैं शाहीन बाग़ की नानियाँ-दादियाँ—जिन्होंने नए भारत की प्रस्तावना को उकेरा ख़ूबसूरत ग्राफ़िटी में, जो चस्पां है भारतीय लोकतंत्र के हर पन्ने पर।

—भाषा सिंह

भारत में शाहीन बाग़

■ भारत में नागरिकता संशोधन क़ानून का विरोध

आभार : न्यूज़क्लिक

1

नई करवट

साल 2020 में देश की राजधानी दिल्ली भूकम्प के झटकों से कई बार हिली। पूरे उत्तर भारत में भूकम्पीय हलचलें तेज़ रहीं। भूकम्प की ख़बर सुनते ही, या भूकम्प को महसूस करते हुए अक्सरहाँ यह ख़याल ज़ेहन में आता है कि धरती करवट ले रही है। लगता है, बहुत ऊर्जा बन्द है—क़ैद है कहीं तमाम वजहों से—जो बाहर निकलने के लिए छटपटा रही है। धरती की सतह के नीचे प्लेटें हमेशा स्थिर नहीं रहतीं, वे इधर-उधर खिसकती रहती हैं। यह एक सामान्य प्रक्रिया है, चलती रहती है सालों साल। सतह के ऊपर बिलकुल नॉर्मल रहता है जीवन, लेकिन प्लेटों के भीतर सुलगती रहती है बेचैनी। फिर यकबयक, ऊर्जा फूटती है...हिलाती है बड़ी-बड़ी इमारतों को, ज़मींदोज़ कर देती है गगनचुम्बी विकास मीनारें। फिर मचता है हाहाकार, भीषण उथल-पुथल...इस ऊर्जा को रोकने-थामने-बाँधने की कोई क़वायद कामयाब नहीं होती।

भारत के राजनीतिक पटल पर शाहीन बाग़ का आलोड़न भी भूकम्प सरीखा ही था। भारतीय राजनीति इस नई करवट के लिए बिलकुल तैयार नहीं थी। कोई इसे भाँप भी नहीं पाया था। राजनीति के बारे में भविष्यवाणियाँ करनेवाले तमाम ठेकेदार-ज्ञाता-पंडित-मौलवी-पादरी इस बारे में एक शब्द भी पहले नहीं बता पाए। किसी ने कोई भविष्यवाणी नहीं की कि देश में इतने बड़े पैमाने पर आक्रोश फूटनेवाला है, जिसकी कमान औरतें, और वह भी मुसलमान औरतें, थामेंगी। जिस तरह से देश-भर से औरतों ने, और वह भी बिलकुल घरेलू औरतों ने अपने बाल-बच्चों के साथ नागरिकता संशोधन क़ानून (सीएए) के ख़िलाफ़, बेख़ौफ़ मोर्चा खोला, वह निश्चित तौर पर

भारतीय राजनीतिक पटल पर एक नई करवट थी। यह नई करवट इसलिए भी थी कि यह शुद्ध रूप से राजनीतिक मुद्दे पर छिड़ा एक आन्दोलन था, जिसमें राजनीतिक दल तक़रीबन नदारद थे। यह नई करवट यूँ करके भी थी कि इसका मुद्दा सिर्फ़ महिला आन्दोलन का मुद्दा नहीं था, फिर भी घरेलू औरतें बाहर निकल आईं।

यह आन्दोलन उस सत्ता को चुनौती दे रहा था, जो कुछ महीने पहले (मई 2019 में) प्रचंड बहुमत से दोबारा केन्द्र में काबिज़ हुई थी और मीडिया समेत लोकतंत्र के तमाम खम्भों को अपने आगे दंडवत् करा चुकी थी। देश में एक बड़े खेमे में जिस समय पस्ती का माहौल था और तमाम राजनीतिक दलों के भीतर यह भाव बैठ गया था कि नरेन्द्र मोदी सरकार और भारतीय जनता पार्टी को चुनौती देना सम्भव नहीं है, उसी समय शाहीन बाग़ की औरतें उट्ठीं।

साल 2019 के आम चुनाव में नरेन्द्र मोदी-अमित शाह की जोड़ी के नेतृत्व में भाजपा की जीत के बाद लोकसभा में भाजपा की अगुआई वाले गठबन्धन के सांसदों (एनडीए यानी नेशनल डेमोक्रेटिक एलायंस) की संख्या 352 थी, जबकि विपक्षी गठबन्धन यूपीए (यूनाइटेड प्रोग्रेसिव एलायंस) को महज़ 91 सीटें मिली थीं।

प्रधानमंत्री नरेन्द्र मोदी की सरकार ने विपक्ष की अनदेखी करते हुए 'हिन्दू राष्ट्र' की दिशा में संसद के भीतर व बाहर निर्द्वन्द्व चालें चली जा रही थीं, मोदी ने 30 मई को दूसरी बार प्रधानमंत्री के रूप में शपथ ली और अपने दूसरे कार्यकाल के 68 दिनों के भीतर तीन तलाक़ को आपराधिक बना दिया। मुस्लिम महिला (विवाह अधिकार संरक्षण) क़ानून लोकसभा में 25 जुलाई, 2019 को पारित हुआ और राज्यसभा से 30 जुलाई, 2019 को। 1 अगस्त को राष्ट्रपति रामनाथ कोविन्द ने इस पर हस्ताक्षर कर दिए। इस क़ानून में तलाक़ को अपराध से जोड़ने और तीन साल की सज़ा का प्रावधान किये जाने का ख़ासा विरोध था, क्योंकि विवाह और तलाक़ सिविल मामला है, क्रिमिनल नहीं। तीन तलाक़ वाला क़ानून पारित हुआ 1 अगस्त, 2019 को, लेकिन इसे बैक डेट से, 19 सितम्बर, 2018 से लागू किया गया।

फिर मोदी सरकार ने 5 अगस्त, 2019 को जम्मू-कश्मीर से अनुच्छेद 370 हटाकर राष्ट्रीय स्वयंसेवक संघ की दशकों पुरानी माँग—एक देश-एक विधान—को पूरा कर दिया।

ये दोनों मुद्दे बेहद विवादित थे और इन पर सरकार द्वारा उठाए गए क़दमों के बारे में यह क़यास था कि इनका बहुत विरोध होगा, कश्मीर में आग लगेगी, तीन तलाक़ पर मुसलमान सड़कों पर उतरेंगे वग़ैरह। लेकिन अनुच्छेद 370 हटाने से पहले ही कश्मीर में लॉकडॉउन लागू कर दिया गया, हर किसी को गिरफ़्तार कर लिया—क्या मुख्यमंत्री, क्या पूर्व मुख्यमंत्री, क्या सांसद, शीर्ष से लेकर निचले स्तर के तमाम राजनीतिक रुझान वाले कश्मीरियों को क़ैद कर लिया गया।

तीन तलाक़ पर भी भारतीय मुसलमानों ने बहुत समझदारी दिखाते हुए कोई विरोध नहीं किया। इसका ज़िक्र अलग-अलग शहरों में बड़ी संख्या में लोगों ने किया। मुस्लिम महिला आन्दोलन की ज़ाक़िया सोमन का यह कहना बहुत मानीख़ेज़ है कि तीन तलाक़ के ख़िलाफ़ (मुस्लिम) समाज में पहले ही लम्बे समय से जागरूकता बढ़ रही थी और एक बड़े हिस्से में इसके ख़ात्मे को लेकर सहमति थी। इसलिए जब भाजपा ने इस पर राजनीतिक दाँव खेला और तीन तलाक़ को आपराधिक बनाया, तो भी इसका व्यापक विरोध नहीं हुआ क्योंकि यह आशंका थी कि इसे बड़े पैमाने पर मुस्लिम समाज के ख़िलाफ़ इस्तेमाल किया जा सकता है, नकारात्मक कार्ड खेला जा सकता है।

इस पृष्ठभूमि में शाहीन बाग़ को बहुत अलग-थलग करके नहीं देखा जा सकता। इसकी एक क्रोनोलॉजी है। इस घटनाक्रम को समझे बिना शाहीन बाग़ के पूरे परिप्रेक्ष्य को समझना मुश्किल है। तारीख़ के हिसाब से देखें तो दिल्ली के जामिया मिल्लिया इस्लामिया और कालिन्दी कुंज-सरिता विहार से सटे शाहीन बाग़ में जमावड़ा 15-16 दिसम्बर, 2019 को शुरू हुआ और 24 मार्च, 2020 को 101वें दिन ख़त्म हुआ। इन 100 दिनों में यह पूरे देश में फैल गया और क़रीब 3,000 धरना स्थलों पर औरतों का आक्रोश प्रतिध्वनित हुआ। धरना शुरू होने से पाँच दिन पहले, 11 दिसम्बर, 2019 को संसद ने सीएए पर मुहर लगाई, और तभी से देश-भर में सीएए के ख़िलाफ़ चिनगारी सुलगने लगी थी। वैसे 2019 का पूरा साल ही सीएए और एनआरसी पर छिड़े कोहराम के नाम रहा था।

ये सब महज़ तारीख़ें नहीं हैं, इन्हें व्यापक सन्दर्भ में समझा जाना ज़रूरी है।

जिस ऊर्जा की बात हम भूकम्प के सन्दर्भ में करते हैं, उसे यहाँ हम गुस्से या क्षोभ के रूप में देख सकते हैं। वर्ष 2014 से भारतीय राजनीति ने जो घोषित दक्षिणपंथी रुख़ अख़्तियार किया था, उसे 2019 आते-आते न पलटा जा सकनेवाला मान लिया गया। इसने आबादी के एक बड़े हिस्से को असुरक्षित महसूस कराना शुरू किया। अगर आपको याद हो तो 2018 में किसानों ने दिल्ली में डेरा डाला था और बाद में 2019 में नासिक से मुम्बई तक का लॉन्ग मार्च किया था। किसानों ने खेती से जुड़ी अहम समस्याओं के साथ-साथ विकास की प्रचलित अवधारणा को चुनौती दी थी। प्रधानमंत्री नरेन्द्र मोदी और उनकी सरकार की किसान विरोधी, खेत-मज़दूर विरोधी नीतियों पर बड़े सवाल खड़े किए गए थे। किसानों के प्रति लम्बे समय से जो अन्याय चल रहा था, जो नीतिगत अनदेखी जारी थी, जो उनकी माँगों को अनसुना किया जा रहा था, अच्छे दिनों के आने का ढोल पीटा जा रहा था—यह सारा आन्दोलन और लॉन्ग मार्च उन्हीं अन्याय, अनदेखी, अनसुनी और खोखले वादों के ख़िलाफ़ था। किसानों के सब्र का प्याला भर गया था।

ध्यान से देखिए तो नज़र आएगा कि चाहे वह दिल्ली में किसानों का प्रदर्शन हो या फिर महाराष्ट्र में, इन दोनों को ही ग़ैर-किसानी, ग़ैर-ग्रामीण पृष्ठभूमि वाले तबक़ों का भी अभूतपूर्व समर्थन मिला था। यह उस समय मोदी सरकार के ख़िलाफ़ सबसे बड़ा प्रत्यक्ष विरोध था, जो व्यापक जनमानस के दिलो-दिमाग़ में दर्ज़ भी हुआ।

मई 2019 में दोबारा सत्ता में आने के बाद, अपने दूसरे कार्यकाल में मोदी सरकार ने अपने घोषणा-पत्र को लागू करने के एजेंडे की ओर जब तेज़ी से क़दम बढ़ाए तो बहुत सी आशंकाएँ बलवती होती गईं। एनआरसी को लेकर असम में जो हो रहा था, उसने मुस्लिम समाज को बेचैन कर दिया था। वहाँ डिटेंशन सेंटर में बन्द लोगों की बदहाली की ख़बरें हिला देनेवाली थीं। जब 2018 में असम के एनआरसी का अन्तिम मसौदा जारी किया गया तो उसमें आवेदन करनेवाले 3.29 करोड़ लोगों में से 2.89 करोड़ लोगों के नाम ही शामिल थे। क़रीब 40-41 लाख लोगों के नाम नहीं थे।[1]

1. http://thewirehindi.com/52793/assam-national-register-of-citizen-nrc-history-explained/

फ़ोटो : सर्वेश

प्रतिरोध और सौहार्द के मिले-जुले रंग

यह सब देश की जनता के सामने था। लाखों लोगों को नागरिकता से वंचित करनेवाली सूची, डिटेंशन सेंटर और इन अमानवीय डिटेंशन सेंटरों में मानवता की मौत का दर्दनाक मंज़र कम ही सही, पर रिस-रिसकर लोगों तक पहुँच रहा था। गृह मंत्री अमित शाह का यह बयान कि एनआरसी को देश-भर में लागू किया जाएगा, फिर इसे कैब से जोड़ कर पेश किया जाना, और आख़िर में राष्ट्रपति के अभिभाषण में इसका ज़िक्र होना—इतना सब पर्याप्त था देश के मुसलमानों के भीतर बेवतन कर दिए जाने का ख़ौफ़ भरने के लिए।[1]

समीकरण लोगों को साफ़-साफ़ दिखाई दे रहे थे। इसी कड़ी में तीन तलाक़ को ग़ैर-क़ानूनी साबित करनेवाला क़ानून संसद में पारित हुआ। फिर जनसंघ से लेकर राष्ट्रीय स्वयंसेवक संघ तक के दशकों पुराने नारे पर ठप्पा लगा दिया गया जब बिना किसी संविधान संशोधन के 5 अगस्त, 2019 को संविधान के अनुच्छेद 370 को ख़त्म कर दिया गया और जम्मू-कश्मीर को दो टुकड़ों में बाँटकर 'एक राष्ट्र-एक विधान' का भगवा उद्घोष किया गया। सम्भावित विरोध को दबाने के लिए इतने संवेदनशील ऐलान से एक रात पहले ही कश्मीर घाटी को अभूतपूर्व लॉकडॉउन में डाल दिया गया और

1. https://hindi.theprint.in/india/assam-ready-for-final-nrc-list-know-what-is-nrc-and-politics-ahead/82527/

पूर्व मुख्यमंत्रियों समेत कश्मीर घाटी के तमाम शीर्ष नेताओं को बन्दी बना लिया गया।

ग़ौर करने की बात यह है कि भाजपा व मोदी सरकार अपने 'एजेंडे' के तमाम मुद्दों पर एक साथ काम कर रही थीं। अयोध्या में विवादित स्थल पर बाबरी मस्जिद की जगह राम मन्दिर के निर्माण को हरी झंडी देनेवाले सुप्रीम कोर्ट के फ़ैसले ने तो एक तरह से उनकी सारी मुरादें पूरी कर दीं। बांग्लादेश से घुसपैठ और उसके नाम का मुद्दा भी हमेशा से भाजपा के एजेंडे में रहा है। इस मुद्दे के बहाने मुसलमानों को निशाना बनाने की कोशिश की जाती रही है। असम में एनआरसी और फिर सीएए के ज़रिये इस मसले को भी हमेशा के लिए सुलटाने की क़वायद उसने शुरू कर दी।

सीएए से बांग्लादेश, पाकिस्तान और अफ़गानिस्तान के धार्मिक अल्पसंख्यकों को भारत की नागरिकता देने का रास्ता खोल दिया गया। इस क़ानून में कहा गया कि 31 दिसम्बर, 2014 या उससे पहले भारत आनेवाले पाकिस्तान, बांग्लादेश और अफ़गानिस्तान के छह धर्मों के अल्पसंख्यकों को घुसपैठिया नहीं माना जाएगा, लेकिन इन धर्मों में इस्लाम धर्म शामिल नहीं था यानी मुसलमानों को इस सीएए के दायरे से बाहर रखा गया। धर्म के आधार पर नागरिकता देनेवाला यह क़ानून स्वाभाविक तौर पर देश के धर्मनिरपेक्ष (सेकुलर) ढाँचे व संविधान के ख़िलाफ़ था। एनआरसी, फिर सीएए और उसके बाद राष्ट्रीय जनसंख्या रजिस्टर (एनपीआर)—तीनों को साथ मिलाकर देखने पर यह सन्देह उपजने की ठोस वजहें बनती थीं कि यह सब एक ख़ास धर्म को या तो नागरिकता से वंचित कर देने या फिर उसे दोयम दर्ज़े का नागरिक बना देने की साज़िश के अंग के तौर पर हो रहा है।

ज़ाहिर था कि मुस्लिम समुदाय और उनके साथ-साथ देश के अमन पसन्द अवाम का धैर्य जवाब दे रहा था। यह पूरे देश के धर्मनिरपेक्ष ढाँचे में रद्दोबदल करने का ख़ाका था, लेकिन निश्चित तौर पर इसकी पहली व सीधी मार देश के मुसलमानों पर थी। लिहाज़ा, उनका लामबन्द होना, गुस्से में आना, रास्ता तलाशना—बेहद स्वाभाविक था। ऐसा न होता तो निश्चित तौर पर वतन से उनके लगाव, मोहब्बत पर सवाल उठता, क्योंकि उनकी बेवतनी का ख़तरा काल्पनिक नहीं था, उस दिशा में देश की राजनीतिक सत्ता क़दम बढ़ा चुकी थी।

मुसलमानों पर लगातार हमले अब भारतीय लोकतंत्र का न्यू नॉर्मल बन चुके थे। हर बात पर उन्हें निशाना बनाकर विकास की राह में रोड़े की तरह पेश करना भगवा ब्रिगेड की सोची-समझी रणनीति का हिस्सा थी। वहीं, बाक़ी विपक्षी दल इसी उधेड़बुन में लगे रहे कि वे मुसलमानों का पक्ष लेंगे तो कहीं हिन्दू वोट बैंक उनसे छिटक तो नहीं जाएगा। लिहाज़ा, वे मुसलमानों का समर्थन और सॉफ़्ट हिन्दुत्व के बीच की ज़मीन तलाशने में माथा खपाते रहे और भाजपा अपना काम करती रही।

इस दुविधा की झलक संसद में सीएए पर हुई बहस के दौरान दिखी थी। सीएए के विरोध में संसद में बुलन्द आवाज़ उठाने, देश का चक्का जाम करने जैसी कोशिश कहीं से भी नहीं दिखाई दीं। विरोध हुआ तो, लेकिन सरकार को घेरनेवाला नहीं। चूँकि आम लोगों में व्यापक आक्रोश था, इसलिए मोदी सरकार को पहली बार रक्षात्मक रुख़ अख़्तियार करना पड़ा। पहली बार प्रधानमंत्री नरेन्द्र मोदी को यह सफ़ाई देनी पड़ी कि सीएए का एनआरसी से कोई सम्बन्ध नहीं है। दोनों अलग-अलग हैं और बिना मतलब दोनों को जोड़ा जा रहा है। ऐसा करके उन्हें पहली बार अमित शाह की कथनी को झुठलाना पड़ा, लेकिन तब तक तो तरकश से तीर चल चुका था और वह अपने मक़सद में कामयाब भी हो गया था।

भाजपा को तो नागरिकता संशोधन विधेयक (सीएबी) और एनआरसी से ध्रुवीकरण चाहिए था। इसके लिए एक क़ौम को बेवतनी और ज़लालत के ख़ौफ़ में फँसाया गया, दूसरी तरफ़ बहुसंख्यक हिन्दुओं के दिमाग़ में यह भाव भरा गया कि ये लोग गए तो कितने अधिक अवसर और सम्पत्ति आपको मिलेगी। व्हाट्स ऐप सहित तमाम सोशल मीडिया में इस आशय के सन्देश ख़ूब प्रसारित हुए। इनमें कहा जा रहा था कि अब कश्मीर की राजधानी श्रीनगर की डल झील के किनारे मकान ख़रीदा जा सकेगा, गोरी-चिट्टी कश्मीरी लड़की को घर लाया जा सकेगा, वग़ैरह-वग़ैरह।

कई भाजपा विधायक भी ऐसे सन्देश देने से पीछे न रहे। उत्तर प्रदेश के खतौली (मुज़फ़्फ़रनगर) से भाजपा विधायक विक्रम सिंह सैन ने 6 अगस्त, 2019 को एक सभा में कहा, "पार्टी के कार्यकर्ता उत्साहित हैं क्योंकि वो कश्मीर की गोरी लड़कियों से शादी कर पाएँगे। कार्यकर्ता बहुत

उत्सुक हैं और जो कुँवारे हैं, उनकी शादी वहीं करवा देंगे, कोई दिक़्क़त नहीं है। क्या दिक़्क़त है? पहले वहाँ औरतों पर कितना अत्याचार था। वहाँ की लड़की अगर किसी उत्तर प्रदेश के छोरे (लड़के) से शादी कर ले, तो उसकी नागरिकता ख़त्म।"[1]

इसी तरह का अपराधपूर्ण प्रचार सीएबी और एनआरसी को लेकर भी किया गया। मुसलमानों को सीधे निशाने पर लेते हुए, यह कहा जाने लगा कि जिस तरह से असम से बांग्लादेशी घुसपैठियों को बाहर निकाला गया, ठीक वैसा ही देश-भर में होगा। केन्द्रीय गृह मंत्री अमित शाह ने खुद इस आशय के कई भाषण दिए, जिनमें एनआरसी व सीएबी का नाम ले-लेकर चुन-चुनकर घुसपैठियों को बाहर निकालने की बात कही गई।[2]

सीएए इसी पृष्ठभूमि में लाया गया था, लेकिन इतने घोर वैमनस्य भरे माहौल में भी भाजपा का अपने एजेंडे पर बढ़ना कोई हैरत की बात नहीं थी। आख़िर उसने भारी बहुमत से सत्ता पाई थी। दरअसल, हैरत की बात थी वह जवाब जो सत्ता को मुसलमान औरतों की ओर से मिला। हमारी सामाजिक-राजनीतिक पृष्ठभूमि में यह एक अकल्पनीय-सी बात थी।

यह हक़ीक़त है कि भारतीय राजनीति का अधिकतर हिस्सा न सिर्फ़ साम्प्रदायिकता से बल्कि मर्दवाद से भी बुरी तरह ग्रस्त है। इसका बड़ा उदाहरण '56 इंच की छाती' वाला जुमला है, जिसके मर्दवादी स्वरूप पर कहीं से कोई सवाल नहीं उठता। हमारे यहाँ तो शौचालय जैसी सबकी सुविधा वाली चीज़ को भी औरतों के शरीर और सम्मान से जोड़कर प्रचारित किया जाता है। ऐसे में एक शुद्ध रूप से राजनीतिक मुद्दे—जिसका सीधा ताल्लुक़ भारतीय संविधान की हिफ़ाज़त से है—पर आन्दोलन की अगुआई औरतों ने, वह भी मुसलमान औरतों ने की। इससे बड़ी करवट और क्या हो सकती है!

---

1. https://indianexpress.com/article/india/now-anyone-can-get-married-to-a-fair-kashmiri-girl-bjp-mla-5884310/
2. https://hindi.theprint.in/politics/jharkhand-assembly-election-2019-amit-shah-on-nrc-asked-rahul-gandhi-are-they-your-cousin/101517/; https://hindi.webdunia.com/national-hindi-news/amit-shah-on-nrc-119100100094_1.html

भारतीय इतिहास के पन्नों पर नज़र दौड़ाएँ तो ऐसा कोई बड़ा आन्दोलन नज़र नहीं आता जो पूरी तरह औरतों के नेतृत्व में चला हो। आज़ादी के आन्दोलन में और उससे पहले 1857 के पहले स्वाधीनता संग्राम में भी औरतें थीं, बड़ी तादाद में थीं। संख्या के मामले में वे कम न थीं, लेकिन नेतृत्व और आन्दोलन का प्रमुख चेहरा वे नहीं बन पाई। कुछ के नाम बेहद चर्चित रहे और इतिहास में अमिट जगह बना गए, जैसे कि रानी झाँसी लक्ष्मी बाई, बेगम हज़रत महल, झलकारी बाई, अज़ीज़न निसा, अवन्ति बाई लोधी, वग़ैरह। अनेक महिला योद्धाओं ने अपनी वीरता और राजनीतिक सूझबूझ से अपने नेतृत्वकारी रूप को स्थापित किया था। इनमें से कई औरतों को प्रतीक के तौर पर शाहीन बाग़ आन्दोलन ने पुनर्जीवित किया।

इसी तरह से आज़ादी के आन्दोलन ने बेमिसाल महिला नेतृत्व को देश के सामने रखा। तेज़-तर्रार बोलनेवाली महिला नेताओं से लेकर संविधान सभा तक पहुँचनेवाली औरतों की फ़ेहरिस्त बहुत लम्बी है। कुल मिलाकर 15 औरतों को संविधान सभा में जगह मिल पाई थी और इन सबका संविधान निर्माण में सराहनीय योगदान रहा। इनके नाम हैं—अम्मू स्वामीनाथन, दक्षिणानी वेलायुद्ध, बेगम एज़ाज़ रसूल, दुर्गाभाई देशमुख, हंसा जिवराज मेहता, कमला चौधरी, लीला रॉय, मालती चौधरी, पूर्णिमा बनर्जी, राजकुमारी अमृत कौर, रेनुका रे, सरोजनी नायडू, सुचेता कृपलानी, विजयलक्ष्मी पंडित और एनी मास्कारेन। ये तमाम औरतें अपने निजी हित या समुदाय की सुख-सुविधा के लिए घरों को छोड़कर बाहर नहीं आई थीं, बल्कि ये देश को अंग्रेज़ों की गुलामी से मुक्त कराने की दिल में लगी आग से तड़पकर तमाम बन्धनों को तोड़कर बाहर आईं थीं।

इस दौर के बारे में जितना किताबों में पढ़ा, उससे कहीं ज़्यादा मैंने अपनी दादी (स्व.) जानकी देवी से सुना था। वह बताती थीं कि किस तरह से उन दिनों औरतों का हुजूम निकलता था, विदेशी कपड़ों की होली जलाने के लिए...औरतें अपने छोटे-छोटे बच्चों के साथ जेल जाती थीं। वह भी पहली बार जब अपनी माँ के साथ जेल गईं, तब उनकी उम्र यही कोई 10-11 साल रही होगी। वह 90 साल की उम्र में भी जिस जीवन्तता से अपनी 10-11 साल की उम्र से लेकर 20-22 साल की उम्र के बीच कई बार जेल जाने के अनुभव सुनाती थीं, नारों को दोहराती थीं, उससे साफ़ झलकता था कि

वे उनकी लम्बी उम्र के सबसे हसीन पल थे।

कुछ ऐसी ही अनगिनत जेल यात्राओं से भरी कहानियाँ शाहीन बाग़ की नानियों-दादियों की आँखों में भी चमकती दिखाई देती थीं। बड़ी समानता थी उनके कथनों में भी।

ज़रा ग़ौर फ़रमाइए!

मेरी दादी कहती थीं, "हम अपने लिए नहीं देश के लिए सड़कों पर उतरीं थी। हमें कोई डर नहीं था। हम सच्चाई के साथ थीं। रात-बिरात घर से निकल जाती थीं, पुलिस वालों से डरती नहीं थीं, जेल जाने से डरती नहीं थी...आन्दोलन में उतरी सभी ज़नानियाँ गुइयाँ (दोस्त) हो जाती थीं। फिर तो ज़िन्दगी में कभी डर नहीं लगा, चाहे वो पुलिस की लाठी हो, गोली हो या जेल हो—सब हँसते-हँसते बरदाश्त किया।"

दादी को इस बात का भी बड़ा फ़ख़्र था कि उनके घरों में कोई रोक-टोक नहीं थी, आन्दोलन में शिरकत करने के लिए। इसके उलट बच्चियों-लड़कियों और औरतों को इस बारे में प्रोत्साहित किया जाता था कि वे गांधीजी के आह्वान के साथ खड़ी हों और देश को आज़ाद कराने में अपना योगदान करें। औरतों को घरों से निकालने के लिए अपने-आप ही उनकी टोलियाँ बन जातीं, वे खुद ही तय करतीं कि आज कौन नेतृत्व करेगा। इसने दादी के पूरे जीवन को बहुत प्रभावित किया।

यह थीं मेरी दादी और उनका दौर—1930 से 1945-46 तक का। मेरी दादी का ब्याह बिहार के एक पिछड़े सामन्ती गाँव में हुआ था, लेकिन वहाँ भी उन्होंने अपनी बहुत स्वतंत्र छवि स्थापित की। तमाम तरह के फ़ैसले लेने, लोगों की मदद करने में उनकी निर्णायक भूमिका रहती थी। बात-बात में उनका टेक रहता—आज़ादी की लड़ाई लड़े हैं, बुरबक (बेवकूफ) न समझा...!

कुछ ऐसी ही अनगिनत कहानियाँ शाहीन बाग़ की नानियों-दादियों की आँखों में भी चमकती दिखाई देती थीं। बड़ी समानता थी उनके कथनों में भी।

अब देखिए शाहीन बाग़ की नानियों-दादियों का कहना।

"हम तो देश के लिए निकले हैं। ऐसा दौर तो हमने कभी देखा ही नहीं। सड़क ही हमारा घर हो गया है अब तो। तीन-तीन, चार-चार पीढ़ियों के साथ हम यहाँ डटे हुए हैं। हमें किसी का ख़ौफ़ ना है। हम अब किसी से नहीं डरते—पुलिस हो, गोली हो, जेल हो। सब कुछ झेल लेंगे, पर पीछे ना हटेंगे। हमारे लिए यह आज़ादी की ही लड़ाई है।"

90 साल की असमा ख़ातून दादी हैं, नानी हैं, पड़नानी भी हैं और शाहीन बाग़ धरने की जान रही हैं। वह कहती हैं, "यह भी आज़ादी की ही लड़ाई है। देश को बचाना है इस काले क़ानून से। उस समय देश को अंग्रेज़ी की गुलामी के चंगुल से निकालना था। हम तो आज़ादी की लड़ाई में एक-दो दिन नागा (छुट्टी) भी कर लेते थे, पर अब इस गुलामी वाले क़ानून को बाहर भगाने के लिए मैं 90-92 साल में भी रोज़ इस हाड़ गलानेवाली ठंड में बैठती हूँ। बहुत-से लोग कहते हैं कि कुछ हासिल नहीं होगा यहाँ बैठने से, ऐसे ही मर जाओगी। मैं उनसे कहती हूँ, चलो, अंग्रेज़ों से आज़ादी की लड़ाई में नहीं मरी तो अब देश को आज़ाद रखने की कोशिश में मर जाऊँगी। वतन तो अपना वतन ही है ना!"

इन दोनों कहानियों में क़रीब 80 साल का फ़ासला है। एक और फ़ासला है और वह है नेतृत्व-लीडरशिप का। आज़ादी के समय औरतों की खुदमुख़्तार लीडरशिप न थी। वहाँ वे बड़े नेताओं के आह्वान पर बाहर निकलती थीं। लेकिन शाहीन बाग़ में वे ही लीडर थीं। वे ही मंच पर थीं, और वे ही सामने की कतारों में भी थीं। और, ये भारतीय मुसलमान औरतें थीं। साथ में हर जगह दूसरे धर्मों की औरतें भी जुटीं, साथ आईं, लेकिन आन्दोलन तो शुरू से लेकर आख़िर तक मुसलमान औरतों का ही रहा, वह भी बिना किसी धार्मिक प्रतीक के। वही मुसलमान औरतें, जिनकी राजनीतिक दावेदारी न तो आज़ादी के आन्दोलन में बहुत ज़्यादा बनी थी और न ही आज़ादी के बाद के राजनीतिक फलक पर उनका स्वतंत्र वजूद किसी मानीख़ेज़ मुकाम तक पहुँच पाया था—उन्हें शाहीन बाग़ में वह मुकाम हासिल हुआ।

फ़ोटो : भाषा सिंह

शाहीन बाग़ में एकत्र औरतें

अकेले दिल्ली के शाहीन बाग़ ही नहीं, पूरे देश में फैले अनगिनत शाहीन बाग़ों में ऐसी औरतें मोर्चे पर उतरीं, जिन्होंने इससे पहले किसी भी बड़े राजनीतिक-सामाजिक आन्दोलन में शिरकत नहीं की थी। ऐसी कई अनाम औरतें शाहीन बाग़, घंटाघर (लखनऊ), सब्ज़ीबाग़ (पटना) आदि जगहों पर मुस्तैद हुईं, जिनके बारे में कुछ दिनों पहले तक यह सोचा भी नहीं जा सकता था कि वे घरों की दहलीज़ को लाँघेंगी।

शाहीन बाग़ आन्दोलन ने हज़ारों की तादाद में मुस्लिम महिला नेता पैदा कीं, जो बिना ख़ौफ़ खाए, तुर्की-ब-तुर्की बड़े-बड़े राजनीतिक आकाओं—राजनीतिक प्रवक्ताओं की ज़बान बन्द करा देती थीं। इस आन्दोलन ने भारतीय मिट्टी की उस राजनीतिक उर्वरता की ओर भी इशारा किया, जो ज़रूरत के समय सीधी टक्कर देने के हौसले से लैस होकर मैदान में उतरने की कूवत रखती है।

पितृसत्ता की हिली दीवारें

यह समाज की नई करवट ही तो थी जो चौराहों पर बैठी इन औरतों के

फ़ोटो : भाषा सिंह

मर्दों ने बदली अपनी भूमिका

पीछे मर्दों को खड़ा कर गई थी। एक-एक औरत यह बताने को आतुर थी कि उसका शौहर, उसका अब्बू, उसका भाई, उसका बेटा, उसका दोस्त, उसका प्रेमी, उसका हमनवां, उसका पड़ोसी, दूर-दराज़ बैठा रिश्तेदार—उसके साथ खड़ा है। इस मामले में भी यह अनूठा रहा आन्दोलन, जहाँ राजनीतिक परिस्थितियों की वजह से ही सही, लेकिन पितृसत्ता की दीवारें हिलीं, उसमें दरारें पड़ीं। अनगिनत घरों में भूमिकाओं की अदला-बदली हुई। इस रद्दोबदल के बिना यह सम्भव भी नहीं था कि इतनी बड़ी तादाद में औरतें घर से बाहर निकलकर 14 से 24 घंटे धरना स्थल पर बैठी रहतीं, और वह भी एक या दो दिन नहीं 100 दिनों तक।

इस दौरान घर बदले और घरेलू रिश्तों के समीकरण बदले—इस लिहाज़ से इस आन्दोलन ने आन्दोलन की ज़मीन से परे भी बहुत कुछ नया रचा। यह हुआ भी बहुत ख़ामोशी से। इसकी एक बड़ी वजह यह भी लगती है कि व्यापक समाज में मुस्लिम समाज, मुस्लिम मर्द और मुस्लिम औरत को लेकर जो नकारात्मक छवि गढ़ी गई थी, उसे तोड़ने की छटपटाहट समाज में भीतर से थी। शाहीन बाग़ ने उसे एक नई प्रगतिशील छवि रचने का मौक़ा दिया।

ऐसे कई परिवारों के घर मैं गई। घर के मर्दों से बात की। नज़र आया कि शुरुआत बहुत छोटी-छोटी चीज़ों से हुई। मिसाल के तौर पर, चाय खुद बनाने, कपड़े धोने, खाने में ज़्यादा चीज़ों की फ़रमाइश न करने से और फिर धीरे-धीरे यह बात मर्दों द्वारा स्कूल जानेवाले बच्चों के लिए नाश्ते का इन्तज़ाम करने, नाश्ते-खाने में मदद करने, बाहर से खाना ख़रीदकर लाने, धरने से वापस घर लौटनेवाली अपनी घर की औरतों की सहूलियतों का इन्तज़ाम करने तक पहुँच गई। घर चलाने का बोझ—जो एक परम्परागत पारिवारिक ढाँचे में सिर्फ़ औरतों के कन्धे पर था, वह साझा होने लगा। और इससे भी बड़ी बात, इन औरतों की इज़्ज़त में घर और बाहर बेइन्तहा इज़ाफ़ा हुआ। वे क़ौम और मुल्क के लिए लड़नेवालीं योद्धा के तौर पर देखी जाने लगी थीं। ये तमग़ा तो उन्हें ज़िन्दगी में पहली बार मिला था।

नासिर कौसर शाहीन बाग़ में ही रहती हैं और एक स्कूल चलाती हैं। इस इलाक़े में उनका रसूख़ है, मान है। हम उनके घर गए, वहाँ उनके शौहर मुसलेहुद्दीन फ़लाही से भी बात हुई। इस बातचीत में यह हक़ीक़त बेहद सहज ढंग से सामने निकलकर आई कि हर घर में पितृसत्ता के नज़रिये से जो श्रम विभाजन किया गया था, उसमें उलट-पुलट हो गया। जो कमान अभी तक मर्दों के के पास थी, वह कैसे अचानक औरतों के हाथों आ गई—यह लम्बी कहानी है।

लेकिन इसके अलग जोखिम भी थे। उसमें सबसे बड़ा जोखिम तो यह था कि जिसे खेमे से जंग थी, वह भी उतना ही पितृसत्तावादी था। इसलिए इस स्थिति के अलग-अलग आख्यान तैयार किए गए। इन औरतों के नेतृत्व को ख़ारिज़ करने के लिए सबसे सरल और दिल को बहलानेवाला तर्क यह ख़ूब चला कि 'औरतों को रक्षा कवच की तरह आगे करते मुसलमान मर्द उनके पेटीकोट में छिप गए।' संघी ट्रोल्स ने यह जुमला ख़ूब उछाला गया और मुसलमानों की 'मर्दानगी' को ललकारने की कोशिश की गई। 'मर्द कहाँ गए', यह सवाल करनेवालों में उत्तर प्रदेश के मुख्यमंत्री आदित्यनाथ समेत भाजपा के कई बड़े नेता भी रहे।[1] लेकिन शाहीन बाग़ आन्दोलनकर्ताओं ने जो परिपक्वता दिखाई, वह शानदार रही। ऐसे लोगों

1. https://www.ndtv.com/india-news/shaheen-bagh-caa-protest-where-are-the-men-yogi-adityanaths-swipe-at-shaheen-bagh-protesters-2168215

के जवाब में औरतों की तादाद और ज़्यादा बढ़ गई। फिर तो पूरे भारत में जहाँ भी शाहीन बाग़ सरीखे आन्दोलन-धरने हुए, हर जगह एक ही नज़ारा था—औरतें और औरतें।

यह जिस तरह का राजनीतिक परिदृश्य था, उसमें यह सन्देश नीचे तक पहुँच गया था कि अगर औरतें बाहर नहीं निकलीं, तो इस आन्दोलन को बचाना-चलाना मुश्किल हो जाएगा। यह सन्देश हर जगह जिस तरह से गया, हर शहर में जिस तरह से शाहीन बाग़ के मॉडल को फ़ॉलो किया गया, वह भारतीय जनान्दोलनों के लिए एक नया मुकाम था।

मुझे यह तर्क देनेवाले तमाम लोग मिले कि औरतों का इस तरह से अपने-आप निकलना सम्भव नहीं होता, इसके पीछे मर्द हैं और दूसरी विचारधारा है क्योंकि औरतें ऐसे बाहर आकर नहीं बैठ सकतीं। मेरा भी मानना है कि इस तर्क में यहाँ तक तो दम है कि औरतें (कम-से-कम भारत में) इस तरह से इतनी बड़ी संख्या में बाहर निकलकर नहीं आ सकतीं, जब तक घर के मर्द इसके लिए तैयार न हों, और यह बात केवल मुस्लिम समुदाय पर ही लागू नहीं होती। हम भारतीय समाज के ढाँचे से वाक़िफ़ हैं। यहाँ लड़कियों को पढ़ाई से लेकर, नौकरी करने और अपने पैरों पर खड़े होने तक, हर चीज़ में घर के मर्दों की रज़ामन्दी की ज़रूरत होती है। पितृसत्ता का शिकंजा हमारे परिवारों की हक़ीक़त है और इससे टकराते हुए ही औरतों को परवाज़ भरनी होती हैं, अपने लिए स्पेस बनानी होती है। कई बार वे टकराकर गिरती भी हैं, सपने चकनाचूर भी होते हैं, लेकिन इसी कोशिश में वे कई बार कामयाब भी होती हैं।

हमारे समाज में भी इसके कई आयाम हैं। हरियाणा, जहाँ गर्भ में बच्चियों की हत्या के मामले ख़ौफ़नाक ढंग से सर्वाधिक रहे हैं, उसी की मिट्टी ने सबसे अधिक महिला पहलवानों को भी पैदा किया है। तमाम परिवार ऐसे रहे हैं जहाँ लड़कियों को पहलवान बनाया जाता रहा है और उन परिवारों की भी पूछ व पहुँच, दोनों बरक़रार रहे हैं। इसी तरह से हमने देखा है कि अलग-अलग समुदायों की औरतें मर्दों पर होनेवाले हमले रोकने, पुलिसिया पिटाई-गिरफ़्तारी से उन्हें बचाने के लिए आगे आ जाती हैं, सड़कों को जाम कर देती हैं क्योंकि समाज में यह अवधारणा है कि औरतों के प्रति पुलिस-प्रशासन उतना बर्बर नहीं होता, जितना कि मर्दों के प्रति।

ठीक इसी तरह से माना जा सकता है कि शाहीन बाग़ में जो औरतें बाहर निकलीं, उनके पीछे मर्द थे। वे थे और छुपे हुए भी नहीं थे। वे हर धरना स्थल के बाहर खड़े नज़र आते थे। वे मुस्तैदी से तैनात रहते, किसी भी घटना-दुर्घटना से निबटने लिए। लेकिन क्या इससे इन औरतों का बाहर निकलना, नेतृत्व करना बेमानी हो जाता है या उसकी अहमियत कम हो जाती है? इन सारे कुतर्कों का ज़िक्र हम यहाँ इसलिए कर रहे हैं क्योंकि ये सिर्फ़ और सिर्फ़ भाजपा-राष्ट्रीय स्वयंसेवक संघ या उनकी अनगिनत शाखाओं में फैली ट्रोल आर्मी से ही नहीं आ रहे थे। इस तरह की आवाज़ें दूसरे खेमों से भी निकल रही थीं। निश्चित तौर पर इनमें कुछ वाज़िब चिन्ताएँ भी रही होंगी, जैसे कि कौन है पीछे? किस विचारधारा के लोग हैं? आन्दोलन से राजनीतिक लाभ किसको होगा?

इस तरह के आन्दोलन में तमाम तरह की साज़िशों की आशंकाएँ (कांस्पिरेसी थ्योरियाँ) अपनी जगह मौजूद हैं और रहेंगी भी। एक और बहुत बड़ा तर्क शाहीन बाग़ आन्दोलन के ख़िलाफ़ यह प्रचारित किया गया कि चूँकि इसमें मुसलमान औरतें व मर्द आगे थे, उन्हीं का नेतृत्व भी था, इसलिए यह आन्दोलन भारतीय जनता पार्टी और राष्ट्रीय स्वयंसेवक संघ समेत सारी भगवा ब्रिगेड के लिए हिन्दू ध्रुवीकरण का आधार बना। यानी, दूसरे लफ़्ज़ों में कहा जाए तो यह आन्दोलन भाजपा खेमे को प्रत्यक्ष और परोक्ष रूप से फ़ायदा पहुँचानेवाला था। 18 अगस्त, 2020 को इस थ्योरी पर भाजपा और आम आदमी पार्टी ने मुहर लगाने की कोशिश की, जब शाहीन बाग़ के कुछ लोग—जिनके बारे में दावा किया गया कि वे आन्दोलन के कर्ताधर्ताओं में से थे—भाजपा में शामिल हो गए। इसके बाद तो इन धारणाओं की झड़ी लग गई कि आख़िर 'खेल किसका था'। लोग खुलकर बोलने लगे, "देखा! हम तो पहले से कह रहे थे कि भाजपा ही शाहीन बाग़ के पीछे है। तभी तो अमित शाह ने न शाहीन बाग़ को हटाया और न ही उसके साथ शुरू हुए अन्य धरना स्थलों को।"

यह एक नज़रिया हो सकता है—लेकिन यह हमारा नहीं है। हमारे लिए ये तमाम औरतें भारतीय नागरिक हैं जो संविधान प्रदत्त अधिकारों का इस्तेमाल कर रही थीं, और बेहद शान्तिपूर्ण ढंग से देश को अपने ढंग से, अपनी सोच के तहत बचाने का काम कर रही थीं।

हमारे लिए इस आन्दोलन की विवेचना करनेवाले सवाल ये हैं कि इसमें क्या मुद्दे उठाए गए और किस तरह से इन मुद्दों को डील किया गया? पूछा जा सकता है कि विचारधारा के लिहाज़ से ये मुद्दे क्या आन्दोलन को या समाज को पिछड़ी-दक्षिणपंथी सोच की तरफ़ लेकर जा रहे थे? आन्दोलन क्या सत्ता के साथ हमनिवाला-हमप्याला था? निश्चित तौर पर नहीं। कुल 101 दिनों तक दिल्ली में और साथ ही अलग-अलग राज्यों में फैले इस आन्दोलन ने मोदी सरकार की धर्म आधारित राजनीति, सीएए और डिटेंशन सेंटर पर केन्द्रित एनआरसी को जिस तरह से परत-दर-परत खोलकर आम जनता के सामने रखा, वह सौ फ़ीसदी सरकार को चुनौती देनेवाला था। कम-से-कम इस आन्दोलन की वजह से इस क़ानून के बारे में इतनी जानकारी आम लोगों तक पहुँची वरना इस बारे में भी कहीं कोई चर्चा ही नहीं होती, जैसे बाक़ी क़ानूनों की नहीं हुई।

और जहाँ तक इसके भाजपा द्वारा प्रायोजित होने का आरोप है, तो क्या महज़ कुछ लोगों के एक पार्टी में शामिल होने से सारा आन्दोलन उस पार्टी का हो जाता है? वह भी शाहीन बाग़ जैसा आन्दोलन, जहाँ कोई राजनीतिक दल आयोजकों में नहीं था? अनेक दलों से जुड़े लोगों ने आन्दोलन में शिरकत ज़रूर की, कुछ दलों ने ख़बरचियों के तौर पर भी अपने लोगों को इसमें बेशक छोड़ा होगा। आख़िरकार, राजनीति में सब कुछ सम्भव है। अब जम्मू-कश्मीर को ही लीजिए। एक वक़्त था जब पीडीपी नेता महबूबा मुफ़्ती मुख्यमंत्री बनने से पहले व बाद में प्रधानमंत्री नरेन्द्र मोदी की तारीफ़ करते थकती नहीं थीं। उन्होंने ही पहली बार भाजपा को राज्य में साझेदारी में सत्ता में बैठाने का ख़तरनाक खेल खेला था, लेकिन अनुच्छेद 370 हटाने के बाद जो नेता सबसे पहले और देर तक निशाने पर रहा और, अब भी क़ैद है, वह महबूबा मुफ़्ती ही हैं। अब कोई नहीं पूछ रहा कि अगर महबूबा मुफ़्ती इतनी ख़तरनाक राजनीतिक शख़्सियत थीं तो मोदी उनके साथ क्यों गए थे?

इसीलिए, राजनीति में कुछ भी सम्भव है, यह तो हम सब जानते हैं। शाहीन बाग़ से जुड़े जिन लोगों ने भाजपा में शरण ली, वे पहले कहाँ थे और कल कहाँ रहेंगे, इसका किसी को पता नहीं। इस दौर में, जब सांसदों-विधायकों की ख़रीद-फ़रोख़्त न्यू नॉर्मल है, छुटभयै नेताओं की भला क्या बिसात है! बिहार के मुख्यमंत्री नीतीश कुमार भाजपा को हराकर राज्य के मुख्यमंत्री बने और बाद में

उसी भाजपा के साथ हाथ मिला लिया और मुख्यमंत्री बने रहे। खेल बड़े-बड़े हैं। यहाँ तो राम मन्दिर पर फ़ैसला सुनानेवाले न्यायमूर्ति संसद में पहुँच जाते हैं और फिर कथित रूप से मुख्यमंत्री बनने की होड़ में भी शामिल हो जाते हैं।

अन्ना हज़ारे आन्दोलन के बरक्स

साल 2011 में जब अन्ना हज़ारे के नेतृत्व में लोकपाल आन्दोलन हुआ तो उसके बारे में भी बहुत कुछ कहा गया और उसकी बहुत चीर-फाड़ हुई। भ्रष्टाचार के ख़िलाफ़ शुरू हुए इस आन्दोलन के केन्द्र में था, लोकपाल बिल लाना। किस तरह से यह आन्दोलन भाजपा-राष्ट्रीय स्वयंसेवक संघ (आरएसएस) द्वारा डिज़ाइन किया गया था और इसके पीछे कॉरपोरेट लॉबी का कितना समर्थन था, किस तरह से बसों में भरकर अपने कर्मचारी को भेज रहे थे, ये सारे पहलू आन्दोलन के चरम से पहले ही सामने आने लगे थे।

अन्ना हज़ारे के आन्दोलन का आरएसएस से कितना गहरा रिश्ता था, अब यह भी कोई छिपी हुई बात नहीं रही। हालाँकि छिपी तो यह उस समय भी नहीं थी जब यह आन्दोलन चल रहा था। आन्दोलन के दौरान ही आरएसएस के सरसंघचालक मोहन भागवत ने कोलकाता में पत्रकारों से बातचीत में कहा था कि संघ ने ही अन्ना हज़ारे से कहा था कि वे भ्रष्टाचार के ख़िलाफ़ आन्दोलन छेड़ें। भागवत ने दावा किया था कि संघ व अन्ना के रिश्ते पुराने हैं और हज़ारे महाराष्ट्र में संघ कार्यकर्ताओं को प्रशिक्षण देने के लिए आते रहे हैं। भागवत ने स्वीकार किया था कि संघ कार्यकर्ता रामलीला मैदान में हज़ारे के आन्दोलन में मौजूद हैं।[1]

'कारवाँ' मैगज़ीन ने सितम्बर, 2017 की अपनी कवर स्टोरी में बताया था कि अन्ना हज़ारे के आन्दोलन की बुनियाद किस तरह से रखी गई थी। राष्ट्रीय सुरक्षा सलाहकार अजित डोवाल पर केन्द्रित इस स्टोरी में बताया गया था कि संघ के नज़दीकी विवेकानन्द इंटरनेशनल फाउंडेशन ने अप्रैल, 2011 में 'काला धन' पर दो दिन का एक सेमिनार आयोजित किया था। इसमें शिरकत करनेवालों में डोवाल व एस. गुरुमूर्ति के अलावा बाबा रामदेव, अन्ना

1. https://www.firstpost.com/politics/rss-urged-anna-hazare-to-start-anti-corruption-campaign-mohanrao-bhagwat-127877.html

सड़क हो, दीवार हो, पोस्टर या पर्चे, हर जगह कला का एक दूसरा ही संसार जगमगा रहा था शाहीन बाग़ में

हज़ारे, अरविन्द केजरीवाल, सुब्रमण्यम स्वामी, किरण बेदी और के.एन. गोविन्दाचार्य भी थे। कुछ ही समय बाद अन्ना हज़ारे के नेतृत्व में आन्दोलन शुरू हो गया।[1]

और तो और, अन्ना हज़ारे के आन्दोलन के साथ सक्रिय रूप से जुड़े रहे वरिष्ठ वकील और मानवाधिकार कार्यकर्ता प्रशान्त भूषण ने खुद सितम्बर, 2020 में इस बात को कहा था कि आम आदमी पार्टी को जन्म देनेवाले संगठन इंडिया अगेंस्ट करप्शन (आईएसी) को मनमोहन सिंह सरकार को गिराने के इरादे से भाजपा-आरएसएस ने ही खड़ा किया था। प्रशान्त खुद आईएसी के कोर सदस्यों में से थे।[2]

लेकिन इन तमाम पहलुओं के बावजूद यह नहीं कहा जा सकता कि जितने लोग जितने समूह इसमें शामिल हुए, वे सब दक्षिणपंथी सोच

1. https://caravanmagazine.in/vantage/vivekananda-international-india-foundation-ajit-doval-influence
2. https://thewire.in/politics/prashant-bhushan-arvind-kejriwal-upa-iac-bjp-rss

के थे। वह एक सुगठित लेकिन व्यापक जनान्दोलन था, जिसमें स्थानीय स्तर पर वे तमाम लोग सक्रिय थे, जो तत्कालीन निज़ाम के भ्रष्टाचार से नाखुश थे। वाम-प्रगतिशील ताक़तें और उनका नेतृत्व भी इसमें पूरी तरह से सक्रिय था। लेकिन यकीनन आन्दोलन के कोर समूह में प्रतिगामी ताक़तों का बोलबाला था। अन्ततः वह भाजपा को केन्द्र में सत्ता तक पहुँचाने का ज़रिया बना। अन्ना हज़ारे, किरण बेदी सीधे उनकी झोली में चले गए और बाद में तो संघ ने खुलकर अन्ना आन्दोलन पर दावेदारी भी ठोंक दी।[1] अन्ना हज़ारे आन्दोलन में तो किसी को भी कोई शारीरिक क़ीमत नहीं चुकानी पड़ी।

वहीं आप शाहीन बाग़ देखिए तो चीज़ें थोड़ी स्पष्ट हो जाएँगी। सीएए के विरोध में चले आन्दोलनों और उसके बाद शाहीन बाग़ के आन्दोलन में अग्रणी भूमिका निभानेवाली कई औरतें जेल में बन्द हुईं और उन पर दमनकारी काले क़ानून चस्पां कर दिए गए हैं। जामिया को-ऑर्डिनेशन कमेटी की मीडिया प्रभारी रही सफूरा ज़रगर को गर्भवती होने के बावजूद यूएपीए जैसे काले क़ानून में गिरफ़्तार किया गया, नारीवादी संगठन पिंजरा तोड़ की देवांगना कलिता व नताशा नरवाल को जेल में डाल दिया गया। एक बड़ी योजना के तहत, सुनियोजित विचार के तहत फरवरी, 2020 में उत्तर-पूर्व दिल्ली में जो हिंसा फैलाई गई, उसका सम्बन्ध सीएए विरोधी आन्दोलन और आन्दोलनकारियों के साथ जोड़ दिया गया।

इस नई करवट को, तेज़ी से बदलते मुल्क और उसके विधान की अच्छी-ख़ासी क़ीमत चुकानी पड़ रही है। लेकिन एक बात शाहीन बाग़ ने दुनिया के सामने स्थापित कर दी कि अगर जनता किसी आन्दोलन को अहिंसक बनाए रखना चाहती है और उसमें कमान औरतों के पास है, तो उसे कोई भी सरकार या सत्ता हिंसा के रास्ते पर नहीं धकेल सकती।

बहरहाल, ऊर्जा के सिद्धांत के अनुसार, शाहीन बाग़ की शाहीनों (बाजों) ने भारत के राजनीतिक-सामाजिक फलक पर एक लम्बी लकीर खींची है,

---

1. http://www.virarjun.com/news-340114.)

जो ऊर्जा पैदा की है, वह बेकार नहीं जाएगी। बस, अपना रूप बदलेगी। क्योंकि ऊर्जा नष्ट नहीं होती, बस अपना रूप बदलती है। शाहीन बाग़ एक नई करवट, भारतीय लोकतंत्र के एक नए अध्याय का आग़ाज़, देश के संविधान की प्रस्तावना की नए सिरे से खोज़ है और इसकी धमक देर तक रहनेवाली हैं। यह अपनी मौजूदगी रूप बदल-बदल जताती रहेगी और इसका करेंट लम्बे समय तक झटका देता रहेगा।

2
मिसाल-बेमिसाल

"हम मोदी जी का शुक्रिया अदा करना चाहते हैं कि उनकी वजह से हमने अपनी ताक़त को पहचाना। आप कहते थे कि हम बाहर नहीं निकलते हैं, घरों में ही घुटते हैं। आप हमें तीन तलाक़ से आज़ादी देना चाहते थे, हम अब वतन के लिए बाहर आई हैं, अब सुनो हमारी।"

—**इरम**, देवबन्द, उत्तर प्रदेश

"मोदी जी हमारे प्रधानमंत्री हैं, उन्हें हमारी सुननी ही पड़ेगी। इतनी बार वह मुसलमान औरतों के दु:ख के बारे में बोलते रहे हैं, अब हम बता रहे हैं अपने मन की, तो एक बार तो सुनने आओ, हम भी तो आपकी रियाया (प्रजा) हैं। सीएए, एनआरसी वापस लो और हमें चैन से जीने दो।"

—**अंजुम शेख़**, शाहीन बाग़, दिल्ली

"शाहीन बाग़ ही है जिसने रास्ता दिखाया...लोगों में जज़्बा भरा है, हिन्दुस्तानियों के बीच। जब वहाँ की औरतें निकल सकती हैं तो हम लोग भी उसी तरह से निकले हैं...उन्हीं को देखकर हम यहाँ बैठे हैं। हम सीधा सवाल प्रधानमंत्री नरेन्द्र मोदी और गृह मंत्री अमित शाह से पूछ रहे हैं—क्यों बाँटना चाहते हो मुल्क को हिन्दू-मुसलमान में? क्यों?"

—**अदीबा रहमान**, (21 साल) पटना

हर आन्दोलन की एक अलग पहचान होती है और यही पहचान उसे दूसरी पहलक़दमियों से अलग करती है। यह अलग पहचान कई वजहों से हो सकती है। इस आन्दोलन को चलानेवाली ताक़तों की वजह से, इसके मुद्दे की वजह से, राजनीतिक दृष्टि व दिशा की वजह से, इनमें अपनाए गए तौर-तरीक़ों की वजह से...और भी सैंकड़ों आधार हो सकते हैं। ये जो सीधे-सरल शब्दों में सत्ता के शीर्ष से बेख़ौफ़ अन्दाज़ में बात करने का, सवाल करने का हौसला शाहीन बाग़ आन्दोलन की औरतों ने दिखाया, यह इसे अलहदा मुकाम तक पहुँचाता है।

शाहीन बाग़ ने अनगिनत आन्दोलनों-समूहों, विचारधाराओं, व्यक्तियों और संस्थानों को अपनी ओर खींचा। यहाँ स्त्री आन्दोलन से जुड़े अनगिनत एक्टिविस्टों के समूहों ने डेरा डाला, विभिन्न यौन झुकावों वाले समूहों-व्यक्तियों ने एकजुटता ज़ाहिर की, किसान अनाज और लंगर लेकर आए, इतिहासकार, अर्थशास्त्री, पूर्व सरकारी अधिकारी, नामचीन गायक-संगीतकार, फ़िल्मकार, सिने अभिनेता...यानी अलग-अलग क्षेत्रों में महारत रखनेवाले लोगों ने खुद को इसके साथ खड़ा किया। वे सिर्फ़ इस आन्दोलन की ओर आकर्षित ही नहीं हुए बल्कि स्वतंत्र रूप से इसे ज़िन्दा रखने, इसे चलाने में भी अपनी तरफ़ से बहुत कारगर योगदान किया। आन्दोलन ने शुरू होने के तुरन्त बाद ही जिस तरह की सकारात्मक ऊर्जा पैदा की, वह सालों तक याद रखी जाएगी। इसकी एक बहुत बड़ी वजह जो समझ में आती है, वह यह कि एक राजनीतिक मुद्दे पर यह प्रत्यक्ष तौर पर ग़ैर-राजनीतिक दिखाई देनेवाली औरतों का आन्दोलन बना। इन औरतों ने भीषण बहुमत के साथ सत्ता में पुनर्स्थापित हुई सरकार के फ़ैसले-क़ानून को चुनौती देने का जो साहस दिखाया था, उसने तमाम राजनीतिक आक़ाओं को हैरत में डाल दिया था। शाहीन बाग़ एक स्वतः स्फूर्त आन्दोलन के तौर पर शुरू हुआ और धीरे-धीरे इसने एक सुगठित पहचान हासिल की। धरना स्थल पर शुरू के दिनों से बैठी औरतों ने बताया कि किस तरह से जामिया मिल्लिया इस्लामिया में हुए बर्बर लाठीचार्ज ने उन्हें भीतर तक हिला दिया। इस हमले से उन्हें लगा कि उन्हें अब कुछ करना होगा।

इस बारे में 58 साल की फ़ातिमा ने बताया, "मेरी पोती वहाँ पढ़ती थी और उस समय वह लाइब्रेरी में थी। वहाँ पर पुलिस ने घुसकर मारा। अब

आप बताओ क्यों? बच्चे तो पढ़ने गए थे, मोदी जी कहते हैं, बेटी पढ़ाओ बेटी बचाओ, जब हमारी बेटियाँ पढ़ने गई थीं तो फिर उनके साथ यह सलूक क्यों? हम कितनी-कितनी मुश्किल से अपनी बेटियों को यहाँ तक पढ़ाने के लिए माहौल तैयार कर पाए। घर-समाज सबको राज़ी करना कितना टेढ़ा क.म है? पुलिस कैसे और क्यों मारने गई उन्हें अन्दर? अब पढ़ना भी गुनाह कर दिया है। इस पर भी हमारा ख़ून न खौले, क्या हम इनसान नहीं है? क्या हमें अपने बच्चों से प्यार नहीं है? वे ऐसा माहौल बनाना चाहते हैं जिसमें ग़रीब और साधारण परिवार वाले अपनी बच्चियों के लिए इल्म का रास्ता खोल पाते हैं।"

इसी तरह 70 साल की वहीदन ने बताया, "मेरा पोता पढ़ता है जामिया में। ख़ानदान में पहली बार कोई पढ़ाई में यहाँ तक पहुँचा। हम सब तो अनपढ़ ही रह गए। छोटे-छोटे से, नामालूम-से काम करके हमने अपने बच्चों को पाला। मेरा बेटा तो बस किसी तरह से खींच-खाँच कर 8वीं तक पढ़ पाया, फिर मोटर मैकेनिक का काम। जीवन भर हाथ काले करता रहा दूसरों की कारों को ठीक करने में। अब बताओ, उसकी टाँगों पर लाठी चलेगी तो हमें दर्द होगा न? जब हमने शाम को अपने बच्चों का ये हाल देखा तो हमने सोचा अब घर में बैठने का समय ना है। सवाल यहाँ हिन्दू-मुसलमान का नहीं है, हमारे बच्चों के भविष्य का है।"

शाहीन बाग़ के धरना स्थल पर दरी बिछाने से लेकर माइक सँभालने तक हर काम में एक्सपर्ट रूबी शेख़ ने धरना शुरू होने का वाक़या सिलसिलेवार ढंग से बताया—

> "शुरू में यहाँ सिर्फ़ चार-पाँच औरतें थीं। मैं और मेरी ख़ाला घर-घर लोगों को बुलाने का काम कर रही थीं। सबके पास जा-जाकर हम यही कहते थे कि अब नहीं बोले, तो कब बोलेंगे! अब नहीं निकले तो फिर निकलने लायक भी न बचेंगे। हम सब सीएए और एनआरसी को लेकर बेतरह परेशान चल ही रही थीं। सच बताऊँ, घर-घर में रोज़ ही इस पर चर्चा होती थी कि क्या हमें बेवतन कर दिया जाएगा! क्यों हम साबित करें कि हम इस मुल्क के हैं? ये मुल्क तो हमारा ही है ना।

असम से जो दिल दहलानेवाले वाक़ये, तबाह ज़िन्दगियों के आँसू हम तक पहुँच रहे थे, उसने हमारे सुकून को रफूचक्कर कर दिया था।

"आप ये समझिए ख़ाला, यह सब हमारे दिमाग़ को कितना झकझोरे हुए था और फिर उसी समय जामिया मिल्लिया इस्लामिया में पुलिस ने हमला किया। ग़म और गुस्सा, दोनों बराबर का फैला। जामिया की लड़कियों की तसवीर, जिसमें वे पुलिस से लोहा ले रही हैं, हमारे दिमाग़ में नक़्श हो गई। बहुत हिम्मत बँधी ये देखकर कि लड़कियाँ पुलिस वालों की आँखों में आँखें डालकर अपने साथ पढ़नेवाले लड़के को बचा रही हैं। सच पूछो तो वह एक बेमिसाल तसवीर थी। हमने शाहीन बाग़ के धरना स्थल पर भी इसी फ़ोटो का पोस्टर में उतारा। इस फ़ोटो ने हमारे माथे पर नई इबारत लिख दी।

"इसके बाद पूरे शाहीन बाग़ और उसके आसपास का जो भी शख़्स—जो भी औरत—क़सम से एक बार जो बाहर आया, उसके लिए वापस घर में बैठना असम्भव हो गया। इसीलिए आप पाएँगे कि हर एक औरत यह फ़ख़्र से बताती हैं कि वह सौ दिन से 98 दिन से...89 दिन से यहाँ बैठी हुई हैं। पहली बार वे अकेले आती थीं, शौहर या बच्चे दूर खड़े होते थे। फिर एक-दो दिन में घर की तमाम औरतें साथ आने लगीं, आपस में टाइम एडजस्ट करके।"

ट्रेनिंग

मंच का संचालन करने से लेकर नारे लगाने, पारियों का विभाजन करने, जत्थे बनाने, टेंट और खाने के इन्तज़ाम का सुपरविज़न करने में औरतें ही लगी थीं। इनमें से क़रीब 95-96 फ़ीसदी तो मुसलमान थीं, और बाक़ी कुछ दूसरे धर्मों की थीं। इनमें से तक़रीबन सबने यह काम पहली बार ज़िन्दगी में किया और इस आन्दोलन के दौरान ही सीखा भी। सीखने की भी ज़बरदस्त ललक तमाम औरतों में थी। चूँकि मैं बिलकुल शुरू से ही

धरना स्थल जा रही थी, लिहाज़ा मैंने तो बक़ायदा यह भी नोटिस किया कि इनमें धीरे-धीरे कितनी तब्दीली आई। किस तरह से उन्होंने नारे लगाने, सीएए, एनआरसी सहित मोदी सरकार के तमाम दाँव-पेंचों पर बोलना सीखा। दिनोंदिन उनके तर्क मज़बूत होते गए और ये तर्क उनके ख़ालिस अनुभव और उनके मुहावरों में गुंथे हुए होते थे। यानी वे बहुत-कुछ सीख रही थीं, मथ रही थीं—आन्दोलन के दौरान।

कुछ नारे तो एक जगह से दूसरी जगह, एक शहर से दूसरे शहर जा रहे थे, लेकिन हर धरना स्थल के अपने पैदा किए, अपने बनाए नारे, स्लोगन और पोस्टर भी थे। मिसाल के तौर पर, शाहीन बाग़ पर जब हमला हुआ, एक युवक (कपिल गुजर) ने फ़ायरिंग की, तो वहाँ औरतों ने जिस कलात्मकता से इसका जवाब दिया, वैसा शायद ही किसी आन्दोलन ने किया हो। फ़ायरिंग के अगले दिन ये औरतें बैनर लेकर खड़ी हो गईं—'फूल बरसाओ सारों पर, देश के प्यारों पर', और वे धरना स्थल पर फूलों की बारिश करती रहीं। अब यह नारा इतना चमत्कृत करता है कि पूछिए मत। शाहीन बाग़ को बिलकुल दूसरे पटल पर ले जाकर खड़ा कर देता है।

शाहीन बाग़ बेमिसाल है और सदा बना रहेगा क्योंकि यह साधारण औरतों के गुस्से से खड़ा हुआ था। ऐसी औरतें, जिन्हें पता भी न था कि किस तरह से धरना-प्रदर्शन किया जा सकता है, उन्होंने सोचा कि दूर जाकर बैठना तो बहुत मुश्किल होगा, इसलिए सहूलियत से घर के पास ही विरोध जताते हैं। ऐसा क्या किसी ऐसे आन्दोलन में सोचा जा सकता है, जहाँ शिरकत करनेवालों में मर्द ज़्यादा तादाद में हों? कतई नहीं होता। ये सिर्फ़ औरतों के ही ज़ेहन में आ सकता है कि घर के पास ही धरना स्थल हो। इसके पीछे सोच यह थी कि ऐसा करने से उनके लिए घर और धरना, दोनों ही मैनेज करना आसान होगा। और वाक़ई यह सोच बेहद कारगर नज़र आई। अकेले शाहीन बाग़ में ही नहीं, पूरे देश-भर में जहाँ कहीं भी धरने दिए गए, वे सभी नॉन ट्रेडिशनल—अपारम्परिक जगहों पर धरने दिए गए। इस तरह से देश ने देखा कि धरने या विरोध का कोई रिश्ता जगह से नहीं, भावना से होता है। औरतें जब सड़कों पर उतरेंगीं तो वे घर को साथ लेकर चलेंगी। बच्चों की तादाद ज़्यादा होगी,

फ़ोटो : सर्वेश

उनके सँभालने का इन्तज़ाम भी करना पड़ता। यही वजह है कि शाहीन बाग़ों में बच्चों की देखभाल और पढ़ाई का अलग से ध्यान रखा गया, इन्तज़ाम किया गया।

तक़रीबन हर जगह यह धरना स्थल बस्तियों के पास था। कहीं एक-दो मोहल्लों ने मिलकर धरने की जगह बीच में मुक़र्रर कर ली। इसने एक तो बड़े पैमाने पर आन्दोलन को पारिवारिक दहलीज़ के क़रीब भी रखा और दूसरे, औरतों की भी तन-मन-धन वाली भागीदारी सुनिश्चित हो पाई। अब आप ही सोचिए, इससे पहले कब ऐसा आन्दोलन देखा गया, जहाँ सुबह से लेकर रात तक और फिर रात से लेकर सुबह तक औरतें डेरा डाले रही हों। कहने की बात नहीं, उनके साथ उनका पूरा परिवार भी मौजूद रहा। स्त्री शिक्षा के प्रचार की टैग लाइन याद है न, 'जब एक औरत शिक्षित होती है तो पूरा परिवार शिक्षित होता है'। शाहीन बाग़ की टैग लाइन थी, 'जब एक औरत धरने पर बैठती है, तो पूरा घर लेकर आती है'। वह दृश्य भी विहंगम रचती है—सात-आठ दिन के नवजात शिशुओं से लेकर पड़पोती, पड़नातिनों के साथ डेरा जमाया हुआ था इन

औरतों ने। ऐसा नहीं था कि सारे इन्तज़ाम भी केवल वही कर रही थीं, लेकिन हाँ! सीख सब रही थीं।

इन्तज़ाम में थी क़ौम! यहाँ क़ौम से हमारा मतलब सिर्फ़ मुसलमानों से नहीं है। क़ौम से हमारा मतलब मुस्लिम समुदाय ही नहीं है। आशय उस बड़ी जमात से हैं, जो परदे के पीछे से इस आन्दोलन को सफल बनाने में लगी हुई थी। इसमें दो राय नहीं कि शाहीन बाग़ के पूरे आन्दोलन में मुसलमान समाज की प्रमुख अहम भूमिका थी, जो अन्त तक निर्णायक रही। इसलिए भी शाहीन बाग़ भारत के राजनीतिक फलक पर एक लम्बी लकीर खींचता है कि इसमें शिरकत करनेवाली औरतों से लेकर समर्थन में खड़े मर्दों की तादाद में अधिकतर मुस्लिम थे, लेकिन इस आन्दोलन का स्वरूप और रंग शुरू से अन्त तक धर्मनिरपेक्ष बना रहा। हर जगह तिरंगा लहराया गया! नारे वतन के रहे, फ़िक्र वतन की रही। उत्तर प्रदेश के देवबन्द में तो धरना ख़त्म कराने पहुँचे उलेमाओं और मौलवियों को औरतों ने जिस तरह से खदेड़ दिया था, उससे कम-से-कम यह साफ़ हो गया था कि इस आन्दोलन के सर्वेसर्वा तथाकथित धार्मिक नेता नहीं हैं। और, यह भी कि उन सबकी दाल यहाँ गलनेवाली भी नहीं है।

मर्दों की भी पूरी टीम दिन-रात सक्रिय थी, जो बेहद ख़ामोशी से परदे के पीछे से, टेंट के बाहर से काम कर रही थी। इनके बारे में अलग से बात होनी ज़रूरी है, जो हम आगे करेंगे। अभी हम बात कर रहे हैं उस क़ौम की, जो शाहीन बाग़ के, और बाद में देश-भर में फैले शाहीन बाग़ों के समर्थन में मुस्तैद थी। इनमें पंजाब से राशन लेकर दिल्ली पहुँचे और तन्दूर लगाकर लंगर चलानेवाले किसान थे। भंडारा चलानेवाले युवकों की टीम थी। पानी, नाश्ता, चाय-बिस्कुट खिलानेवाले, कड़कती सर्दी में रजाइयों और गद्दों का इन्तज़ाम करनेवाले अनगिनत लोग शामिल थे, जो न तो नाम के भूखे थे और न ही किसी पब्लिसिटी स्टंट क़े लालची। ये सब एक मक़सद से मदद के लिए सामने आए थे। इलाज करने के लिए डॉक्टरों की पूरी टीम थी। पेशेवर डॉक्टर यहाँ शिफ़्ट के मुताबिक़ लगातार ड्यूटी दे रहे थे। दवाइयाँ भी सहयोग से आ रही थीं। शाहीन बाग़ की औरतों को खाना खिलाने के लिए अपना फ़्लैट बेचनेवाले वकील डी.एस. बिन्द्रा जैसे लोग भी सामने आए। सर्वधर्म सद्भाव वाले लोग

थे, बच्चों को ट्यूशन पढ़ानेवाले, होमवर्क करवानेवाले वॉलंटियर्स, सड़कों पर ड्राइंग-पेंटिंग करनेवाले, ग्राफ़िटी बनानेवाले कलाकार, इंडिया गेट का मॉडल खड़ा करनेवाले नौजवान, फ़ातिमा शेख़-सावित्री बाई फुले लाइब्रेरी चलानेवाले लोग, चेन्नै-मुम्बई से यहाँ स्टेज पर आकर अपना प्रोग्राम देनेवाले कलाकार, संगीतकार, फ़िल्मकार, इतिहासकार, उपन्यासकार, नाटककार, कवि...लम्बी फ़ेहरिस्त है इस क़ौम में शामिल लोगों की।

इसमें यह बात भी समझी जानी चाहिए कि शाहीन बाग़ और देश-भर में फैले शाहीन बाग़ों की मदद का जो ज़मीनी तंत्र कायम हुआ, वह स्वप्रेरित और आकस्मिक था, पूर्वनियोजित नहीं। इसमें किसी-न-किसी रूप में उन तमाम भारतीय नागरिकों की—जो भारत की राजनीति के दक्षिणपंथी झुकाव को दुरुस्त करने की चाह रखते हैं—अहम भूमिका रही। तमाम लोगों के मन में इस मुद्दे के प्रति गहरी आस्था थी। उन सभी को भीतर से महसूस हो रहा था कि सीएए देश को तोड़नेवाल क़ानून है। वह देश के संविधान और हमारे संविधानिक ढाँचे को कमज़ोर करने की एक बड़ी डिज़ाइन का हिस्सा है।

तमाम लोग यह क़यास भी लगाते हैं कि आन्दोलन के पीछे और भी ताक़तें थीं, जो सामने न आईं। निश्चित तौर पर रही होंगी, लेकिन एक बहुत ही नामालूम-सी जगह से उठा यह आन्दोलन जिस तरह से फैला और सिकुड़ते लोकतंत्र के बीच इसने जिस तरह से अपनी धमाकेदार उपस्थिति दर्ज़ कराई, वह बेमिसाल है।

रिश्तों के नए डायमेंशन

यहाँ घरेलू रिश्तों ने भी बहुत अलग आयाम अख़्तियार किए और निश्चित तौर पर यह अलग शोध का विषय होना चाहिए। इसमें एक-दो बातें बेहद अहम हैं जिन पर ग़ौर करना बहुत ज़रूरी है। शाहीन बाग़ ने औरतों के औरतों से रिश्तों को एक नया डायमेंशन दिया। मर्दों के साथ रिश्तों-नज़रिये में तो बेहद अहम बदलाव आया ही। साथ ही, घरों के भीतर जो तब्दीली आई, वह इतनी तेज़ थी कि हैरत में डालती है। बड़ा मक़सद किस तरह से छोटे-बड़े टकराव को सुलझाने या स्थगित करने में मददगार साबित होता है, यह शाहीन बाग़ के घर-घर में दिखाई दे रहा था।

मिसाल के तौर पर सास-बहू, ननद-भौजाई, माँ-बेटी और इस तरह के तमाम रिश्ते जिनमें दबदबे का सन्तुलन बहुत अहम भूमिका निभाता है, इसने आन्दोलन के पटल पर दूसरा आकार हासिल कर लिया। अब ये पॉवर रिलेशनशिप—सहयोगी रिलेशनशिप में तब्दील हो गए या इन्हें होना पड़ा, क्योंकि बिना एक-दूसरे के सहयोग के धरने में 24 घंटे की भागीदारी असम्भव थी। यह अपने आप में बहुत नायाब अनुभव था। धीरे-धीरे इसका असर दिखाई-सुनाई देने लगा। इन रिश्तों के बदले हुए समीकरणों की आहट औरतों की बातों में मिलने लगी।

थोडे व्यंग्य के साथ चुहल भरे स्वर में फ़ातिमा शेख़ ने कहा, "अब तो घर पहुँचते ही वो (सास) चाय के लिए पूछती हैं। मन-ही-मन मैं तो फूल जाती हूँ, अल्लाह भी क्या दिन दिखा रहा है! कई बार वह गर्म पानी भी गुसल (नहाने) के लिए तैयार कर देती है। बच्चों को खिलाकर लिहाफ़ में सुला देती हैं। ऐसा सुकून देता है ये नज़ारा कि आपको अल्फ़ाज़ में बयां नहीं कर सकती।"

इसी तरह की कहानियाँ सफ़ेद बालों वालियों के पास भी थीं। बूढ़ी-बुजुर्ग भी कहती न थकती थीं कि धरना स्थल पर उनकी बहुएँ, बेटियाँ पारी बदलने के लिए जब आती हैं, तो थर्मस में गरम-गरम चाय और कई मर्तबा उबले अंडे भी साथ ले आतीं हैं। उन्होंने बाक़ायदा एक इंटरव्यू में कहा, "अब बहुएँ भी बेटियाँ जैसी हो गई हैं। घर-बाहर सब देख रही हैं। अपनी नींद हराम कर रही हैं, वतन के लिए। हम मदद नहीं करेंगीं तो कौन करेगा? हमने तो अपनी ज़िन्दगी थोड़ा-बहुत ऊपर-नीचे करके गुज़ार दी, लेकिन हमारी बहुओं-बेटियों और उनके बच्चों का जीवन दाँव पर लगा हुआ है।" यह कहते-कहते जब सरवरी का गला नम हो गया तो पास ही बैठी पोती ने बोतल से गुनगुना पानी निकालकर उन्हें दे दिया।

धरना स्थल एक विशालकाय घर में तब्दील हो गया था, जहाँ सब एक-दूसरे के लिए फ़िक्रमन्द नज़र आती थीं। कोई बच्चा खोये नहीं, कोई भटके नहीं, कोई भूखा न रहे! किसी की भी तबीयत ख़राब होती तो दूसरी उसे धरना स्थल में लगे मेडिकल कैंप में ले जातीं। देखभाल का वहाँ पूरा इन्तज़ाम था।

उम्र का फ़र्क या जेनरेशन गैप के सवाल भी ज़िन्दा सवाल थे शाहीन बाग़ के। नौजवान औरतों के सामने तो यह दुनिया पहली बार खुली थी। इसे भी

खूरेजी में भी औरतों ने लिखा बिलकुल अलग ढंग का इतिहास

बेहद संजीदा ढंग से हैंडिल किया, आन्दोलन का चेहरा बनी दादियों-नानियों और स्टेज से लेकर बाक़ी तमाम काम सँभालनेवाली नौजवान औरतों ने।

इस बारे में मंच संचालन की टीम में शामिल, जामिया मिल्लिया इस्लामिया की पूर्व छात्रा रितु कुमार ने बताया, "चूँकि हम सबके लिए मंच को को-ऑर्डिनेट करने का काम बिलकुल नया था, इसलिए हमने शिफ़्ट बना ली थी। मैंने इससे पहले जामिया में एक दो-बार ही किसी कार्यक्रम में शिरकत की होगी, लेकिन ऐसा जमावड़ा और ऐसा जोश तो कभी नहीं देखा। शुरू-शुरू में तो बहुत ही मुश्किल था, मैं यहाँ किसी को जानती नहीं थी। बहुत ज़्यादा यहाँ के बारे में पता भी नहीं था, लेकिन धीरे-धीरे आत्मविश्वास आता गया और कारवाँ बढ़ता गया।

"यहाँ दादियों और नानियों के हौसले देखते ही बनते थे। वे सुबह-सुबह ही आ जाती थीं और हम कहते—क्या नानी, आँख खुलते ही आ गईं! फिर वे कहतीं, "नींद ही कहाँ आई...सोचते रहे कब सूरज ऊपर खिसके और कब हम चलें। जाओ, तुम लोग आराम कर लो।" फिर वे इंस्पेक्शन करने में जुट जातीं, कहाँ सफ़ाई करानी है, दरी झाड़नी है। सबको काम मिल गया था। साथ ही वे कहती जातीं, "हमें मिसाल पेश करनी है। गुस्से पर काबू रखना है...यह लम्बी लड़ाई है।" बिलकिस दादी तो हमेशा कहती—"ज़बान और दिमाग़ बहुत हिफ़ाज़त से चलाना चाहिए, नहीं तो हमारे ही लफ़्ज़ हमारे

ही ख़िलाफ़ दाग़ दिए जाएँगे। बड़े ही शातिर हैं हमारे हुक्मरान, पर हमें भी अपनी बात दूर तक पहुँचानी है।"

वैसे भी तमाम नानियों-दादियों का फ़ेवरेट डॉयलॉग था—हमने बाल धूप में सफ़ेद नहीं किए हैं। राजनीति नहीं की तो क्या, झेली तो ख़ूब है अपनी छातियों पर।"

यह जो साझा नए और पुराने का, जवान जोश और सफ़ेद बालों के अनुभवों का रहा, उसने इस आन्दोलन को अलग मज़बूती प्रदान की। नई व उम्रदराज़ पीढ़ी में यह दोस्ती सिर्फ़ दिल्ली के शाहीन बाग़ तक नहीं बल्कि देश-भर में भर में फैले अनगिनत शाहीन बाग़ों में नज़र आई।

यह भी अपने आप में ऐतिहासिक रहा कि पुरानी पीढ़ी ने नई पीढ़ी को आगे आने से रत्ती भर भी नहीं रोका। उल्टे बुज़ुर्गवार बड़े फ़ख़्र से बतातीं—ये देखो मेरी बहू, मेरी बेटी और उसकी भी बेटी बैठी हुई है। वे तमाम पत्रकारों से भी पूरे आत्मविश्वास से बात करती थीं। अगर आप इन दोनों उम्र समूहों की बातों पर ग़ौर फ़रमाएँ, तो नज़र आएगा कि उनके तेवर में कोई अन्तर, कोई कमी नहीं थी। हाँ, बात करने के लहज़े में, अन्दाज़ में फ़र्क आ जाता था। नानियाँ-दादियाँ सीधे-सीधे प्रधानमंत्री नरेन्द्र मोदी और केन्द्रीय गृह मंत्री अमित शाह से मुख़ातिब होतीं और कहतीं—"हम तुम्हारी माँ जैसी हैं। तुम यहाँ आओ और कम-से-कम हमारी बात तो सुनो। क्या तुम अपनी माँ की बात भी न सुनोगे? तुम पूरे देश के वज़ीरे आज़म हो, तुम्हें हमारी भी सुननी पड़ेगी।"

सौ से ज़्यादा उम्र होने का गर्वीला दावा करनेवाली, लखनऊ के उज़रियाँव गाँव की हमीदुल निसां बेहद दिलकश अन्दाज़ में कहती हैं, "इनको (नौजवान औरतों को) हमसे और हमको इनसे हौसला मिलता है वरना आप ही सोचिए, इस उम्र में मेरी जैसी सौ साल की बुड्ढी सड़क पर ही रहती क्या भला? (वह उज़रियाँव गाँव में धरना स्थल पर ही चौबीसों घंटे रहती थी, क्योंकि उनके लिए घर जाना मुश्किल था।) यहाँ बैठकर हम सब देश को फिर से बाँटने की साज़िश को नाकाम करने की सोचते हैं। मैं तो बस रोटी-दूध ही खाती हूँ और इसमें जो ताक़त है, उसी के बल पर मोदी-शाह को कहती हूँ—हम इसी मिट्टी के हैं। हम यहीं जिये हैं, यहीं मरेंगे।"

इस तरह से उनकी बातें अधिकार वाली होतीं, लोकतंत्र की बुनियाद पर टिकी हुईं। "चूँकि इस देश ने तुम्हें इतनी अहम सीट पर बैठाया है, लिहाज़ा तुम्हारा हमारे प्रति कोई कर्तव्य भी है।" वे अपने उम्र का कार्ड बख़ूबी खेलतीं और वतन पर दावेदारी को बिलकुल नए मुहावरों, नई शब्दावली में पेश करतीं।

दूसरी तरफ़, नौजवान औरतें संविधान की, संविधान की प्रस्तावना की दुहाई देते हुए अपने तीख़े तर्कों के साथ सीएए को संविधान विरोधी बतातीं। वे असम में एनआरसी से जुड़े दर्दनाक क़िस्सों की परतें उधेड़तीं। वे बतातीं कि किस तरह से और क्यों जामिया सहित तमाम विश्वविद्यालयों को निशाने पर लिया जा रहा है। इनमें से कई नौजवान औरतें या तो किसी विश्वविद्यालय में पढ़ रही थीं या पढ़ चुकी थीं। कुछ ऐसी भी थीं, जिन्हें क़ायदे की शिक्षा लेने का मौक़ा नहीं मिला, लेकिन वे सब मौजूदा हालात से भली-भाँति परिचित थीं। यह भी साफ़ नज़र आया कि उन्होंने बेहद कम समय में बहुत असरदार राजनीतिक तर्कों-विमर्शों से खुद को लैस किया। शुरू के तक़रीबन 8-10 दिन वे समूह में बैठकर इन सब पर खुलकर चर्चा करती थीं। वे नारे, संविधान, सीएए, एनआरसी के विभिन्न प्रावधानों पर बातें करतीं, समझदारी विकसित करतीं। हर जगह के नारे मिले हुए भी थे और अलग भी थे, वे इस तरह गढ़े गए थे कि स्थानीय सशक्तीकरण को दर्शाते थे। इस तरह, सब जगह जमकर लिखाई-पढ़ाई हुई। क्या लखनऊ, क्या देवबन्द, क्या पटना का सब्ज़ीबाग़, क्या जयपुर, क्या हैदराबाद, क्या कोझिकोड...हर शहर, हर धरना स्थल पर नौजवान औरतों-मर्दों की छिपी या अधखुली सांस्कृतिक प्रतिभा का जो विस्फ़ोट सामने आया, वह शाहीन बाग़ के आन्दोलन को सतरंगी आभा से नवाज़ता है।

पुरुष सहयोगी

औरतों का यह आन्दोलन इतना लम्बा और सफलतापूर्वक चल पाया, इसके पीछे मर्दों की टीम का भी अहम योगदान था। इनमें ज़्यादातर नौजवान थे—वे विभिन्न विश्वविद्यालयों में पढ़नेवाले छात्र थे, वकील थे, नौकरीपेशा

पेशेवर थे। वे शुरू से यहाँ थे। ख़ासतौर से सीएए के ख़िलाफ़ चल रहे विरोध में सक्रिय आन्दोलनकारी शाहीन बाग़ के आन्दोलन की रीढ़ बने रहे। यह टीम क़रीब 20-25 नौजवान युवकों की थी, जिन्होंने बेहद दिलेरी से सड़क पर धरना स्थल के तमाम इन्तज़ाम करने से लेकर स्थानीय थाने, कचहरी, दुकानदारों आदि से बात करने का ज़िम्मा उठाया।

चूँकि शाहीन बाग़ में आक्रोश 15 दिसम्बर, 2019 को जामिया इस्लामिया में हुई पुलिस बर्बरता के ख़िलाफ़ फूटा था, इसलिए इसमें छात्रों और उनके परिजनों की भूमिका शुरू से अहम रही। शाहीन बाग़ में रहनेवाले लोगों के बच्चे-परिचित जामिया में पढ़ते थे, उनके ऊपर हुए पुलिसिया दमन की तसवीरें-वीडियो जब वायरल हुए तो नागरिकों के लिए अपने गुस्से को काबू में रखना मुश्किल हो गया। यहाँ यह भी ध्यान में रखना ज़रूरी है कि देश-भर में सीएए और एनआरसी के ख़िलाफ़ आन्दोलन पहले से चल रहे थे। इसी में शाहीन बाग़ के पास कुछ करने की योजना बनी तो लोगों का इकट्ठा होना शुरू हुआ। इसमें औरतों की तादाद पहले बहुत कम थी, लेकिन उन्हें बाहर लाने और उनके आक्रोश को एक दिशा देने की क़वायद भी साथ-साथ शुरू हुई। इसमें जामिया की उन तीन लड़कियों की फ़ोटो ने भी कमाल का असर किया, जहाँ वे आँख में आँख डालकर पुलिसकर्मी को चुनौती दे रही थीं।

आन्दोलन के साथ शुरुआती दिनों से जुड़े थे आईआईटी में पढ़ चुके, प्रोफ़ेशनल्स आसिफ़ मुज़्तबा, आफ़ताब अहमद, दानिश, शहनवाज़ सहित कई लोग। उन्होंने बताया कि जामिया में छात्रों पर हुई हिंसा के बाद स्थानीय लोगों में बेहद आक्रोश था। शुरू में उस सड़क पर मर्द जमा हुए, स्थानीय स्तर के नेता आए, सड़क के एक तरफ़ बैठ गए, नारेबाज़ी होने लगी। सड़क के दूसरी तरफ़ से पत्थरबाज़ी होने लगी। तब तक सामनेवाली सड़क खुली थी यानी एक ही तरफ़ की सड़क बन्द की गई थी। औरतें थी, लेकिन कम। धीरे-धीरे औरतें गली-गली, मोहल्ले से निकल कर आने लगीं। फिर सबमें सहमति बनी कि दोनों तरफ़ की सड़क बन्द करनी ज़रूरी है क्योंकि बीच में एक ट्रक तेज़ रफ़्तार से आन्दोलनकारियों के बीच घुसने पर उतारू हो गया था।

मर्दों की इस लगातार बढ़ती-घटती टीम के कन्धे पर बहुत बड़ी

ज़िम्मेदारी थी, आन्दोलन के सुचारु रूप से चलते रहने की गारंटी करना। जब भी थाना-कचहरी की नौबत आए, मैनेज करना। कोई उपद्रवी तत्त्व आए तो स्थिति को सँभालना। यहाँ दो-तीन वाक़यों—का ज़िक्र करना ज़रूरी है—जिनकी मैं खुद गवाह रही। मिसाल के तौर पर, जब भाजपा नेताओं ने शाहीन बाग़ की सड़क पर दुकानों को हो रहे नुकसान का सवाल उठाया और इस आधार पर ध्रुवीकरण करने की कोशिश की, तब इन नौजवानों की टोली ने इलाक़े के बूढ़े-बुजुर्गों को साथ लेकर मध्यस्थता की राह निकाली।

दूसरा वाक़या था, 24 जनवरी, 2020 को पत्रकार दीपक चौरसिया द्वारा भड़काऊ रिपोर्टिंग का। उस समय भी मैं वहीं थी। मैंने देखा कि किस तरह से सुनियोजित ढंग से माहौल को ख़राब करने की साज़िश की गई, बार-बार पूछा गया कि कितने लोगों को बिरयानी मिली? औरतें जब भड़क गईं, तो दीपक की टीम के कई लोग, जो कैमरों व मोबाइल फ़ोन पर रिकॉर्डिंग कर रहे थे, वहाँ से लाइव ब्रॉडकास्ट करने लगे। मामला हाथ से बाहर निकल सकता था, लेकिन मिनटों में मर्द वॉलंटियरों ने हस्तक्षेप करके स्थिति को सँभाल लिया। कोई हिंसा नहीं हुई। दीपक चौरसिया और उनकी टीम को हाथ-जोड़कर, ह्यूमन चेन बनाकर स्टेज से बाहर निकाला गया।[1]

इसी तरह का धैर्य तब भी दिखाया गया जब 27 जनवरी, 2020 को दीपक चौरसिया और 'जी न्यूज़' के सुधीर चौधरी पहुँचे थे, एक बार फिर हंगामा करने की तैयारी के साथ। उसका भी जवाब देने में मर्द और औरत वॉलंटियरों ने अभूतपूर्व सूझबूझ दिखाई।

तीसरा वाक़या था 5 फरवरी, 2020 का था, जब यूट्यूबर गुंजा कपूर बुर्क़ा पहनकर शाहीन बाग़ पहुँच गई थी। गुंजा हिन्दू थी लेकिन बुर्क़ा पहनकर अपनी पहचान छिपाई और धरने पर मुसलमान औरतों के साथ बैठकर, मुस्लिम लड़की बनकर बात करने लगी। वह उनकी बातों को मोबाइल पर रिकॉर्ड कर रही थी। लोगों ने उसे पकड़ लिया, लेकिन यह मर्द वॉलंटियर्स के साथ-साथ औरतों की दूरदर्शिता थी कि शाहीन बाग़ के

---

1. (https://indianexpress.com/article/cities/delhi/tv-journalist-alleges-attack-in-shaheen-bagh-fir-registered-6234096/

आन्दोलन को बदनाम करने की बड़ी साज़िश के तहत वहाँ पहुँची गुंजा का बाल भी बाँका न हुआ। उसे पूरी हिफ़ाज़त से पुलिस को सौंप दिया गया।[1]

ऐसे कई वाक़ये हैं, जो पुरुष सहयोगियों के त्वरित-समझदारी भरे हस्तक्षेप की बानगी देते हैं। इस तरह का को-ऑर्डिनेशन, पुरुष और महिला सहयोगियों के बीच अपने आप में अनूठा था।

नो छेड़छाड़ ज़ोन

यह भी हमेशा याद रखा जाएगा और जाना भी चाहिए कि दिल्ली के शाहीन बाग़ आन्दोलन में से कहीं किसी बदतमीज़ी या छेड़छाड़ की ख़बर नहीं आई। वह भी तब, जब पूरी-पूरी रात औरतें सड़कों पर बैठी रहीं। शाहीन बाग़ से कई मर्तबा मैं खुद रात 2-3 बजे लौटी हूँ। बतौर महिला और बतौर महिला पत्रकार तमाम अनजान जगहों पर रिपोर्टिंग करने के लिए जाने से पहले सबसे अहम सवाल अपनी सुरक्षा का ज़ेहन में आता है। शाहीन बाग़ जाते समय भी आया था। यहाँ इस बात का भी उल्लेख ज़रूरी है कि कुछ इलाक़ों के बारे में—ख़ास तौर से मुस्लिम बहुल इलाक़ों के बारे में—कुछ पूर्वग्रह, कुछ धारणाएँ इतनी ज़्यादा प्रचारित कर दी गई हैं कि वे हमारी सोच पर असर डालती हैं। मेरे दिमाग़ में भी यह सवाल बना हुआ था, लेकिन जब मैं ई-रिक्शा पर सवार होकर शाहीन बाग़ की 40 फुटा सड़क पर पहुँची और जो नज़ारा मैंने देखा, तो लगा कि यह तो कोई दूसरी ही दिल्ली है। इतनी बड़ी संख्या में औरतों-लड़कियों की आवाज़ाही—निर्द्वन्द्व व निर्बाध। रात बढ़ती जा रही थी, रौनक़ बढ़ती जा रही थी। औरतें जो घर गईं हुई थी, वे भी धरने पर लौट रही थीं। अलग ढंग के सशक्तीकरण की गवाही दे रहा था शाहीन बाग़। सैकड़ों आन्दोलन-धरने कवर किए होंगे अभी तक मैंने, लेकिन यहाँ की फ़िज़ा ही कुछ और लगी। इतने दिनों में कहीं भी कोई अवांछित टच, छेड़छाड़ या बदतमीज़ी की घटना नहीं हुई, चेहरे पर कुत्सित-लिप्सायुक्त भाव लेकर घूमता कोई भी शख़्स यहाँ नहीं देखा गया।

---

1. https://indianexpress.com/article/india/commotion-in-shaheen-bagh-after-woman-in-burqa-asks-too-many-questions-6252678/

इस दौरान औरतों की निर्बाध आवाज़ाही/सक्रियता एक ख़ास बात थी। जो औरतें अपने घर के बाहर, बाज़ार तक बिना मर्द के नहीं जाती थीं, वे अब रात में 2 बजे पैदल गलियों से होते हुए पहुँच रही थीं। शाहीन बाग़ में रहनेवाली क़रीब 25-26 साल की रुख़सार ने बताया, "यहाँ जिस सड़क पर मैं एक महीने से बैठी हुई हूँ, उस सड़क पर मैं अपने घर से कभी अकेले तक नहीं आई। सड़क भी शौहर के साथ ही पार करती थी, उसमें भी दिल धुक-धुक करता था। लेकिन अब देखो, रात 2 बजे भी यहाँ से घर तक अकेले जाती हूँ, बिलकुल आराम से। इसके लिए आप कहो तो हम मोदीजी और अमित शाह जी का धन्यवाद बोल दें। न वो हमें देश से निकालने वाला सीएए और एनआरसी लाते और न हमें घर से बाहर की दुनिया पता चलती।"

पूरी दुनिया के सामने यह बात सामने आई कि मुसलमानों के मोहल्ले कितने महफ़ूज़ हैं औरतों के लिए। यहाँ रोज़ाना हज़ारों की भीड़ उमड़ी, 26 जनवरी, 2020 को तो तिल धरने की जगह तक नहीं बची थी, लेकिन मजाल है कि इतनी भीड़ में भी किसी औरत या बच्ची को ग़लत ढंग से छुआ गया हो या ग़लत निगाह डाली गई हो।

इस बात को बतौर महिला पत्रकार भी मैंने बख़ूबी महसूस किया। यहाँ मैं आपके साथ साझा करना चाहूँगी वह अनुभव जो लम्बे समय तक मुझे बेचैन करता रहा। यह घटना उस समय की है, जिस समय उत्तर-पूर्व दिल्ली को सुलगाया जा रहा था। उस समय अफ़वाहों का ज़बरदस्त बोलबाला था। पहली मार्च, रविवार का दिन था और पूरा दिन अफ़वाहों के नाम रहा। हर मोहल्ले से ये ख़बरें आने लगी थी कि दूसरे धर्म के लोगों ने घेर लिया है, वे हथियारों से लैस हैं आदि। लेकिन तुरन्त ही उनकी सच्चाई भी सामने आने लगी। ऐसे में शाम को मैं मेट्रो से पहुँची थी शाहीन बाग़। मेट्रो में भी भीड़ कम थी और स्टेशन से लेकर शाहीन बाग़ धरना स्थल तक तनाव पसरा हुआ दिखाई दे रहा था। भीड़ थी, लेकिन कम। तभी नौजवानों का एक समूह बाइकों पर नज़र आया। अफ़रा-तफ़री बढ़ गई। मैंने किनारे खड़े वॉलंटियर शकील से पूछा कि क्या मामला बिगड़ रहा है? इस पर उन्होंने जवाब दिया, "अफ़वाह फैलाई जा रही हैं कि उस छोर पर (नोएडा लिंक रोड) लोग जमा हो रहे हैं, पर हमने चेक कर लिया है, यह अफ़वाह है। कुछ नहीं होगा।"

फिर शकील ने मुझसे पूछा कि आप कैसे जाएँगी? मैंने कहा, मेट्रो से। इस पर उन्होंने कहा, "मैं आपको स्टेशन तक भिजवाता हूँ, आपकी हिफ़ाज़त हमारी ज़िम्मेदारी है। आप निकल जाएँ तो बेहतर है।" मैंने बेपरवाही में कहा कि मैं निकल जाऊँगी, आप बाक़ी काम निबटा लें, लेकिन शकील एक क़दम आगे बढ़कर मेरे रास्ते में खड़े हो गए और कहने लगे कि आपको पूरी हिफ़ाज़त से पहुँचाना है, शाहीन बाग़ की इज़्ज़त का सवाल है। एक तिनका भी खरोंच नहीं आनी चाहिए। दिल्ली के हाल ठीक नहीं हैं। फिर उन्होंने मुझे मेट्रो स्टेशन तक छुड़वाया। एक महिला को मुझे सीढ़ियों तक ऊपर छोड़कर आने को कहा। यह अनुभव अपने आप में बेमिसाल रहा, क्योंकि जब तक मुझे मेट्रो मिली, तब तक शहर में तनाव की ख़बरें आग की तरह फैल चुकी थीं। मेट्रो स्टेशनों पर और ट्रेन के भीतर इस बात की घोषणा होनी शुरू हो गई थी कि किन-किन स्टेशनों पर मेट्रो नहीं रुकेगी। मुझे तब वॉलंटियर शकील याद आए और मेरी हिफ़ाज़त के लिए उनका बढ़ा हुआ क़दम याद आया।

यही माहौल तक़रीबन हर जगह था और पूरी मुस्तैदी से था। चाहे वह दिल्ली हो या देश के किसी भी कोने का शाहीन बाग़, हर जगह औरतों की सुरक्षा का ज़बरदस्त इन्तज़ाम किया गया था। अगर औरतें किसी के वीडियो बनाने पर, मंच के पास खड़े रहने पर आपत्ति करती थीं, तो वहाँ से उन्हें तुरन्त ही वॉलंटियर हटा देते थे। यह माहौल बहुत स्वाभाविक ही था। बिना इस तरह के सुरक्षित माहौल के औरतों का अपने छोटे-छोटे बच्चों-बच्चियों के साथ बाहर आना असम्भव था। और बड़ी संख्या में खुद औरतों का सड़क पर होना भी उनकी अपनी सुरक्षा की गारंटी थी। उनकी उपस्थिति एक अलग ढंग का माहौल और दबाव बनाती थी मर्दों पर।

औरतों से कैसे अदब से पेश आना है, उन्हें बराबरी में ही नहीं नेतृत्व में भी देखना है, इसकी ट्रेनिंग भी ख़ूब हुई शाहीन बाग़ और इसके समकक्ष चल रहे देशव्यापी आन्दोलनों के ज़रिये।

अलहदा माहौल

आन्दोलन से जुड़ी ये सारी साइड स्टोरीज़ हैं, लेकिन बेहद अहम है, क्योंकि

ये बताती हैं कि जब औरतें सड़कों पर उतरती हैं तब माहौल बिलकुल अलहदा होता है। यहाँ बच्चे थे—दूध पीने की उम्र से लेकर स्कूल-कॉलेज जाने की उम्र तक के। उनका रोना-धोना-खेलना-कूदना...सब बिखरा हुआ था धरना स्थल पर। स्कूल से बच्चे सीधे धरना स्थल आते, माँएँ उनका हाल-चाल पूछतीं, वे अपनी माँ को जी भर निहारते और फिर घर चले जाते। शाम को भी कई बार चक्कर लगा लेते। उन्हें भी बड़ा गर्व होता कि अम्मी देश के लिए सड़कों पर बैठी हैं।

उनके होमवर्क थे, स्कूल में होनेवाली लड़ाई-झगड़ों की रिपोर्टिंग थी, जो उन्हें अपनी ख़ाला या अम्मी से ही कहनी होती थी यानी धरना स्थल एक बड़ा घर सरीखा बन गया था, यहाँ आनेवाली तमाम औरतों और उनके परिवार वालों के लिए। इस तरह का माहौल किसी भी और प्रदर्शन में नहीं दिखाई देता था।

पटना के सब्ज़ीबाग़ इलाक़े में चल रहे धरने पर बैठी 10वीं की छात्रा ज़ैनब ने बताया, “शुरू में मैं माँ को देखने धरना स्थल पर आती थी, लेकिन फिर माँ के साथ-साथ बैठने लगी। अब मेरे स्कूल के कई दोस्त भी यहाँ आने लगे हैं। सबको धीरे-धीरे पता चला कि सीएए किस क़दर भेदभाव पैदा करनेवाला है। फिर हम सब स्कूल का कामकाज भी यहीं बैठकर करने लगे। ऐसा करके हम माँ के साथ भी बने रहते हैं। शाम को पापा और बड़ा भाई भी आ जाते हैं। पहले घर में तीनों टाइम खाना बनता था, अब हम सब एडजस्ट करते हैं। मिलकर खाना मैनेज करते हैं। अब घर बिलकुल बदल गया है। सब कोई जल्दी-जल्दी काम करके, स्कूल ख़त्म करके, दफ़्तर से काम करके यहाँ (धरना स्थल) पहुँच जाते हैं। पहली बार सड़क पर बैठकर पढ़ाई की। पहली बार सोचा कि आज़ादी की लड़ाई के समय भी जब माँएँ बाहर निकलती थीं, तो क्या बच्चे ऐसे ही माहौल में बड़े होते थे, पढ़ते थे? हमारे लिए तो यह बिलकुल ही अलग माहौल है।”

दिल्ली के शाहीन बाग़ में तो बच्चों के लिए अलग से ट्यूशन क्लास, ड्राइंग क्लास का कोना बनाया गया। इसमें मदद की जामिया मिल्लिया इस्लामिया सहित शहर के तमाम शिक्षण-संस्थाओं के छात्र-छात्राओं ने। चूँकि माँएँ धरना स्थल पर थीं, लिहाज़ा बेहद स्वाभाविक था, बच्चों का पास में बैठना और पढ़ना। मैंने शाहीन बाग़ में बच्चों के ड्राइंग बनानेवाले

कोने में कई घंटे बिताए। जब छह साल की रशीदा ने अपने बनाए लाल क़िले को दिखाया और पूछा कि यह सुन्दर है, तो वाक़ई जवाब में शब्द नहीं थे मेरे पास। महीनों से इन बच्चों की माँएँ-बहनें सड़कों पर बैठी हुई थीं। इसकी कैसी छाया भारत के भविष्य पर पड़ रही थी, उसका अक्स थीं, ये पेंटिंग्स—आड़ी-तिरछी लाइनें। बच्चों के दिमाग़ में झंडा, इंडिया गेट, औरतों का सड़कों पर बैठना, दादियों-नानियों के चेहरे, पुलिस और लाठी, हम भारत के लोग, संविधान, पेड़-पौधे, पक्षी...अनगिनत तसवीरें दर्ज़ हो गई थीं।

पासा पलटना

इस आन्दोलन को एक चीज़ और बहुत ख़ास बनाती है और वह यह कि जिन चीज़ों या बातों को औरतों की कमज़ोरी के तौर पर पेश किया जाता है, उन्हें ही उन्होंने अपनी ताक़त बनाया। उन्होंने पासा पलट दिया। औरतों और ख़ासतौर से मुसलमान औरतों का स्वतंत्र रूप से बाहर निकलना, देर रात तक बाहर रहना, रात भर बाहर रहना—ये तमाम ऐसी बातें हैं, जो समाज में मुसलमान औरतों के बारे में गढ़ दी गई छवियों के बिलकुल उलट थीं। मुसलमान औरतों को बेहद भीरु, दब्बू, घर में क़ैद, अन्याय को सहनेवाली लाचार महिला के तौर पर पेश करने में दक्षिणपंथी ताक़तें हमेशा से लगी रही हैं। तीन तलाक़ पर जो वैमनस्य भरा अभियान चलाया गया, वह इसकी जीती-जागती मिसाल है। किसी ने सवाल नहीं उठाया उन हिन्दू औरतों के अधिकारों के बारे में, जिन्हें उनके पति छोड़ देते हैं और परित्यक्ता के रूप में वे अपना पूरा जीवन गुज़ार देती हैं। इनमें से ज़्यादातर हिन्दू मर्द बहुत ही चैन से बिना पहली पत्नी को तलाक़ दिए, दूसरी शादी कर लेते हैं। कई उन्हें ऐसे ही छोड़ देते हैं—न तलाक़ देते हैं, न दूसरी शादी करते हैं और न ही कोई अधिकार या ख़र्चा-पानी देते हैं, लेकिन हिन्दू औरतों की स्थिति तो कभी राजनीतिक एजेंडा नहीं बनी! बहरहाल, मुसलमान औरतों की जो मनगढ़न्त छवि बेहिसाब प्रपंच से गढ़ी गई थी, उसे शाहीन बाग़ के आन्दोलन ने ध्वस्त कर दिया। उसने भारतीय मुसलमान औरत की बुलन्द छवि सामने रखी—जो

राजनीतिक रूप से बहुत प्रखर है, आत्मनिर्भर है और क़ौम व देश के लिए फ़िक्रमन्द है।

अलग ब्रांड

शाहीन बाग़ की औरतें अपने आप में एक अलग ब्रांड की औरतें बनीं। उन पर सिर्फ़ इस आन्दोलन का ठप्पा था। धीरे-धीरे उन्होंने जवाब देना, राजनीतिक विमर्श में मुखर होना सीखा। उन्होंने बिलकुल परम्परागत ढंग से अपनी शब्दावली में अपनी ठोस दलीलों से सामनेवाले को निरुत्तर करना भी सीखा। मिसाल के लिए, जब भाजपा के आईटी सेल के मुखिया अमित मालवीय ने एक ट्वीट के ज़रिये यह आरोप मढ़ा कि ये औरतें 500 रुपये और बिरयानी के लिए आ रही हैं (15 जनवरी, 2020)[1] तो इसका जो जवाब दिया गया, वह इन तमाम औरतों की तर्कशील बुद्धि का लोहा मनवाने के लिए काफ़ी है। शाहीन बाग़ की इन शाहीनों ने कहा कि अमित मालवीय सहित तमाम लोग जो 500 रुपये और बिरयानी के नाम पर बैठने का आरोप हम पर लगा रहे हैं, वे अपनी पत्नियों-बेटियों को धरना स्थल पर भेज दें, हम हरेक को 5,000 रुपये देने और मन लायक खाना खिलाने को तैयार हैं। नहले पर दहला सरीखा यह जवाब आरोप लगानेवाले के चेहरे पर तमाचे-सा सुनाई देता है।

उनकी बहसों ने राजनीतिक विमर्श को भी समृद्ध किया और इसे एक जेंडर एंगिल दिया। मुसीबतें भी जमकर झेली गईं, आख़िर कोई मामूली पक्ष नहीं था सामने टक्कर में। देश ही नहीं, दुनिया की सबसे बड़ी पार्टी होने का दावा करनेवाली भारतीय जनता पार्टी, उसकी पूरी टीम और भूतो-न-भविष्यतः देश को मिले सर्वशक्तिमान प्रधानसेवक-प्रधानमंत्री नरेन्द्र मोदी और 'राजनीति के चाणक्य' की उपाधि से नवाज़े गए गृह मंत्री अमित शाह के बरक्स खड़ी थीं देश-भर में पसरे शाहीन बाग़ों की औरतें। इन पर हमले भी जमकर हुए। क्या-क्या नहीं कहा गया! लेकिन पूरी परिपक्वता से उन्होंने अपने ख़िलाफ़ हो रहे तमाम हमलों का जवाब दिया।

---

1. https://thewire.in/media/amit-malviya-bjp-fake-news

3

आवाज़ें और सूरज से सामना

आवाज़ें और आवाज़ें...ये सब आसमान को ललकारनेवाली आवाज़ें थीं। अनेक भाषाओं और बोलियों में निकली ये आवाज़ें एक ही बात को गुंजा रही थीं—*यह मिट्टी है दस्तावेज़ हमारा*[1], *ये वतन हमारा है और हम काग़ज़ नहीं दिखाएँगे*[2]।

स्त्री-कंठ से निकली इन आवाज़ों में से कई ने उम्र का लम्बा फ़ासला तय किया हुआ था। इसमें मन्द-मन्द मुस्कुराती उम्र की लुनाई को झुर्रियों में समेटे लखनऊ के उज़रियाँव गाँव में धरने पर बैठीं हमीदुल निसां हों या फिर पटना की दसवीं में पढ़नेवाली जुनैद, दिल्ली के शाहीन बाग़ में मंच संचालन टीम की ऋतु कौशिक या केरल के कोझिकोड की हसीना बेगम...उन सबकी और उनकी जैसी हज़ारों औरतों की आवाज़ें इसमें शामिल हैं। वे सब सीधे-सीधे प्रधानमंत्री नरेन्द्र मोदी को यह बताने के लिए अपने घरों से बाहर निकली थीं कि, 'सीएए' ख़राब है, वह इसे वापस लें। और यह भी कि मुल्क से उनका रिश्ता कोई तोड़ नहीं सकता। न कोई क़ानून, न कोई सत्ता। वे इसी मुल्क की हैं और यहीं दफ़न होंगी।

बला की ठंडक थी उत्तर भारत में। देश की राजधानी दिल्ली में तो रिकॉर्ड सर्दी पड़ रही थी। कई दशकों के रिकॉर्ड टूट गए, लेकिन शाहीन बाग़ की औरतों को देखकर लगता ही नहीं था कि वे इतने ख़राब मौसम से टक्कर ले रही हैं। तापमान जब शून्य के पास पहुँच रहा था, तब भी

1. कवि शोभा सिंह की लिखी कविता
2. गीतकार वरुण ग्रोवर की सीएए-एनआरसी के ख़िलाफ़ लिखी कविता

ऊपर सिर्फ़ तिरपाल की रोक और साथ में रजाइयाँ और कम्बल लिये ये उम्रदराज़ नानियाँ-दादियाँ आसपास बैठे बच्चों की देखभाल करतीं, नवजात शिशुओं की माँओं को नसीहत देतीं, बच्चों को ठंड से बचाने के नुस्ख़े बताती रहती थीं, और बिलकुल उसी अन्दाज़ में मुल्क को बचाने के नुस्ख़े भी खोजती रहतीं। शाहीन बाग़ ने तमाम उम्र की औरतों को ज़बरदस्त ढंग से राजनीति में भी दक्ष बनाया। और सबसे बड़ी बात, इसने उनके दुःख, गुस्से, सवाल, हताशा को आवाज़ दी। यही वजह थी कि इनमें से कोई यह ऐलान कर रही थी कि "मैं बागी हूँ, मैं बागी हूँ" तो कोई कह रही थी, "हम सिर पर कफ़न बाँधकर निकले हैं।"

देश-भर में फैले शाहीन बाग़ों में से मैंने क़रीब 11 राज्यों (उत्तर प्रदेश, बिहार, झारखंड, राजस्थान, मध्यप्रदेश, महाराष्ट्र, कर्नाटक, तेलंगाना, केरल, तमिलनाडु और दिल्ली) के धरना स्थलों पर जाकर अनगिनत औरतों-आयोजकर्ताओं से बातचीत की। उनमें से ज़्यादातर का वीडियो डॉक्युमेंटेशन करने की कोशिश की, फ़ोटो खींची, क्योंकि वे सब नया इतिहास रच रही थीं। उनमें से कुछ को इस किताब में आपके साथ साझा कर रही हूँ, ताकि सनद रहे कि लोकतंत्र की इस करवट का—इन आवाज़ों की—सिर्फ़ मैं या आप ही श्रोता और साक्षी नहीं हैं, बल्कि पूरा देश गवाह रहा है।

ये न समझो ऐसा वैसा वास्ता सूरज से है,
ये सफ़र ऐसा है अपना सामना सूरज से है!

शायर ओम प्रकाश नदीम का यह शे'र दिमाग़ में कौंधता है, जब मैं देश-भर में फैले शाहीन बाग़ों की रिकॉर्डिंग देखती-सुनती हूँ। देश के जिस भी कोने में बतौर पत्रकार मैं पहुँच पाई, हर जगह की आवाज़ें एक से बढ़कर एक थीं। हर एक आवाज़ में तर्क की मौलिकता और दिलेरी बेमिसाल।

हमीदुल निसां

उम्र 100 से 105 के बीच उज़रियाँव गाँव, लखनऊ, उत्तर प्रदेश

मेरी उम्र क़रीब 105 साल होगी। ठीक-ठीक याद नहीं, मैं कब पैदा हुई? हाँ, लखनऊ में ही पैदा हुई, यहीं शादी हुई और यहीं बूढ़ी हो गई। मेरा ख़ानदान इतना बड़ा है मानो इस गाँव का आधा हिस्सा हो। मैं यहाँ (धरना स्थल पर) पहले दिन से बैठी हूँ। दिन-रात यहीं रहती हूँ, क्योंकि मेरे लिए चल पाना बहुत मुश्किल है। सर्दियाँ भी इस बार कमबख़्त इतनी ज़्यादा पड़ रही है, इसीलिए यहीं खाट पर कम्बल डालकर, उसी में बैठी रहती हूँ। मैं मोदी (प्रधानमंत्री नरेन्द्र मोदी) से कहना चाहती हूँ कि मुझमें हिम्मत बहुत है। बस आँखें थोड़ी कमज़ोर हो गईं हैं। पहले की खिलाई-पिलाई अच्छी थी कि हम अभी तक चल रहे हैं। मेरी याददाश्त भी कमज़ोर हो गई है, लेकिन इतनी नहीं कि अपने वतन से उल्फ़त भूल जाऊँ।

मोदी जी कभी आएँ तो मैं पूछूँ उनसे कि तुम हमसे पूछने निकले हो हम कहाँ के हैं, कहाँ से आए हैं! हमने तुमसे कभी पूछा कि तुम कहाँ के हो, कहाँ से आए हो? तुम्हारी माँ के माता-पिता कहाँ से आए थे? किसी को भी यह हक़ नहीं कि वह हमसे कहे कि काग़ज़ात दिखाओ, फिर वे हम पर हिन्दुस्तानी होने का ठप्पा

फ़ोटो : भाषा सिंह

लगाएँगे। यह तो हमसे अंग्रेज़ों ने भी नहीं पूछा, फिर तुम तो इसी मिट्टी के हो। कुछ तो सोचो। मोदी हों या योगी, वे कैसे बोल सकते कि हमारा घर छीन लेंगे, देश से बाहर निकल देंगे! आज यहाँ जो औरतें बैठी हैं, वे सब इस डर की वजह से ही तो बाहर आई हैं कि हमें पता नहीं कहाँ भेज देंगे—पाकिस्तान या क़ब्रिस्तान? वैसे तो एक न एक दिन क़ब्रिस्तान या मसान सबको ही जाना है, तो मैं सोचती हूँ कि यहीं से बैठकर चली जाऊँ तो बेहतर होगा, वतन के नाम कुर्बान होने का ख़्वाब भी पूरा हो जाएगा।

हमसे हमारा मुल्क छीन रहे हैं। इतनी उम्र हो गई, पूरी ज़िन्दगी में ऐसा कभी नहीं सुनने को मिला, जो अब हो रहा है। इससे बदतर और क्या ज़माना होगा कि घरों के बाहर औरतें रात-रात तक बैठी हैं इनसाफ़ के लिए, और कोई सुनवाई नहीं हो रही। अब राज तो योगी जी और मोदी जी का ही है, तो बात भी उनसे ही करनी होगी न हमें! अब वे हम औरतों से भी बात करने को तैयार नहीं, यह बड़ी हैरानी की बात है। लगता है, हम ज़नानियों से ख़ौफ़ खा गए हैं। बस, इसी उलझन में सब भाग-भागकर यहाँ आते हैं कि अब तो फ़ैसला करो।

मुझे यहाँ बैठने में कोई डर नहीं लगता—न किसी पुलिस का, न किसी दरोगा का। हम अपने गाँव में ही तो हैं। यहाँ सब हमारे बेटे हैं, हमारे अपने हैं। सब हमारे साथ हैं तो हम क्यों डरें किसी से? तुम्हीं बताओ, दिल्ली से आई हो ना, वहाँ कोई डरा, तो फिर हम किसी से क्यों डरें? अगर जान का डर होता तो यहाँ मैदान में कहाँ बैठते? यहाँ सब माँएँ, बहनें, बेटियाँ बैठी हैं, एक-दूसरे को देख हिम्मत बढ़ती है। हमारी नातियाँ-पोतियाँ सब यहाँ हैं, हम तो उनसे पहले यहाँ आकर बैठ गईं हैं, घर में कहाँ हमारा जी लगता?

सब कहते हैं कि हम चुप रहें। मैं कहती हूँ, क्यों चुप रहें? हम तो आवाज़ उठाएँगे। आवाज़ में दम है।

बिल्क़ीस

उम्र 82 साल, शाहीन बाग़, दिल्ली

मेरी उम्र 82 साल है। हम तो इंडिया के ही रहनेवाले हैं। हमारे शाहीन बाग़ ने पूरी दुनिया को दिखाया कि जब हम औरतें देश का झंडा हाथ में थामती हैं, जन-मन-गण गाती हैं तो कितनी ताक़त आ जाती है? यह सब हम अपने मन और अपने बच्चों के भविष्य के लिए कर रहे हैं। हमने जिन्हें पैदा किया है, उनके अच्छे के बारे में सोचना और लड़ना तो किसी मज़हब में गुनाह नहीं है। हम तो अपनी ज़िन्दगी जैसे-तैसे जी लिए। ग़रीबी थी, मुफ़लिसी थी, दंगा था—थोड़ी-बहुत नफ़रत थी, लेकिन हमारे भारतीय होने पर तो किसी ने सवाल न उठाया था। मैं इस बात की गारंटी करना चाहती हूँ कि हमारे बच्चे और उनके बच्चे भारतीय माने जाएँ, कोई उनकी नागरिकता पर सवाल नहीं उठाए। हम वही तो कर रहे हैं, यहाँ सबके साथ मिलकर।

बहुत-से लोग यह समझाने की कोशिश करते हैं कि यह सभी भारतीय नागरिकों पर लागू होगा, लेकिन हमने तो देखा है कि असम में क्या हुआ और क्या हो रहा है? कितने लोग मर गए (डिटेंशन सेंटर) में, किसी ने इस पर आँसू नहीं बहाया। धरने पर आनेवाली माँ का चार महीने का बच्चा मर गया तो सब उस पर माँ को गरियाने लग गए। चार महीने के बच्चे के मरने का दुःख हो रहा है, वह भी हमारा ही बच्चा था। हमें दुःख का पता है। जब आपने हमारे 40 बच्चों को पीटा (जामिया में पुलिस ने यूनिवर्सिटी के भीतर घुसकर), अब उन्हें जेल में डाल रहे हो, बच्चों की आँख फोड़ दी, हाथ तोड़ दिया, तब दुःख नहीं हुआ किसी को? अगर आपके बच्चे होते तो तब आपको दर्द होता।

तुम्हीं कहो! (मुझसे मुख़ातिब होकर) कैसे बर्दाश्त करें और क्यों...कोई अन्त है इसका?

बिल्क़ीस की गोद में एक महिला अपनी छोटी-सी बच्ची (क़रीब दो

साल की) को गोद में पकड़ाकर बाहर जाती हैं। वह उस बच्ची का चेहरा मुझे दिखाकर पूछती हैं—

तुमने कभी अपने गाल पर तिरंगा बनाया है? यहाँ (शाहीन बाग़) देखो, कितनी माँएँ अपने बच्चों को सजाते-सँवारते हुए गाल पर तिरंगा बना रही हैं। यहाँ बच्चियाँ अपने स्कूल वाले रंग लाकर तिरंगा बना रही हैं। ऐसे ये सब इसी सड़क पर सीख रही हैं अपने वतन से मोहब्बत के मायने। रोज़ जन-गण-मन होता है। पहले खड़ा होना कितना मुश्किल होता था, पर अब टाँगें भी मज़बूत हो गई हैं। हालाँकि बिना घुटने पकड़े और दूसरे का हाथ पकड़े बैठना और उठना नहीं हो पाता। पहले तो समझ ही नहीं आता था कि सब खड़े क्यों हो रहे हैं? अब हम तो कभी स्कूल गए नहीं। पहली बार पोती ने कहा, "खड़ी हो, दादी"। बहुत सीखा यहाँ आकर। एक तरह से कह सकती कि पूरी दुनिया ही देख ली, समझ ली। कहाँ-कहाँ से लोग यहाँ आए? बड़े-बड़े लोग, सबको देखा, सुना और अच्छा लगा कि इतनी दूर तक हमारी बात पहुँच रही है। अब तो मैं अपनी बात कहने भी जाती हूँ, दूसरी जगहों

फ़ोटो : भाषा सिंह

(धरना स्थलों) पर। हर जगह लोग संविधान की बात करते हैं, हम भारत के लोग कहते हैं। ऐसा सब कहाँ होता था?

मैं उत्तर प्रदेश में हापुड़ के पास के एक गाँव की हूँ। गाँव में हम खेती करते थे। मेरे चार बेटे और एक बेटी है। सबसे पहले बड़ा लड़का यहाँ (दिल्ली) आया, क़रीब 30 साल पहले। अब सारा ख़ानदान यहीं है। ख़ानदान हमारा बहुत बड़ा है। सारे लड़के ड्राइवर हैं और बहुत प्रेम से रहते हैं, जैसे भाइयों को रहना चाहिए। मैंने आज़ादी की लड़ाई भी देखी है, हालाँकि उस समय छोटी रही हूँगी। हमारे समय में बालकों में इतना दिमाग़ नहीं होता था, जितना अब के बच्चों में समझ होती है। यहाँ जो बच्चे बैठे हैं, जिस तरह से वे नारा लगाते हैं, बात करते हैं, भाषणों को सुनकर ताली बजाते हैं, उससे कम-से-कम यह तो समझ आता है कि वे देश के हालात समझ रहे हैं। सच कहूँ (खुलकर पोपली हँसी हँसते हुए), हमें तो इनकी उम्र में कुछ न समझ आता था।

इस तरह की नफ़रत का माहौल कभी नहीं देखा था। आज की तारीख़ में, जो जहाँ है, शाहीन बाग़ के साथ है। मेरी सबसे ज़्यादा चिन्ता बीच वाली बहू करती है, जो बुलन्दशहर की है। वह कहती है कि इतनी ठंड है मैं यहाँ न आऊँ, मैं बीमार पड़ जाऊँगी। मैं उसे झिड़ककर करती हूँ, मैं कोई अलग से तो दुनिया में आई न हूँ। जैसे सब बैठी हैं यहाँ, वैसे ही मैं भी हूँ। वे भी हाड़-मांस के इनसान हैं, मैं भी हूँ। मुझसे भी ज़्यादा उम्रदराज़ ज़नानियाँ बैठी हैं यहाँ।

हमारे दिल को घायल कर दिया जामिया (मिल्लिया इस्लामिया) में हुई बच्चों की पिटाई ने। मेरा पोता पढ़ता है जामिया में। अब आप सोचो कितनी मुश्किल से यहाँ तक पहुँचा होगा हमारा बच्चा और पढ़ने के बाद ये हाल? एक बात साफ़ है, अब हम औरतों को डर नहीं लगता। हमारा बस दो टूक कहना है मोदी जी से और अमित शाह जी से—इस काले क़ानून को वापस ले लो। तुम भी अपनी कुर्सी पर बरक़रार रहो और हम भी इस देश में बरक़रार रहें। एक बात और कहना चाहते हैं हम सब मोदी जी से, आपने दुनिया को बताया कि मुसलमान औरत

कितनी दुखियारी है। हमारे दु:ख की दुहाई देते हुए वह तीन तलाक़ क़ानून ले आए। उस समय मुसलमान औरतों को मुस्लिम बहनें कहकर बुलाते थे। आज उनकी वही मुस्लिम बहनें धरने पर बैठी हुईं हैं। दो महीने से भी ज़्यादा हो गया, वह सुनने को तैयार नहीं। एक शब्द भी बोले नहीं, क्या वह सिर्फ़ हमारे रोनेवाले क़िस्से ही बेचना चाहते है? हमारी भी आवाज़ है न। जब हम बोल रहे हैं, तो उनको सुनना चाहिए।

सच बताएँ, हमें तो जवाहरलाल नेहरू ही अच्छे लगे। उनमें इंसाफ़ था, सबको बराबर की नज़र से देखते थे। दु:खी के लिए रहम था। उनकी भी याद इसलिए आई कि आजकल सब उनको ही बुरा बताते फिरते हैं। हम तो बोलते हैं मोदी जी यहाँ आओ, बैठो, सुनो हमारी...लेकिन (वे लोग) कभी यह बोलते हैं 500-500 रुपये के लिए बैठे हैं, कभी बोलते है कि बिरयानी खाने के लिए बैठे हैं।

कुछ शर्म भी नहीं करते, झूठ पर झूठ बोलते जाते हैं। सुन लो, हमें कोई शौक़ नहीं है यहाँ बैठने का। न तुम यहाँ हमारे बच्चो को पीटते और न हम यहाँ बैठते। अब तो अन्तिम साँस तक हम इस लड़ाई को ज़िन्दा रखेंगे। हमारी आवाज़ कोई बन्द नहीं कर सकता, ये मेरा ऐलान है।

ज़ैनब

उम्र 16 साल, पटना, बिहार

मैं दसवीं क्लास में पढ़ती हूँ। यहाँ आन्दोलन सब्ज़ीबाग़ में हो रहा है। मैं इस आन्दोलन से बहुत दिनों से जुड़ी हुई हूँ। जब तक यह धरना यहाँ रहेगा, तब तक मैं रहूँगी। मेरे लिए इस तरह से धरने पर बैठना बहुत ही ख़ास है। मुझे लगता है कि बतौर भारतीय नागरिक यह मेरी ड्यूटी भी है कि इस मुद्दे पर अपनी राय को ज़ाहिर करूँ। मेरे साथ मेरी क्लास के और भी बच्चे आते हैं, वे सब मुसलमान नहीं है। सबको यहाँ आकर बहुत अच्छा लगता है। हम आपस में बात करते हैं कि जो

फ़ोटो : भाषा सिंह

हम किताबों में पढ़ते आए हैं, वैसा ही एक पल हमारे सामने आया है। जैसा आज़ादी के आन्दोलन के बारे में पढ़ा था, हमें ऐसा लगता है कि वैसा ही माहौल सब्ज़ीबाग़ से लेकर देश के कोने-कोने में है। जो जहाँ है, जिस भी रोल में है, उसी में रहकर सीएए का विरोध कर रहा है। यहाँ सबसे ख़ास बात लगती है कि हमें संविधान के बारे में इतनी चीज़ें पता चलीं। पहली बार हमने इतनी तफ़्सील से उसके पन्ने पलटे। यह एक नई दुनिया का खुल जाना है हमारे लिए। हम इससे पहले यहाँ किसी को नहीं जानते थे, अब हम ज़्यादातर लोगों के नाम से वाक़िफ़ है।

शायद जो चीज़ हमें सबसे ज़्यादा तकलीफ़ दे रही है, वह यह है कि क्यों हमें हिन्दू-मुसलमान में बाँटा जा रहा है। आख़िर क्यों मुझे यह सोचना ही पड़े कि मैं मुसलमान हूँ और इसलिए मेरा फ़्यूचर (भविष्य) सुरक्षित नहीं है। पहली बार मुझे पता चला कि इस तरह से नागरिकता छीनी भी जा सकती है, क्योंकि अभी तक तो हम पढ़ते थे कि कैसे नागरिकता ली जाती है। हमारे प्रधानमंत्री नरेन्द्र मोदी जी कहते हैं कि इससे डरने की बात नहीं है, ऐसा कुछ नहीं होगा। अगर वाक़ई ऐसा है तो आप इसे वापस ले लो। सबको विश्वास में लेकर आगे क़दम बढ़ाओ। आख़िर ऐसा ही तो डेमोक्रेसी में होना चाहिए न!

मुझे लगता है कि जिस तरह से मैं पहली बार किसी आन्दोलन से जुड़ी हूँ, वैसे ही यहाँ ज़्यादातर औरतें पहली बार

किसी आन्दोलन से जुड़ी हैं। सब अपने अधिकार के लिए आई हैं, और इसी के लिए लड़ रही हैं। आप इनका जज़्बा देखिए, सब दिन-रात कर यहाँ बैठी रहती हैं।

मेरा पूरा परिवार यहीं रहता है। सबसे पहले अम्मी ने आना शुरू किया, उसके बाद हम सब। मैं स्कूल के बाद यहाँ आ जाती हूँ, दोस्तों के साथ। मेरा पूरा परिवार यहाँ होता है। सिर्फ़ ज़रूरी काम के लिए घर जाते हैं, फिर जल्दी ही वापस आ जाते हैं। हम ग्रुप बनाकर घर-घर जाकर उन्हें यह मुद्दा समझाते हैं। उन्हें बताते हैं सीएए, एनआरसी के बारे में। ऐसा करने से पहले हम भी अच्छे से जानकारी हासिल करते हैं क्योंकि कई बार घरों में हमसे सवाल भी होते हैं। हम उन्हें धरने के बारे में बताते हैं और इससे बोलते हैं कि वे भी इससे जुड़ें क्योंकि यह संविधान को ज़िन्दा रखने के लिए ज़रूरी है। हमारे देश का संविधान नागरिकता को धर्म के आधार पर विभाजित नहीं करता। यह सोच के भी अच्छा लगता कि जो लोग हमारे कहने के बाद यहाँ आएँ, वे यहीं बने रहे। यह प्रोटेस्ट रुकता नहीं है—बारिश आए, या सर्दी हो। यहाँ सब आते रहते हैं, चाहे माइक हो या न हो। हमारे साथ दूर-दूर तक औरतें बैठी रहती हैं। मेरे साथ स्कूल में पढ़नेवाली लड़कियाँ भी यहाँ आती हैं, उनके परिवार वाले भी यहीं रहते हैं। एक बिलकुल अलग ढंग का माहौल रहता है।

मैं यहाँ वॉलंटियर का काम करती हूँ। यहाँ बैठी औरतों का ध्यान रखते हैं। रोड पर भीड़ न हो जाए, रोड जाम नहीं हो, आने-जानेवालों को कोई परेशानी न हो—यह सब देखते हैं। ऐसा करना बहुत ज़रूरी है क्योंकि लगातार सोशल मीडिया पर हमारे ख़िलाफ़ कैम्पेन चलाया जा रहा है। हमारे बारे में झूठ फैलाया जाता है कि हमारे धरने की वजह से कारोबार का नुकसान हो रहा है या अराजकता फैल रही है। इसे काउंटर करना ज़रूरी है। मेरे साथ और भी लड़कियाँ हैं। पूरा एक ग्रुप है यहाँ, जो दिन-रात मेहनत करता है। मेरी ग़ैर-मुस्लिम दोस्त

भी आती हैं। यहाँ जो हमारी हेड हैं, वह भी ग़ैर मुस्लिम हैं। यहाँ आई दोस्तों को पता है कि मोदी जी बहुत झूठ बोलते हैं। सीएए व एनआरसी-एनपीआर पर भी मोदी जी ने कितना झूठ बोला, कितना लोगों को परेशान कर रहे हैं। मोदी जी बोलते हैं कि देश बदल जाएगा, यह हो जाएगा, वह हो जाएगा और अब आप ही देखिए न, कितना बदल गया है? आज औरतें घर से बाहर सड़कों पर आने के लिए बेबस हो गईं हैं। अपने बच्चों, पूरे परिवार के साथ बाहर हैं। वे अपने अधिकारों के लिए निकल आई हैं, और मोदी जी हैं कि सिर्फ़ अपने मन की बात करने में बिज़ी हैं। वह हम पर विभाजन थोप रहे हैं, नफ़रत फैला रहे हैं। यह तो सोचिए, हम जब बड़े होंगे तब तक क्या होगा इस मुल्क का? इसीलिए सीएए, एनआरसी व एनपीआर को यहीं रोकना ज़रूरी है। हमारे देश में यह सब नहीं चलेगा। हम सब हिन्दुस्तानी हैं और हम लोग सब एक साथ हैं।

इरम मुस्कानी

उम्र 38 साल, देवबन्द, उत्तर प्रदेश

दिल्ली से जब मैं 15 फ़रवरी, 2020 को उत्तर प्रदेश के देवबन्द पहुँची तो रात उतर रही थी। गगनचुम्बी नारे गूँज रहे थे। खुले मैदान में देश के संविधान की

फ़ोटो : भाषा सिंह

प्रस्तावना का विशालकाय कटआउट जगमगा रहा था। देवबन्द के ईदगाह पार्क में 27 जनवरी से चल रहा था यह औरतों का धरना। बड़ा रोचक दृश्य था। मैदान के बीच में टेंट लगा था, रौशनी और माइक की व्यवस्था चकाचक थी। पीछे से सारी बुरक़ानशीं औरतें मुठ्ठियों को तानकर नारा लगा रही थीं—भारत का संविधान ज़िन्दाबाद, हिन्दुस्तान ज़िन्दाबाद। सबसे पहले नारा लगानेवाली महिला अलग नज़र आ रही थी। बगल में खड़ी एक महिला से जब मैंने प्रिंटेट भरे रंग के दुपट्टे से सिर ढकी नारा लगाती महिला के बारे में पूछा तो उन्होंने बताया, "ये इरम हैं। यहाँ की बड़ी लीडर हैं।" मैंने सोचा, तो ये वही इरम हैं, जिनसे पिछले कुछ दिनों से बातचीत हो रही थी। मैंने हाथ हिलाया, उन्होंने वहीं खड़े रहने का इशारा किया। इसके बाद तो पूरा परिसर बाग़ियों के जमावड़े में तब्दील हो गया।

एक नज़्म नारे की शक्ल में पढ़ी जाने लगी, दोहराई जाने लगी। इरम बोल रही थी और उनके तेवर किसी भी पेशेवर नेता के पसीने छुड़ाने के लिए काफ़ी थे—

मैं बाग़ी हूँ मैं बाग़ी हूँ
तुम चाहे मुझ पर ज़ुल्म करो,
मेरे हाथो में हक़ का झंडा है
मेरे सामने ज़ुल्म का फन्दा है
मैं मरने से कब डरती हूँ, मैं बाग़ी हूँ, मैं बाग़ी हूँ

जिस तेवर में इस नज़्म की लाइनें मंच से पढ़ी जा रही थीं और इस सर्द रात में जिस तरह से इसे लय में सब दोहरा रहे थे, उससे साफ़ हो रहा था कि मुस्लिम मर्दवादी धार्मिक राजनीति के गढ़ देवबन्द में ये आवाज़ें क्या क़यामत ला रही होंगी? नारों का दौर क़रीब 40 मिनट तक चला। पसीना पोंछते हुए मंच से नीचे उतरी इरम, अपनी टीम की अन्य औरतों के साथ। फिर उनकी बात शुरू हुई।

हम लोग यहाँ 27 जनवरी से यहाँ बैठे हुए हैं। दिसम्बर में भी धरना चल रहा था लेकिन 2-3 घंटे का होकर रुक गया। फिर हम जहाँ रहते हैं (देवबन्द), वहाँ औरतों को इस तरह से बाहर

आने की इजाज़त नहीं थी, लेकिन हमारे दिल में आग लगी थी, हमने अन्दर-ही-अन्दर ख़ुद को तैयार किया, एका किया और फिर इकट्ठा होकर बाहर निकलने की तैयारी की। पहले तो समझ ही नहीं आया कि कहाँ जमा होंगे हम लोग, फिर लगा कि ईदगाह से अच्छी जगह और कोई हो ही नहीं सकती। यह किसी को हमारे बैठने से मुश्किल नहीं होगी और न ही किसी को परेशानी होगी। और सबसे बड़ी बात, हमें यहाँ से कोई हटा नहीं सकता। शुरू में तो यहाँ 500 औरतें जमा होती थी, फिर धीरे-धीरे करके यह तादाद 5,000 तक पहुँची। आप खुद भी देख रही होंगी, अभी रात के साढ़े आठ-नौ बजे हैं और यहाँ चार हज़ार से कम तादाद न होगी।

एक सबसे दिलचस्प बात—देवबन्द हो या देश-भर में फैले अनगिनत शाहीन बाग़ हों—हर जगह मुझे सुनने को मिली। सभी जगह औरतें प्रधानमंत्री नरेन्द्र मोदी को धन्यवाद देती हैं कि उनकी वजह से वे घरों से बाहर निकलीं और अपनी आवाज़ उठाने का मौक़ा मिला। तक़रीबन हर महिला अलग-अलग शब्दों में मोदी से यह सवाल पूछती हैं कि तीन तलाक़ क़ानून लाने के समय तो प्रधानमंत्री मुसलमान औरतों की दयनीय स्थिति के बारे में रोना रोते रहते थे, उन्हें हमारे ऊपर बहुत दया आती थी। अब जब हम इतनी ठंड में अपनी जान को जोखिम में डालकर बैठे हैं, उनसे गुहार लगा रहे हैं, तो वे सुनने को ही तैयार नहीं। यही बात इरम ने भी दोहराई।

हम दारुल उलूम देवबन्द से जुड़े हुए हैं। यहाँ हम लोगों के लिए पर्दा करना ज़रूरी है। आपको एक बात बताएँ, देवबन्द में जितना पर्दा है, उतना ही फ़ैशन है। हमें आज़ादी है, तभी तो ये इंक़लाब बाहर आया है। हमें दारुल उलूम देवबन्द में एक बात अलग से पढ़ाई जाती है, जैसे पर्दा है, घरों से नहीं निकलना—जो शरीयत में भी है, जो हदीस में भी लिखा है। साथ ही, यह भी कहा गया है कि जब आपके ऊपर बन आए तो आप अपने हक़ के लिए निकल पड़ें।

एक बात हमने देवबन्द में ख़ासतौर से की है और वह यह कि हमारा मंच सौ फ़ीसदी औरतों के लिए ही हैं। यहाँ मर्दों को

इजाज़त नहीं है। हालाँकि यहाँ के नेताओं का साथ हमें मिला हुआ है। वे हमें नैतिक रूप से समर्थन दे रहे हैं, लेकिन इस मंच के चारों और हद बनी हुई है ताकि मर्द न आ सकें। लेकिन यहाँ पूरी रात इस हद पर हमें साथ देने के लिए वे खड़े रहते हैं। हमारे घर बहुत बदल गए हैं। यहाँ आने के लिए हम घर में कैसा भी खाना बनाकर आ जाते हैं, पति और बच्चे वही खा लेते हैं। कोई शिकवा, नहीं शिकायत नहीं। वे बहुत-से काम खुद मैनेज कर रहे हैं, बच्चों को भी ठीक से देख रहे हैं।

इस दौरान यहाँ ख़ूब नारे बनाए गए, औरतों ने ढेरों गीत लिखे। सबके लिए प्रेरणा के रूप में जगमगाता रहा शाहीन बाग़। देश-भर में औरतों के दिलों में हौसला भी शाहीन बाग़ से ही आया और इसके बाद तमाम लोगों में अपने-अपने हिसाब से, अपनी स्थितियों के अनुरूप आन्दोलन को रंगो-सूरत दी। देवबन्द ने बाक़ी तमाम जगहों के नारे अपनाए और कुछ खुद भी बनाए।

इरम को जो सबसे ज़्यादा पसन्द हैं, वह है—

संविधान बचाने निकले हैं, आओ हमारे साथ चलो
मुल्क बचाने निकले हैं, आओ हमारे साथ चलो
हाथों में तुम हाथ चलो, आओ हमारे साथ चलो!

इसे ये लोग 'पर्सनल नारा' कहती हैं। वैसे ललकारने के लिए इरम को सबसे ज़्यादा रिस्पॉन्स जिस नारे पर मिलता है, वह है—

मेरे कफ़न पर लिख दो आज़ादी
तुम पुलिस बुला लो नहीं डरेंगे
तुम जेल में डालो नहीं डरेंगे
है जान से प्यारी आज़ादी...आज़ादी!

देवबन्द में आन्दोलन 23 मार्च, 2020 तक चला। इसके बाद क्या तब्दीली आई जीवन में, इस बारे में जब इरम से फ़ोन पर अगस्त, 2020 में बात हुई तो उन्होंने कहा—

पूरी दुनिया ही बदल गई। दुनिया को देखने का तरीक़ा बदल गया। अपने वीडियो देखती हूँ तो हैरानी होती है कि कैसे मैं घंटों बोलती थी, नारे लगाती थी। इस आन्दोलन की सबसे बड़ी कमाई रही कि डर ज़ेहन से निकल गया। बिलकुल डर नहीं लगता, और आन्दोलन के दौरान तो ग़ज़ब का साहस आ गया था। पहले बारिश और बिजली से डर लगता था। बिजली कड़कती थी तो रूह काँपती थी, लेकिन धरने के दौरान कितनी भीषण बारिश होती रही, बिजली कड़कती थी, हम बस कान पर हाथ रखकर अपना काम करते थे। कितनी बार टेंट उड़ गए, क्या-क्या नहीं झेला, पर खुद पर भरोसा आ गया था। सब औरतों की हिम्मत बढ़ गई। हमारा नाम था—देवबन्द की शेरनियाँ और खुदा क़सम, हमारी ललकार भी वैसी ही थी।

देवबन्द के इतिहास में भी यह पहली बार हुआ कि औरतों के नाम एफ़आईआर हुईं, नोटिस आए। हम पाँच औरतों पर एफ़आईआर दर्ज हुई। मेरे अलावा आमना रोशी, फ़ौज़िया उस्मानी और सलमा भी इसमें शामिल थीं। सरकारें जब बदले पर आती हैं तो क़ीमत तो हमें चुकानी ही पड़ती है। मेरा पासपोर्ट बनना था, इंक्वायरी आई थी, पर पुलिस ने कह दिया, मेरे ख़िलाफ़ मामला है तो कैंसिल हो गया। लेकिन आज की तारीख़ में भी देवबन्द की हर महिला को फ़ख़्र है कि हमने आवाज़ उठाई, पूरी बुलन्दी से उठाई और वतन को बचाने के लिए, संविधान को बचाने के लिए कुछ किया।

फ़ौज़िया उस्मानी

उम्र 40 साल, देवबन्द, उत्तर प्रदेश

शाहीन बाग़ की तर्ज़ पर देवबन्द में शुरू हुए आन्दोलन की ख़ासियत यह थी कि यहाँ औरतों ने अपनी एक अलग कमेटी बनाई। इसका बाक़ायदा दफ़्तर भी बनाया गया। देवबन्द से निकलते समय, ईदगाह के ठीक सामने

ही इसका दफ़्तर था, जहाँ जाकर आयोजकों से मैंने बातचीत की। यहाँ वॉलंटियर्स की पूरी लिस्ट और टीम मौजूद थी। यहाँ मौजूद थे देवबन्द के वे मर्द भी जो इस आन्दोलन के साथ खड़े हुए थे और ज़रूरी इन्तज़ाम देख रहे थे। इसके बारे में विस्तार से बताया फ़ौज़िया उस्मानी ने—

देवबन्द की औरतों ने मिलकर मुत्तहेदीन ख़वातीन कमेटी (औरतों की एकता का मंच) बनाई, जिसके पाँच सदस्य हैं—इरम मुस्कानी, आमना, फ़रिहा फ़हीम, सलमा हस्सान और मैं। यह कमेटी हमने 16 जनवरी, 2020 को ही बना ली थी और इसका मक़सद सीएए व एनआरसी के ख़िलाफ़ आन्दोलन को चलाना था। यहाँ औरतें अपने आप काम करती हैं, यहाँ कोई वॉलंटियर वर्कर नहीं है। असल में, देवबन्द की औरतें पहली बार बाहर आई हैं। यहाँ इससे पहले हम औरतें न तो किसी आन्दोलन में शिरकत करने गईं और न ही कभी किसी मुद्दे पर बाहर निकली थीं। यह हमारे लिए बिलकुल नया अनुभव था।

इसे आप बाहर से समझ नहीं सकते कि देवबन्द की औरतों के लिए ईदगाह में खुले में आकर बैठने के मायने क्या है? शुरू में न तो औरतें तैयार थीं और न ही मर्द। चूँकि इस बार संविधान से छेड़छाड़ हुई, हमारी और हमारे बच्चों की नागरिकता पर गाज़ गिराने की तैयारी मोदी सरकार ने कर ली थी, इसलिए हम बाहर आए। हम तीन तलाक़ पर सड़कों पर नहीं उतरे। चलिए, कोई बात नहीं। नोटबन्दी में नहीं बोले, कोई बात नहीं, लेकिन अब यह तो हमारे हक़ और वजूद की लड़ाई है। काले क़ानून के ख़िलाफ़ लड़ाई है, और अब हमारे सब्र का प्याला छलक ही गया। कोई कब तक बर्दाश्त करे और क्यों?

जब हमारा आन्दोलन बढ़ने लगा तो बहुत-से लोग हमें घर बैठाने के लिए भी ज़ोर आज़माइश करने लगे। देवबन्द के पूर्व विधायक, एक्स चेयरमैन और कुछ बाक़ी नेता मिलकर हमें उठाने आए। हमें पता है कि उन पर दबाव ऊपर से आया था। सबने सोचा होगा हम बेचारी औरतें डर जाएँगी, दब जाएँगी। उन्हें पता नहीं था कि एक बार औरतें बाहर निकल आती हैं, ठान लेती हैं तो फ़ौलाद हो जाती हैं, डरती नहीं। जब वे हमें उठाने आए तो हमने गुस्से में उन पर चूड़ियाँ फेंकी। ऐसा नहीं कि हमने ऐसा करने के लिए पहले से कोई तैयारी कर रखी थी। हमारे पास जो हथियार थे, वही हमने इस्तेमाल किया। इससे सबको सबक मिल गया और आगे आन्दोलन को रोकने के लिए कोई सामने नहीं आया।

ऋतु कौशिक

उम्र 40 साल, दिल्ली

शाहीन बाग़ में मंच संचालन से लेकर बाक़ी कामकाज के लिए दौड़ती-भागती, तमाम वक्ताओं से बातचीत करके माहौल को ज़िन्दादिल बनाए रखने और वॉलेंटियरों से बातचीत करने में हमेशा मशगूल नज़र आती थी ऋतु कौशिक। माथे पर बहुत नामालूम-सी बिन्दी लगाती, बहुत ही दृढ़ लेकिन दोस्ताना

फ़ोटो : भाषा सिंह

लहज़े में बात करतीं। बहुत प्यार, सम्मान और भरोसा भी उन्होंने कमाया शाहीन बाग़ में। बहुत से छात्र-छात्राएँ जिन्होंने जामिया से पढ़ाई की थी, वे भी जामिया में हुई पुलिस बर्बरता से बहुत उद्वेलित हुए थे और वे भागे-भागे आए थे इस इलाक़े में। ऐसे ही लोगों में शामिल थीं एक बेटी की माँ ऋतु, जो रहती तो थी करोल बाग़ में, लेकिन वह एक बार आईं शाहीन बाग़ तो फिर आन्दोलन में ही रम गईं। वह बताती हैं—

> *शाहीन बाग़ एक जनान्दोलन है। मैंने यहीं जामिया मिल्लिया इस्लामिया से पढ़ाई की है। चूँकि मैं इतिहास की छात्रा रही हूँ तो मेरा नज़रिया फ़र्क़ है। हम पढ़ते आए हैं कि जब-जब समाज में बदलाव आए हैं वे जनता द्वारा किए गए आन्दोलनों के बलबूते ही आए हैं। आज हमें अपने संविधान को देखना है। हमें लोकतांत्रिक अधिकारों को मज़बूत करते हुए, धर्मनिरपेक्षता को मज़बूत करते हुए समाजवाद की तरफ़ बढ़ना है—यह हमारे संविधान का एक लक्ष्य है। लेकिन हम अपने देश की परिस्थितियों को देखें तो यहाँ जो लोगों के लोकतांत्रिक अधिकार हैं, उसे ही सरकार ख़त्म कर रही है। इस कटौती के ख़िलाफ़ आज लोग सड़कों पर उतरे हैं। संविधान का जो धर्मनिरपेक्ष चरित्र है, उस पर साथ कुठाराघात किया गया है। यह जो सीएए पास किया गया है, वह हमारे धर्मनिरपेक्ष*

ताने-बाने के ही ख़िलाफ़ है। इसीलिए आज देश की जनता सड़कों पर उतर रही है क्योंकि यहाँ हिन्दू-मुस्लिम-सिख-ईसाई, सबके पास बराबर के अधिकार हैं। सबको बराबर शिक्षा पाने, रोज़गार, सुरक्षा, और अपनी अभिव्यक्ति का अधिकार है। इन्हीं अधिकारों के तहत आज शाहीन बाग़ एक विरोध के प्रतीक के रूप में उभरा है। पूरे देश-भर में जो लोग विरोध कर रहे हैं, उन्हें राह दिखा रहा है शाहीन बाग़। भारतीय होने की असली भावना यहाँ फैली हुई है, सब लोग देश को धर्म के आधार पर बाँटनेवाले क़ानून का विरोध करने के लिए जुटे हैं। हमें अपने वतन से प्यार है, इसीलिए तो अपना सारा कामकाज छोड़कर, घर को छोड़कर हम यहाँ आए हैं। मेरे घर में मेरे पति हैं, बेटी है और सबको छोड़कर मैं यहाँ हूँ। उन लोगों के बीच हूँ, जिन्हें मैं कभी जानती तक नहीं थी। उस इलाक़े में हूँ, जहाँ मैं सिर्फ़ पढ़ने आती थी और क्लास के बाद फटाफट भाग जाती थी। मेरी ज़िन्दगी में बहुत बड़ी तब्दीली हुई है क्योंकि हम जो चीज़ पढ़ते थे, वह चीज़ आज हम होते देख रहे हैं। भगत सिंह ने कहा था कि जनता को जागरूक करने की ज़रूरत होती है। जब तक जनता को वैचारिक रूप से मज़बूत नहीं बनाया जाएगा, तब तक परिवर्तन नहीं आएगा। उन्होंने कहा था, बन्दूक की नोक पर कभी परिवर्तन नहीं आता। परिवर्तन हमेशा विचारों से आता है। शाहीन बाग़ की औरतों ने आज वैचारिक रूप से बदलाव लाने का बीड़ा उठाया है।

औरतें सामने आ रही हैं और इतने बढ़िया तरीक़े से अपने विचारों को रख रही हैं, यह अपने आप में बहुत बड़ी बात है। शाहीन बाग़ एक अलग ढंग का नारीवादी विमर्श भी पैदा करता है। अब देखिए न, औरतों को शुरू से शिक्षा और ज्ञान से वंचित रखा गया। इस घनघोर सामन्ती सोच से लड़कर ही, देश की आज़ादी के आन्दोलन के समय में ईश्वरचन्द विद्या सागर, विवेकानन्द, ज्योतिबा फुले, सावित्री बाई फुले, फ़ातिमा शेख़ जैसे लोगों ने वैचारिक आन्दोलन शुरू किया था। मुझे लगता है कि उस आन्दोलन की जो एक कड़ी थी, वह बीच में कहीं कट रही थी, लेकिन अब फिर से

वह कड़ी जोड़ने का प्रयास किया जा रहा है। भगत सिंह ने कहा था कि हमारी लड़ाई तब तक जारी रहेगी, जब तक इनसान द्वारा इनसान का शोषण ख़त्म नहीं हो जाता। इनसान द्वारा इनसान का शोषण अभी जारी है, उसके ख़िलाफ़ जंग भी अब शुरू हुई है।

इससे सब जगह परिवर्तन आएगा। आज जो शोषण है, वह औरतों और मर्दों, दोनों का ही है। इसलिए आज दोनों को ही सामने आना है, दोनों को मिलकर लड़ाई लड़नी होगी। लड़ाई तब ही सफल हो सकती है जब औरतें भी घरों से निकलेंगी। इतिहास में जितनी भी क्रान्तियाँ हुई हैं, चाहे वह फ्रांसीसी क्रान्ति हो, चाहे रूसी क्रान्ति हो, चाहे भारत की आज़ादी की लड़ाई हो—सभी में औरतों ने बराबर का योगदान दिया है। अगर यह योगदान न होता तो सारी लड़ाइयाँ अधूरी रह जातीं, सफल नहीं होतीं। आज भी इस ज़रूरत को समझकर ही औरतें घरों से बाहर आई हैं। सीएए और एनआरसी ही नहीं, अब यह औरतें और आगे जाएँगी। आज युवाओं में अश्लीलता फैलाई जा रही है, उनकी सांस्कृतिक रीढ़ को तोड़ा जा रहा है, उन सबका जवाब ऐसे ही आन्दोलन से निकलेगा, निकल रहा हैं। शाहीन बाग़ में युवाओं की भूमिका देखिए, उनका व्यवहार देखिए। एक तरह से हम सब नए भारत की खोज कर रहे हैं। इसमें हमारे साथ आंबेडकर, भगत सिंह, गांधी, फ़ातिमा शेख़ के सपने हैं।

सरवरी

उम्र 75 साल, शाहीन बाग़, दिल्ली

सरवरी उन बुजुर्ग औरतों की टोली में हैं, जो शाहीन बाग़ आन्दोलन का चेहरा बनी। सबसे तीखे स्वर वाली महिला, जो बेझिझक अपनी बात को पूरी बुलन्दी से, मज़बूती से कहती थीं। सुपारी और पान मुँह में घुलता रहता और बोलने के समय उसे किनारे दबाकर धारदार बोलती, लाजवाब बोलतीं। वह थकती नहीं थीं। उनकी आँखें बहुत बेचैन रहतीं—इधर-उधर लगातार देखती रहतीं

फ़ोटो : भाषा सिंह

मानो ढेर सारा सीखना चाहती हों या जानकारी और तर्क दिमाग़ में खिचड़ी पका रहे हों। स्कूल का मुँह न देखा था उन्होंने, लेकिन उन्हें इस बात पर बहुत गुस्सा था कि आख़िर जामिया जानेवाले बच्चों पर, लड़कियों पर पुलिस क्यों हमलावर हुई? बेहद तल्ख स्वर में वह पूछती हैं—

> जब प्रधानमंत्री ने नारा दिया, 'बेटी पढ़ाओ-बेटी बचाओ' तब उनको हक़ीक़त में भी बेटियों की चिन्ता करनी चाहिए न! जब बेटियों को पुलिस पीट रही थी, तब उनका मुँह क्यों नहीं खुला? उन्हें कुछ नहीं बोलना चाहिए था? इससे पहले भी जब बेटियों पर हमला हुआ, इज़्ज़त लूटी गई, तब भी वह चुप रहे। हमें गुस्सा नहीं चढ़ेगा? मेरा पोता जामिया से इंजीनियरिंग कर रहा है। हम खुद नहीं पढ़े, पर हमने बहुत मेहनत से अपने बच्चों, बच्चों के बच्चों को अच्छी तालीम देने की कोशिश की। लेकिन उन्हें इसमें भी तकलीफ़ है, उनकी पुलिस लाइब्रेरी में घुस कर मारती हैं, आँख फोड़ देती है, किसी बच्चे का हाथ ख़राब हो जाता है। इस सबसे कलेजा फटता है हमारा, इसीलिए न हम बाहर निकले हैं! हम जुल्म का हिसाब माँगने आए हैं दहलीज़ से बाहर—सब लोग सुन लो।
>
> हम देवबन्द के रहनेवाले हैं। शाहीन बाग़ में रहते हुए 25 साल हो गए। यहाँ मेरे बेटा-बहू, पोता-पोती सब रहते हैं। हमें

दो महीने से भी ज़्यादा हो गए यहाँ बैठे हुए। मोदी जी ने जो अपना काला क़ानून चला रखा है; सीएए, एनआरसी वह वापस लेंगे, तभी हम यहाँ से हटेंगे। हम आपकी प्रजा हैं, मोदी जी आप हमारी सुन क्यों नहीं रहे हो? अमित शाह को ही कह दो, बात करें हमसे। बाहर वालों को नागरिकता दे रहे हो और हमें आप यहाँ का नागरिक नहीं समझते, जबकि हम और हमारे पुरखे, सब इस मिट्टी से पैदा हुए और यहीं दफ़न हुए हैं। हिन्दुस्तान सबका है, लेकिन मोदी जी बोलते हैं बोरिया-बिस्तर बाँधो और जाओ यहाँ से। मैं कहती हूँ आपसे, सुनो ध्यान से—इस देश के चार सिपाही हैं—हिन्दू, मुस्लिम, सिख और ईसाई। हम सब प्रेम से रहते आए हैं और आगे भी रहेंगे। आप हमें लड़वाना चाहते हो, बाँटना चाहते हो, लेकिन हम बँटनेवाले नहीं है।

मैंने सरवरी से पूछा, *"आप यहाँ इतना बोलती हैं, 10-10 घंटे बैठती हैं, थकती नहीं हैं?"*

हम रोज़ आते हैं। यहाँ मुझे कोई थकान नहीं होती, न सर्दी खा रही हमें, न गर्मी परेशान कर रही। क़ानून वापस लो नहीं तो हम यही बैठे रहेंगे। समझो हमारा घर यहीं हो गया है। हमारे साथ सब लोग आते हैं घर से—बच्चे-बड़े सब। घर में मेरा बेटा चिनाई का काम करता है। नोटबन्दी करके मोदी जी ने तो हमारे पैसे तक ले लिए, लोगों को कितना परेशान किया है? अपनी माँ तक को लाइन में खड़ा करके फ़ोटू खिंचवा दी, ये तो शर्म की बात है। नालायक बेटे अपनी बूढ़ी माँ को लाइन में खड़ा करवाते हैं। सीधी-सी बात है, जब गुस्सा आएगा तो सब बोलेंगे। कामकाज पहले ही चौपट कर दिए, तब हम न बोले। सब बड़े-बड़ों को बेच रहे हो, हम तब भी न बोलें? अब वतन से ही बेवतन करोगे तब भी न बोले? सब कहते हैं, मुसलमान हैं हम इसलिए नहीं बोलना चाहिए। क्यों भाई? मुसलमान इनसान ना है क्या?

बच्चों वाली पर गन्दी बातें करते हैं मोदी वाले। हमें 500 रुपये में बैठनेवाली बताते हैं। सच बोलूं, सुनकर ख़ून खौलता

है...मन करता है, पूछूँ कि जब माँ के साथ फ़ोटू खिंचवाते हो, तो कितने पैसे देते हो फ़ोटू वाले को? पर हम ऐसे कहते न हैं, हमारी तहज़ीब है न। पर एक बात तो ज़रूर कहूँ, बच्चे ना हैं तो बच्चों का दु:ख पता ना है लीडर को, और औरत को घर में नहीं रखा इसलिए औरत की ताक़त का अन्दाज़ा ना है। हम सिखाएँगे, कोई बात नहीं। सारी दुनिया को दिखाएँगे कि भारत की औरतों में, मुसलमान औरतों में कितना दम है? हम बेचारी ना हैं, साहेब!

यह बोलते-बोलते जिस तरह से हाथ और आँखों के इशारे कर रही थी सरवरी, वह नि:शब्द करनेवाला था। लावा था जो बाहर निकलने को आतुर था। बगल में बैठी एक महिला से उन्होंने कहा, "पानी पिला, गला सूख गया।" मैं उठने को हुई तो उन्होंने हाथ पकड़कर बैठा लिया और कहने लगी,

हमने बहुत सीखा है। हमने आईन (संविधान) को पढ़ा। हँसो नहीं, मैं नहीं पढ़ सकती तो बाक़ी लोगों से कहा, उन्होंने पढ़कर सुनाया और अब मुझे पता है कि हम आईन के मुताबिक़ सही कर रहे हैं। इसलिए यहाँ सबसे पहले आईन लिखनेवाले का फ़ोटू टाँगा—आंबेडकर का। कमाल का शख़्स था वह भी। न हम धरने पर आतीं, न ये सब पता चलता।

ज़ारा (किन्नर)

उम्र 21 साल, घंटाघर, लखनऊ

हम किन्नरों का कुछ होता भी नहीं है, न कोई घर, न माँ-बाप। अब आप सोचो हम अपने दादा-परदादा के काग़ज़ कहाँ से दिखाएँगे? हम क्या दिखाएँगे और आप हमें कहाँ का मानोगे? हम इतने समय से अपने लिए काम माँग रहे हैं, सम्मान माँग रहे हैं, वह तो सरकार से देते नहीं बनता। उलटे हमारे लिए मुश्किलें खड़ी करती रहती है। सीएए सिर्फ़ मुसलमानों के लिए ही नहीं, हर ग़रीब के लिए मुश्किल खड़ी करनेवाला है। किन्नरों के लिए

तो और ज़्यादा मुश्किल है। हमारे समाज से बाक़ी लोग भी यहाँ आते हैं, हमारी गुरु लोग भी यहाँ आती हैं। हम इतना जानते हैं कि हम सब भारतीय हैं। यहीं पैदा हुए हैं और यहीं मरेंगे।

मुझे घंटाघर आना अच्छा लगता है, यहाँ सब लोग देश की बात करते हैं, देश को बचाने की बात करते हैं, संविधान की बात करते हैं। मैंने अपनी ज़िन्दगी में पहली बार संविधान की किताब देखी, इसमें से एक पन्ना यहाँ सब लोग पढ़ते हैं। मुझे बहुत अच्छा लगा—हम भारत के लोग...। इसमें कई शब्द पहली बार सुने। लगा कि जिस बराबरी की बात हम करते हैं, वह पहले से लिखी है और यह हमें मिलनी ही चाहिए। लेकिन सरकारें हिन्दू-मुसलमान करने पर लगी हुई हैं। ऐसे तो देश कैसे चलेगा? अभी हम जैसे तमाम नौजवानों को नौकरी चाहिए, काम चाहिए, रोटी चाहिए, इसके बजाय हिन्दू-मुसलमान करके सबका दिमाग़ ख़राब कर रहे हैं हुक्मरान।

मैं यहाँ (घंटाघर) शुरू से ही आ रही हूँ और कोई कितना भी धमका ले, यहाँ आती ही रहूँगी। वैसे, मुझे नहीं लगता कि हिन्दुस्तान की कोई औरत अब मोदी जी और योगी जी से डरती होगी, और कोई क्यों डरे भई! वो सरकार हैं, देश की जनता ने उन्हें चुना है तो फिर चुननेवाली जनता उनसे क्यों डरे? मैं अपनी ड्यूटी पर भी नहीं जाती, मैं यहीं पूरा वक़्त देती हूँ। दिन-रात अब बस मैं यहीं रहती

हूँ। एक बात के लिए मोदीजी और योगी जी का थैंक्यू कहना चाहती हूँ कि उन्होंने हम सबको घरों से बाहर निकालकर एक जगह बैठा दिया और हमें देश के बारे में इतना कुछ जानने को मिला। पता चला कि हमारे दुःख-दर्द कितने मिले हुए हैं? इतने ढेर सारे दोस्त बने और सबसे बड़ी बात, हमें अपनी आवाज़ की ताक़त पता चली।

तसवीर ज़ेहरा नक़वी

उम्र 68 साल, घंटाघर, लखनऊ

मैं लखनऊ के कॉलेज में पढ़ी, वहाँ वाइस प्रिंसिपल भी रही, लेकिन मैंने कभी नहीं सोचा था कि मैं इस उम्र में पूरे दिन-रात औरतों के साथ धरने पर बैठूँगी। कई बार सोचती हूँ कि अपनी क्लास में जो पढ़ाया-लिखाया, क्या वह सब बर्बाद हो गया? कैसे हम मुल्क को इस मुकाम तक ले आए? जिस वक़्त हम यह सुनते हैं कि यह वतन आपके लिए नहीं है, तो बस आँसू ही निकल आते हैं कि यह क्या मिला हमें इतने सालों की जद्दोजहद के बाद?

मैं जा ही नहीं पाती अपने घर। घर जाकर भी मेरे दिमाग़ में यही सब रहता है। यहाँ बैठी सब औरतें बड़ी बहादुरी से यह लड़ाई लड़ रही हैं। यह लड़ाई बहुत अहम है। मैंने अपनी पूरी ज़िन्दगी

फ़ोटो : भाषा सिंह

में कभी नहीं सोचा था कि हमें अपनी नागरिकता की लड़ाई ऐसे लड़नी पड़ेगी। हमने पूरी मेहनत से अपनी ज़िन्दगी गुज़ारी, बच्चों को अच्छी तालीम दी और अब इसलिए परेशान हैं कि अपनी नागरिकता साबित कर पाएँगे या नहीं? इस क़ानून की हम इसलिए भी मुख़ालफ़त कर रहे हैं क्योंकि यह मज़हब की बुनियाद पर है। कोई भी क़ानून हमारे संविधान में मज़हब की बुनियाद पर नहीं है। मैंने आज तक कई आन्दोलन देखे, मैं सामाजिक काम भी करती रही हूँ लेकिन उनमें और इस आन्दोलन में बहुत फ़र्क़ है। इस आन्दोलन में हमारा वजूद दाँव पर लगा है। हमें फ़िक्र है कि हमारी आनेवाली नस्लों का क्या होगा? यहाँ बैठीं सारी औरतें अपने और अपने बच्चों के लिए लड़ रही हैं। जितनी जी-जान से वे मेहनत कर रही हैं, ऐसा पहले मैंने नहीं देखा। कड़कते जाड़ों में, बारिश तक में ये खुले आसमान के नीचे बैठी रहीं...पुलिस आई, लाठी चली, पर ये हिलीं नहीं। आगे का अँधेरा बहुत गहरा है, उससे लड़ने की लड़ाई रौशनी की लड़ाई है, ज़िन्दगी की लड़ाई है आज।

नाज़िया कौसर

उम्र 23 साल, बाटला हाउस, दिल्ली

नाज़िया ने पहले हमसे मुलाकात करने से मना कर दिया, एक-दो बार चलते-फिरते बात हुई। उनका ज़ख़्म बहुत गहरा था और उन्हें मीडिया के नाम से ही नफ़रत-सी थी। इसकी वजह बहुत वाज़िब थी। जिस तरह से मीडिया ने उनकी इज़्ज़त, उनकी ममता को सरेआम उछाला, वह माफ़ करनेवाला नहीं है। बड़ी मुश्किल से उनकी एक परिचित के साथ हम पहुँचे उनकी झोपड़ी में, जो उन्होंने एक ख़ाली प्लॉट पर डाल रखी थी। शाम ढल गई थी, बाटला हाउस की गलियों से होते हुए उनकी झोपड़ी तक पहुँचने में। दो चारपाई जितनी जगह थी, कपड़ों से आड़ कर रखी थी, ऊपर टीन डाल रखा था। किनारे कुछ बर्तन-भांडे रखे थे, एक हीटर और एक छोटा-सा सिलेंडर—कुल जमा

नाज़िया कौसर अपने शौहर और बच्चे के साथ

यही थी नाज़िया कौसर की गृहस्थी। दोनों बच्चे खेल रहे है। क़रीब आधा घंटा लगा हमें उन्हें तैयार करने में कि वह हम से बात कर लें और जब वह 'हाँ' कहेंगी, तभी हम कैमरा ऑन करेंगे।

उम्र?

> *क़रीब 23 साल, पैदा दिल्ली में हुई। मेरे शौहर अरशद रिक्शा चलाते हैं, बरेली के रहनेवाले हैं। 18 दिसम्बर को हम जामा मस्जिद गई थीं, रैली में शिरक़त करने के लिए। फिर इसके बाद लौटे तो देखा कि जामिया में प्रोटेस्ट हो रहा है तो रोज़ाना जाने लगे। फिर इसके बाद शाहीन बाग़ जाने लगे। पहले तो पता नहीं था कि शाहीन बाग़ कितना दूर है? एक बार सबके साथ गए तो फिर रास्ता भी समझ आ गया। अच्छा लगता था हमें शाहीन बाग़ जाकर। पहली बार औरतों की इतनी इज़्ज़त होते देखी। कितनी-कितनी पढ़ी-लिखी औरतें आती हैं वहाँ? कितना ग़ज़ब बोलती हैं। कितना जोश आता है, वतन के लिए कुछ करने का मन करता है। मेरी बेटी ने भी अपने गाल पर तिरंगा बनवाया वहाँ और ख़ूब झूमी। ऐसा माहौल तो हमने देखा ही न था। मेरी जैसी आम औरत के लिए भी वहाँ जगह थी। सब प्यार से मेरा हाल पूछते थे। बच्चों का भी ख़ूब ध्यान रखते थे। अब आप ही बताओ जब वतन को*

बचाने की लड़ाई चल रही हो, तो हम बस ये सोचकर न जाएँ कि हम ग़रीब औरत हैं, वहाँ क्या करेंगे! हम ग़रीब हैं ज़रूर, पर दिमाग़ रखते हैं और अपने और अपने बच्चों के बारे में सोचते हैं और वतन के बारे में सोचते हैं।

क्या सोच कर आप वहाँ जा रही थी?

हम यह सोचकर जा रहे थे कि ये जो सीएए, एनआरसी, एनपीआर आ रहा है, इसे मोदी सरकार वापस ले लें, क्योंकि हमारे पास कोई प्रूफ़ नहीं है।

कहाँ की रहनेवाली हैं?

दिल्ली में ही हमारा जन्म हुआ है, यहीं पले-बढ़े हैं, तो हम यहीं के रहनेवाले हुए न!

आपकी अम्मी-अब्बू?

मेरी अम्मी बिहार की हैं, लेकिन 28-30 साल से यहीं पर हैं। हमारे अब्बू बंगाल के थे। हम चार बहनें हैं और दो भाई—सब दिल्ली में।

कितने बच्चे हैं आपके?

अभी तो दो हैं। सबसे छोटा था ज़हान—चार महीने का, जो शहीद हो गया। नूर नवाज़ और लड़की का नाम है आयत परवीन।

कब हुआ यह वाक़या?

29 तारीख़ (जनवरी, 2020) को हुआ यह। हम शाहीन बाग़ से लौटे, बच्चे को तेल लगाया, दूध पिलाया और फिर बातें कीं, ढेर सारी। फिर रात 2.30 पर बच्चा उठा तो मेरे आदमी ने दूध पिलाया, लेकिन सुबह वह हिल ही नहीं रहा था। डॉक्टर के यहाँ गए उन्होंने कहा कि होली फ़ैमिली अस्पताल ले जाओ, पर हम वहाँ नहीं, अल-शिफ़ा ले गए और वहाँ उन्होंने बताया कि तुम्हारा बाबू ख़त्म हो गया है।

मीडिया से आप बहुत नाराज़ हैं, क्यों?

मीडिया में जिस तरह से ख़बर दिखा रहे थे, उससे हम बहुत परेशान हैं। मेरी तबीयत भी इतनी ज़्यादा ख़राब हो गई। दिल बैठने लगा है। मीडिया बिलकुल ग़लत दिखा रही है। हमें ऐसे दिखा रहे हैं कि चूँकि हम शाहीन बाग़ में बैठते थे, इसलिए हम लापरवाह माता-पिता हैं। कितना बड़ा जुर्म कर रही है मीडिया हमारे ख़िलाफ़—एक माँ के ख़िलाफ़? वह हमारा बच्चा था न! किसी और का तो था नहीं कि हम लापरवाही दिखा देंगे और बच्चे को छोड़ देंगे। किसी बच्चे का, किसी माँ का मज़ाक़ मीडिया न उड़ाए। बस, चन्द पैसों के लिए यह न करो। आगे उनके भी बच्चे होंगे, तो आगे उनका ख़याल रखते हुए किसी माँ के बारे में बात करनी चाहिए। मैं ग़रीब हूँ, मुसलमान हूँ, इसलिए आपको हक़ हो जाता है कि मुझे लापरवाह कह दो?

हम इसलिए वहाँ जाते थे कि सरकार यह काला क़ानून वापस ले ले। जैसे हम जाते थे, वैसे ही हम जाएँगे। तकलीफ़ हमें हो ही रही है कि हमने अपना बच्चा खोया है, लेकिन हम सोचते हैं वह मुल्क़ के लिए कुर्बान हो गया। हमारी तबीयत ठीक हो जाए, तो फिर जाएँगे।

नाज़िया के पास एक महिला बैठी थी, जो उनकी रिश्तेदार थी, राशिदा नाम था। उन्होंने बताया :

मैं भी नाज़िया के साथ रोज़ जाती थी। ग़रीब औरतों के ख़िलाफ़ और ख़ासतौर से ग़रीब मुसलमान औरतों के ख़िलाफ़ सब ऐसे बोलते हैं, मानो हमें मारने का हक़ उन्हें मिला हुआ है। कभी बोलेंगे बिरयानी के लिए बैठी हैं, कभी 500 रुपये के लिए। मुझे तो लगता है, वे अपनी तरह सबको बिकाऊ समझते हैं। अभी तो हमने जाना बन्द कर दिया, लेकिन हम जाएँगे, चुप तो नहीं बैठेंगे। हमारे पास कुछ भी नहीं है, कोई काग़ज़ नहीं। दिल्ली में ही पैदा हुए, पर झुग्गियों में पले। कभी एक झुग्गी टूटी, कभी दूसरी, जान बचाएँगे या काग़ज़ात!

एक बहुत बुनियादी सवाल यहाँ उठाया नाज़िया और राशिदा ने—

यह सरकार हमारे लिए ही है ना? फिर उन्हें हमारा दु:ख क्यों नहीं दिखाई दे रहा! हम चुनते हैं न सरकार को। अब लोग पूछेंगे नहीं कि जनता सरकार को चुनती है, यहाँ तो सरकार जनता को चुनने लगी है।

नाज़िया बताती हैं—

अब देखिए, हमारे साथ इसी गली में एक मामी रहती हैं। वह हिन्दू हैं, वह भी हमारे साथ रोज़ जाती थीं। वह कहती थी कि हमारे पास भी कोई काग़ज़ात नहीं हैं और यह दु:ख उनका भी है। वह भी रोज़ शाहीन बाग़ आती थीं। ये हमारे मोदी जी सबको अलग करना चाहते हैं, लेकिन ऐसा होगा नहीं। यह हिन्दुस्तान हमारा है और हमारा ही रहेगा। हम यही रहेंगे, कहीं नहीं जाएँगे।

रुबीना अयाज़ व काविश लेनिन

उज़रियाँव, लखनऊ

लखनऊ में दो जगह बड़े धरना स्थल रहे—एक घंटाघर और दूसरा गोमती नगर में उज़रियाँव गाँव। उज़रियाँव धरने स्थल पर मुलाकात हुई दो बेहद हुनरमन्द, दिलेर और बेहतरीन संगठनकर्ताओं से, जिनकी नज़्में बहुत दूर तक का सफ़र तय कर चुकी थीं—काविश लेनिन और रुबीना अयाज़। दोनों ही तमाम जगहों पर बुलन्दी से अपनी नज़्में पढ़तीं और फ़रमाइश होने पर दोबारा पढ़तीं। इस तरह से धरने पर बैठी औरतों की हौसलाअफ़ज़ाई होती और महफ़िल में नए सिरे से उत्साह भर जाता। इस बारे में रुबीना ने कुछ तफ़्सील से बताया—

लखनऊ में हमने 18 जनवरी से विरोध प्रदर्शन शुरू किया था। धीरे-धीरे तादाद बढ़ती गई। बहुत खुशी होती है कि लखनऊ का एक सेंटर उज़रियाँव भी बन गया। हम चार भाई और दो बहनें

हैं। मैं पेशेवर शायर हूँ और यहाँ रोज़ ही कुछ-न-कुछ पेश करती हूँ। मैं पिछले तीन साल से बहुत ही सिलसिलेवार ढंग से लिख रही हूँ। राष्ट्रीय स्तर के मंचों से भी पढ़ चुकी हूँ। इस प्रोटेस्ट की वजह से मैंने अपने काफ़ी सारे प्रोग्राम आगे बढ़ा दिए हैं। यहाँ मैं आन्दोलन को नया रंग-रूप देने में लगी हूँ, क्योंकि हम यहाँ को मॉडल के रूप में विकसित करना चाहते हैं।

मैं तो अपने ही गाँव के लिए यह काम कर रही हूँ। हमारा पूरा ग्रुप इसमें लगा है। हमारी 10 -12 लोगो की टीम है जो यहाँ सक्रिय है और इस प्रोटेस्ट को आगे लेकर जाने में साथ दे रही है। सबसे बातचीत करना, सबके खाने-पीने का इन्तज़ाम देखना, यह गाँव का बड़ा घर सरीखा हो गया है। बुजुर्ग से लेकर बच्चियाँ तक सबका ख़याल रखना भी हम नौजवानों के कन्धे पर है। हम किस क़दर एक हैं, यह भी शायद हमने पहली बार ही जाना।

सबसे ज़्यादा क्या मुश्किल हुई?

सब से बड़ी मुश्किल आई 26 जनवरी के दिन। हम सबने सोचा था कि हम झंडा फहराएँगे, लेकिन उस दिन पुलिस वालों ने बहुत बदतमीज़ियाँ कीं। ऐसा लग रहा था जैसे हम अपने देश का झंडा नहीं, दुश्मन देश का झंडा लहराने जा रहे हैं। हमने भी जमकर लड़ाई लड़ी, नारा लगाया—हिन्दोस्तान हम सबका है, नहीं किसी के बाप का है। हम डरे नहीं, हटे नहीं।

हमारा धरना स्थल गाँव से थोड़ा बाहर की तरफ़ है, खुले

में है। यहाँ ठंड भी बहुत होती है, लेकिन अब हम बाहर आ ही चुकी हैं। सर पर कफ़न बाँध ही लिया है तो फिर डर किस बात का? औरतें घरों से बाहर आई हैं, पर मर्दों को बिलकुल ख़लिश नहीं है। हमारे घरों के मर्दो (बाप, भाई, शौहर) ने हमें कहा है, तुम लोग आगे बढ़ो, भले घर में खाना न बनाओ। इस विरोध में, आन्दोलन में रहो, घरों की फ़िक्र छोड़ दो।

दु:ख की बात है कि हमारे बाहर निकलने पर गन्दी बातें करनेवाले लोग सत्ता में बैठे हैं। हमारे मुख्यमंत्री ने कहा कि औरतों को बाहर करके हमारे मर्द घरों में रजाइयों में सो रहे हैं। अब ये कोई तमीज़ है! किसी भी औरत को कितना नाग़वार गुजरेगा? एक तो हम आपकी नाइंसाफ़ी की वजह से बाहर आई हैं, और दूसरी तरफ़ आप इतनी गन्दी सोच ज़ाहिर कर रहे है। मेरा मन था कि उनसे (मुख्यमंत्री से) मिलकर कहूँ कि रजाइयों में वो सोते हैं, जो डर जाते हैं। यहाँ तो मर्द साथ है, ठंड, बारिश में खड़े हुए हैं, हौसला दे रहे हैं। चूँकि आपने कभी ऐसा कभी किया नहीं, लिहाज़ा, आप देख कर भी नहीं देख पा रहे कि ये मर्द और ये औरतें अलग मिज़ाज की हैं।

आप ध्यान से सुनो मोदी जी या योगी जी...मेरी क़लम से निकला है ये इंक़लाब

हम झाँसी हैं रज़िया हैं हज़रत महल हैं
मिटा न सकोगे निशां देख लो तुम
यह क़ानून काला मिटा कर के हम सब
फिर लिखेंगे तारीख़ी किताब
इंक़लाब इंक़लाब इंक़लाब

(पूरी नज़्म सांस्कृतिक अध्याय में)

इस बारे में काविश लेनिन का कुछ यह कहना था—

यह जो दौर है, यह हमारा स्वर्ण युग है जिसमें औरतें इतिहास रच रही हैं। हमने कभी यह नहीं सोचा था कि औरतें यूँ घर-घर से

निकलेंगीं एक आन्दोलन के लिए। इससे पहले जितने आन्दोलन हुए, वे बहुत संगठित तरीक़े के आन्दोलन थे। कोई संस्था या पार्टी आन्दोलन का आह्वान करती थी, लेकिन आज़ाद हिन्दुस्तान में हर घर से औरत निकल आई हो, ऐसा नज़ारा किसी ने नहीं देखा। उज़रियाँव में जो औरतें बैठी हुई हैं, वे सब घरेलू औरतें हैं। वे चूल्हा-चौका करती थीं। इसमें सर्विस करनेवाली औरतें नहीं हैं। तो, कहीं न कहीं से ये औरतें जागरूक हुई होंगी न? कहीं उनके दिल में आग लगी होगी। सबको ये लग रहा है कि उनके सारे हक़ मारे जा रहे हैं। उनके अधिकार छीने जा रहे हैं। तो, यह जागरूकता की निशानी है। यह एक अच्छी पहल है। हमने कुछ औरतों से सवाल किया कि तुम बाहर आई हो तो क्या घर पर कुछ बदला है तो उन्होंने कमाल का जवाब दिया—"जब देश बदलेगा तो घर अपने आप बदल जाएगा और हम खुद-ब-खुद महफ़ूज़ हो जाएँगे।"

यहाँ आदमियों की फ़ितरत ही नहीं रही कि वे औरतों को एक लीडर के तौर पर देखें, लेकिन आज आदमी भी इन औरतों को सलाम करते हैं, यानी फ़िज़ा बदल रही है। बाहर बैठे लोग इसे आदमियों की मजबूरी कह सकते है या कमज़ोरी। जो कुछ भी है, लेकिन ये हालात तो मोदी सरकार ने ही पैदा किए न? मैं सबके जज़्बे तो देखकर हैरान होती हूँ। दिल्ली की एक महिला ने अपने चार महीने के बच्चे को खो दिया और वह फिर इस आन्दोलन में आकर बैठती है। अब इससे ज़्यादा औरत और क्या मज़बूत होगी? किसी हद तक यह बात मर्दों को भी समझ में आने लगी है।

जब मुझे कोई देखता तो कहता, तुम्हारे अन्दर भगत सिंह की रूह है। पहले जब कोई मुझे 'कामरेड' कहता था, तो मुझे अच्छा नहीं लगता था। लेकिन जब मैंने सुना कि भगत सिंह ने अपने आख़िरी वक़्त में कहा था, "सलाम कामरेड, मैं जा रहा हूँ", तबसे मुझे अच्छा लगने लगा था कि लोग मुझे कामरेड कहते हैं। यहाँ गांधी भी हैं, आंबेडकर भी और भगत सिंह भी। यहाँ दीवारों पर देख सकते हैं। औरतों को बात करते हुए सुन सकते हैं।

अपनी नज़्म की एक लाइन मैं हुक्मरानों तक पहुँचा दूँ—

तुम्हारे डर को रौंदने निकल पड़ी हैं बेटियाँ
यहाँ तिरंगा ओढ़कर निकल पड़ी हैं बेटियाँ

रूबी सैफ़ी

उम्र 25 साल, शाहीन बाग़, दिल्ली

शाहीन बाग़ में स्टेज को-ऑर्डिनेशन के काम में एक्सपर्ट थीं रूबी सैफ़ी। बिजली की फुर्ती से एक जगह से दूसरी जगह जातीं, आए हुए मेहमानों की लिस्ट को सँवारतीं और फिर माइक से ऐलान करतीं। कहने की ज़रूरत नहीं कि यह हुनर उनमें पहले से था, शाहीन बाग़ ने उसे बाहर निकलने का मौक़ा दिया। 101 दिन का लम्बा सफ़र—दिन-रात की कड़ी मेहनत रूबी और उनकी जैसी सैकड़ों औरतों के लिए बहुत बड़े बदलाव का सबब बना। नारे लगाने से लेकर देश-भर की जानी-मानी शख़्सियतों से रू-ब-रू होना उनकी थकान को हवा कर देता था। बड़ी मुश्किल से मैं उन्हें एक दिन स्टेज से थोड़ा दूर पीछे बने फुटओवर ब्रिज पर ले गई और वहाँ उनसे बातचीत की—

मैं शाहीन बाग़ की ही रहनेवाली हूँ। वैसे तो हम मुरादाबाद के हैं, लेकिन मैं जब चार साल की थी तो अम्मी हमें लेकर यहाँ आ गईं। तब से हम यहीं हैं, चारों भाइयों और अम्मी के साथ। मैंने शाहीन पब्लिक स्कूल से हाईस्कूल तक ही पढ़ाई की है। मेरे बड़े भाई डॉक्टर हैं। इस प्रोटेस्ट में मैं दूसरे दिन से शामिल हूँ। शुरू में यहाँ सिर्फ़ पाँच औरतें ही थीं। तब मेरी ख़ाला और मैंने घर-घर जा कर लोगों को बताया कि यह हमारे हक़ की लड़ाई है। यह घर में छुपने का वक़्त नहीं है, बाहर निकलने का है। शुरू से ही यहाँ पुलिसवाले बहुत ज़्यादती कर रहे थे, हटा रहे थे। फिर मैंने उमर फ़ारुक़ मस्जिद में जाकर खुद से पहली बार ऐलान किया। मैं सच बताऊँ, पहली बार मस्जिद के अन्दर गई थी। वहाँ से मैंने एनाउंसमेंट किया कि सब लोग जल्दी-से-जल्दी धरने पर पहुँचिए, आप सबकी बेसाख़्ता ज़रूरत है।

यह हिम्मत मुझमें कहाँ से आई, पता नहीं, लेकिन मेरे दिल में बहुत गुस्सा था। असम से लेकर देश-भर में एनआरसी और सीएए के ख़िलाफ़ जो आवाज़ें उठ रह थीं, मैं भी उसमें अपनी आवाज़ जोड़ना चाहती थी। मगर कैसे करूँ, पता न था। प्रोटेस्ट क्या होता है, मुझे तो यह भी पता नहीं था। यहाँ जितनी भी औरतें हैं, भाई हैं, प्रोटेस्ट में आए क्योंकि यह हमारे हक़ की लड़ाई है। सबकी लड़ाई है, इसलिए घर में बैठने से कोई फ़ायदा नहीं था। फिर थोड़े-थोड़े करके हम सब इकट्ठा हुए और आज माशाअल्लाह इतने लोग हैं, आप देख ही सकते हैं।

कितना चेंज आया है आपमें?

बहुत ही ज़्यादा। मैं शब्दों में बयां नहीं कर सकती। धरने से पहले वाली रूबी सैफ़ी और अब वाली में कोई मिलान नहीं हो सकता। अब तो मैं ढंग से सो भी नहीं पाती। लगातार धरने की चिन्ता बनी रहती है। मिनटों में तैयार होकर यहाँ आ जाती हूँ। बस, एक ही लगन बनी रहती है कि कैसे जल्द से जल्द यहाँ पहुँच जाऊँ। अब आज ही की बात लो आप सुबह से यहाँ एक टाँग पर खड़ी हूँ। दिन के चार बजने को हैं। अभी तक खाना भी नहीं खाया। नींद नहीं, खाना नहीं—फिर भी आप देखो मेरा चेहरा—जरा भी मुरझाया नहीं।

घर में सब क्या आपको सपोर्ट कर रहे हैं?

इंशा अल्लाह सारे लोगों की मदद है। मेरी ख़ाला, मेरे भाई और मेरे शौहर—सबका कहना है कि मैं नेक काम कर रही हूँ। खाने की फ़िक्र नहीं करो। आप संविधान बचाने की लड़ाई लड़ रहे हो, वह बहुत ज़रूरी है।

यह सोचकर कैसा लगता है कि शाहीन बाग़ का नाम इतना रौशन हो गया?

बहुत ही अच्छा लगता है। मैं तो इन्हीं गलियों में बड़ी हुई हूँ। इस जगह का नाम दुनिया में रौशन हुआ, सबकी मेहनत रंग लाई। एक

बात और है कि लोग सोचते हैं कि जो लेडीज बुरक़े में रहती हैं उन्हें घर का ही काम करना चाहिए। बहुत-से बोलते हैं, ये ख़ाली बच्चे पैदा करती हैं। ये हम सब औरतों ने झूठा साबित किया। औरतें जब हक़ की लड़ाई के लिए आगे आ जाती हैं, तो फिर उन्हें पीछे हटाना मुश्किल है। हमने दुनिया को दिखाया कि हम कितने प्यार से इतनी मुश्किल लड़ाई लड़ रहे हैं? यहाँ आरएसएस वाले दो लड़के आए। हमने उन्हें पकड़ लिया। अगर उनकी जगह कोई मुस्लिम लड़का या लड़की कहीं गए होते तो मीडिया चलाता कि आतंकवादी घुस आए, मारो उन्हें! लेकिन देखिए, हमने उन्हें प्यार से पानी पिलाया, चाय पिलाई, फिर पुलिस के हवाले किया। हम चाहते हैं मोदी जी, अमित शाह जी प्यार से हमारी बात सुन लें। एक बार अपने मन की नहीं, हमारे मन की बात मान लें।

आकांक्षा

उम्र 24 साल, पटना, बिहार

पटना के सब्ज़ीबाग़ में बाज़ार के बीचोंबीच धरना शुरू हुआ और धीरे-धीरे यह मुख्य अड्डा बनता गया। बिहार की धरती की लाल राजनीति की गरमाई, यहाँ के तमाम प्रदर्शनों में धड़कती है। पटना में नौजवानों की टोली बहुत सक्रिय थी। पटना विश्वविद्यालय के सामने लाल बाग़ में तो भाषण और संचालन धुआँधार था। जिस दिन मैं वहाँ पहुँची थी, उस दिन गुजरात के विधायक और दलित नेता जिग्नेश मेवाणी, दिल्ली विश्वविद्यालय की नेता कँवलप्रीत कौर और सफ़ाई कर्मचारी आन्दोलन के नेता बेजवाड़ा विल्सन का भाषण था। उससे थोड़ी ही दूर पर सब्ज़ीबाग़ का प्रोटेस्ट था। दरी और कुर्सियाँ लगी हुई थी, माइक और स्पीकरों का इन्तज़ाम भी चकाचक था। इसमें आयोजकों में से एक थीं आकांक्षा, जो पटना विश्वविद्यालय में पढ़ रही थीं। उन्होंने बताया—

यह लड़ाई सीएए, एनआरसी, एनपीआर के मुद्दे पर शुरू हुई थी और यह इससे आगे जा रही है। हम लगातार अपने वक्ताओं से,

फ़ोटो : भाषा सिंह

अपने भाषणों में इस बात को कह रहे हैं कि यह देश को बचाने की लड़ाई है। हम अपने पोस्टरों में भी लगातार लिख रहे हैं कि यह लड़ाई क्या है और हम क्या चाहते हैं...हम एक ऐसा समाज चाहते हैं, जहाँ सब को एक जैसा देखा जाए, सबको रोज़गार मिले, सबको एक जैसी शिक्षा मिले, जहाँ औरतें सुरक्षित हों, जहाँ पर ये काले क़ानून न हों, जहाँ पर हमारे बोलने के अधिकार ख़त्म नहीं किए जाएँ, हमारे अधिकार नहीं छीने जाएँ और किसी को धर्म के नाम पर अलग नहीं किया जाए। हम लगातार देख रहे हैं कि जब भी कोई अपनी आवाज़ को बुलन्द करता है तो उसका दमन होता हैं, उसकी आवाज़ को दबा दिया जाता है, उसको मिटाने की कोशिश की जाती है।

सीएए के ख़िलाफ़ चल रहे आन्दोलन के बारे में यह जो प्रचार किया जा रहा है कि यह महज़ एक क़ौम की लड़ाई है, सरासर ग़लत है। हम इसे नहीं मानते। अब असम को ही देख लीजिए कि वहाँ एनआरसी के ज़रिये जिन 19 लाख लोगों को बेदख़ल करने की कोशिश की जा रही है उनमें मुस्लिम भी हैं और ग़ैर मुस्लिम भी, तो फिर इससे सिर्फ़ मुस्लिमों का प्रोटेस्ट नहीं कह सकते। यह लड़ाई कोई हिन्दू-मुस्लिम की लड़ाई नहीं है, यह ग़रीब की लड़ाई है, क्योंकि ग़रीब चाहे हिन्दू हो या मुसलमान—सबको काग़ज़ात दिखाने में परेशानी होगी। मैं भी हिन्दू हूँ और जानती हूँ कि यह देश को बचाने की लड़ाई है। देश में मैं भी हूँ। इसीलिए

शाहीन बाग़ एक चमकते सितारे जैसा हमें रास्ता दिखा रहा है, प्रेरणा दे रहा है।

सीनत सुबैर

उम्र 40 साल, यानिमल, कोझिकोड, केरल

कालिकट यानी कोझिकोड से 70 किलोमीटर दूर बसा है यानिमल गाँव। यहाँ पहुँचते-पहुँचते अँधेरा हो गया था। एक कार से दूसरी कार में शिफ़्ट होते हुए यह सफ़र तय किया, पूरी तरह से अपरिचित चेहरों और अबूझ भाषा मलयालम के धारा प्रवाह डायलॉग सुनते हुए। बहुत मुश्किल से एक-दो शब्द अंग्रेज़ी के मेरी तरफ़ उछाले जाते, जिन्हें मैं लपक लेती। केरल के तमाम गाँवों-क़स्बों और शहरों में सीएए, एनआरसी के ख़िलाफ़ धरने-रैलियों की ख़बर सुनने के बाद ही इधर का रुख़ किया था। यहाँ की स्थिति निश्चित तौर पर बाक़ी देश से फ़र्क़ थी। केरल सरकार सीएए और एनआरसी के ख़िलाफ़ खड़ी हो चुकी थी और ऐसा करनेवाली वह देश की पहली निर्वाचित राज्य सरकार बनी थी। 31 दिसम्बर, 2019 को केरल विधानसभा ने सीएए के ख़िलाफ़ प्रस्ताव पारित कर दिया था और 14 जनवरी को केरल सरकार ने सुप्रीम कोर्ट के दरवाज़े सीएए के विरोध में खटखटाए थे। लिहाज़ा, यहाँ आन्दोलनकारियों को केवल केन्द्र की मोदी सरकार के ख़िलाफ़ लामबन्द होना था। राज्य की सरकार तो उनके साथ ही थी। इसी के चलते तमाम जगहों पर भारतीय जनता पार्टी को छोड़कर तमाम राजनीतिक दल एक साथ आए, इस क़ानून के विरोध में।

उत्तर प्रदेश और बिहार की तुलना में केरल के अनगिनत गाँव-क़स्बे, टाउन या शहर ही नज़र आते हैं। ऐसा ही हाल यानिमल का भी था, जिसे अपने उत्तर भारतीय होने के अनुभवजन्य ज्ञान के आधार पर 'गाँव' पुकारना मुश्किल था। यहाँ पर मंच सिर्फ़ औरतों के लिए आरक्षित नहीं था और न ही सामने सुननेवाली जनता। हाँ, यह ज़रूर था कि दोनों तरफ़ औरतों की तादाद ज़्यादा थी। औरतें थीं और धीरे-धीरे उनकी संख्या बढ़ने लगी। यहाँ मेरी मुलाकात हुई सीनत सुबैर से, जो एक सुन्दर सहज, गर्वीली महिला थी।

उन्होंने बताया कि यहाँ तमाम औरतों ने शाहीन बाग़ का न सिर्फ़ नाम सुना है, बल्कि वे उसे हर समय देखने का आतुर रहती हैं। लगातार सारे लोग शाहीन बाग़ के अपडेट लेते रहे हैं, सोशल मीडिया सहित बाक़ी जगहों से। हिन्दी उन्हें समझ आए न आए, वे ये शाहीन बाग़ को देखना न छोड़तीं और खुद कुछ नया करने के बारे में योजना बनाती रहतीं। सीनत को मलयालम के अलावा कोई और भाषा नहीं आती थी, अंग्रेज़ी के सिर्फ़ कुछ शब्द। लेकिन उन्हें इस बात का बहुत गर्व था कि उनकी बेटी धाराप्रवाह अंग्रेज़ी बोलती है और अपने कॉलेज में सीएए-एनआरसी के ख़िलाफ़ आन्दोलन में शिरकत कर रही है। हमारे बीच अनुवादक थे शीबू, जो यूथ लीडर थे और अपने हिन्दी ज्ञान की वजह से उत्तर भारत और केरल के इस मलाबार इलाक़े में पुल के तौर पर देखे जाते थे।

इस पूरी सभा में कमान तो मर्दों के हाथ में थी, लेकिन औरतों की बड़ी हुई भूमिका उल्लेखनीय थी। वे आगे बढ़कर मेहमानों का स्वागत करने और उनके साथ मंच पर बैठने और अपनी बात रखने में व्यस्त थीं। इनमें नौजवानों की संख्या बहुत अधिक थी। सुबैर सीनत ने बताया कि किस तरह से इस गाँव की औरतों न बाक़ायदा टोली बनाकर कोझिकोड में समुद्र तट पर चल रहे धरने में भाग लिया। वह अपने मोबाइल पर दनादन कोझिकोड धरने की फ़ोटो दिखाने लगीं। जब सीनत इन फ़ोटो को दिखा रही थीं, उनका आत्मविश्वास देखते ही बनता था। उनके साथ-साथ कई और लोग जुट गए। सब यह बताने को आतुर थे कि वे भी उसमें शामिल थे। एक तरह से यह इस बात की तस्दीक थी, कि हम अपने वतन से प्यार करते हैं और इसे बचाने की लड़ाई में शामिल हैं।

सीनत ने सभा के बाद अपने घर खाने का न्यौता दिया। वहाँ मेज़ पर औरतें थीं। उन्होंने बताया—

> *इस धरने से पहले ऐसा घर में नहीं होता था। खाने का मतलब ही होता था—आदमी। अब भूमिका में थोड़ा बदलाव आया है। उन्होंने कहा, "शाहीन बाग़ ने औरतों पर ही नहीं, मर्दों के दिमाग़ पर भी बहुत असर डाला है। घरों में औरतें अपने मर्दों को ताना मारती हैं—तुम शाहीन बाग़ के मर्दों से कुछ सीखो! कैसे औरतों*

की मदद करते हैं? आदमियों के लिए भी चुनौती हो गई है। मुझे भी अच्छा लगता है कि मेरे से बड़ी, सास की उम्र की औरतों से लेकर मेरी बेटी तक सब अपने-अपने हिसाब से इस आन्दोलन में शामिल हैं, अपना योगदान कर रही हैं और वतन को बचाने की लड़ाई में एक योद्धा की तरह खड़ी हैं।"

सीनत दिल से शाहीन बाग़ को धन्यवाद देती हैं कि अगर यहाँ की औरतें नहीं खड़ी होतीं, तो देश-भर की औरतें इस मौक़े से चूक जातीं। वे घरों में क़ैद रह कर कलपतीं कि उन्हें बोलने का, अपनी आवाज़ उठाने का मौक़ा नहीं मिलता। अब सबके पास स्मार्ट फ़ोन है, सब धरने में जाने के बाद फ़ोटो खींचती हैं और अपने-अपने व्हाट्सएप्प समूहों ग्रुप में डालती हैं और खुश होती हैं। साथ ही, इससे उनके घर-ख़ानदान में सब लोगों पर भी धरने में जाने का माहौल बनता है। सीनत की खुशी और सीनत सरीखी औरतों की यह खुशी बिलकुल अलहदा है।

कोझिकोड में भी मैंने 15 से अधिक धरना स्थल देखे। कहने की ज़रूरत नहीं कि शहर के समुद्र तट पर जो शामियाना गड़ा था, वह भव्य नज़ारा दे रहा था। सामने से लहरों का प्रवाह और इधर औरतों का रेला। औरतें नारा लगाते हुए, रैली निकालते हुए शहर के अलग-अलग कोने से यहाँ पहुँच रही थीं। वे सब देश को बचाने के लिए घर से निकली थीं। महिला पंच, सरपंच, स्थानीय इकाइयों की जीती हुई प्रतिनिधियों ने मोर्चा खोला हुआ था। छोटी-छोटी बस्तियों के बाहर धरने का तम्बू गड़ा हुआ है और वे भाषण दे रही हैं। हालाँकि केरल में पुरुष नेतृत्व ने अपनी दावेदारी पूरी तरह से नहीं छोड़ी, लेकिन औरतें अपने हिस्से भर के लिए लड़ रही हैं। हसीना ने कहा, "यह देश को बचाने की लड़ाई है, संविधान को बचाने की लड़ाई है और यह हमारे मज़बूत कन्धों पर ही टिका हुआ है कि हम इसे कितनी दूर तक ले जाते हैं... थैंक्यू, शाहीन बाग़।"

4

आंबेडकर का कन्धा और संविधान के पैर

संविधान को बचाने निकले हैं, आओ हमारे साथ चलो...
हम देश बचाने निकले हैं, आओ हमारे साथ चलो...
मेरे कफ़न पर लिख दो आज़ादी, मेरी बच्ची माँगे आज़ादी,
संविधान वाली आज़ादी, इंक़लाब ज़िन्दाबाद, जय भीम...

ये सारे नारे शाहीन बाग़ को बिलकुल दूसरे धरातल पर खड़ा करते हैं। भारत की मिट्टी में पैदा हुई बेटियों ने पहली बार यह बोला होगा कि संविधान बचाने निकले हैं...सचमुच यह आन्दोलन सिर्फ़ नागरिकता को बचाने का नहीं संविधान को बचाने का भी था।

शाहीन बाग़ के दो सबसे मज़बूत और नायाब पहलू थे—संविधान निर्माता डॉ. बी.आर. आंबेडकर और भारत का संविधान। शाहीन बाग़ इन दोनों पर सिर्फ़ टिका हुआ ही नहीं था, बल्कि इन दोनों की अहमियत को राष्ट्रीय राजनीतिक फलक पर स्थापित कर रहा था। आज़ादी के बाद से 2019 तक कोई ऐसा बड़ा राष्ट्रीय आन्दोलन नहीं रहा—ख़ासतौर से ग़ैर-दलित नेतृत्व वाला—जिसने आंबेडकर की राह पकड़ी हो और संविधान का हाथ इतनी मज़बूती से थामा हो।

देश में जहाँ कहीं भी शाहीन बाग़ की लौ जगी, वहाँ आंबेडकर का पोस्टर था, आंबेडकर का नाम था, देश का संविधान था और संविधान की प्रस्तावना थी। यह अचानक या अकारण नहीं हुआ। इसके पीछे एक ठोस सोच और विचारधारा काम कर रही थी वरना सामान्य तौर पर किसी भी विरोध प्रदर्शन और धरने में आंबेडकर की फ़ोटो होने का सीधा-सा अर्थ होता

है कि यह दलितों का आन्दोलन है। आंबेडकर को दलितों तक सीमित करने की गहरी राजनीति इस देश में लम्बे समय से सक्रिय रही है। इस भ्रम को चकनाचूर कर दिया शाहीन बाग़ ने।

यह मूलतः मुसलमान औरतों के नेतृत्व में चलाया जानेवाला आन्दोलन था, लेकिन इसमें हर उस चीज़ से परहेज़ किया गया, जिसे परम्परागत रूप से मुसलमानों से जोड़कर देखा जाता रहा है—जैसे हरे रंग के बैनर, चाँद-सितारे का निशान या फिर मुसलमान नेताओं के पोस्टर, इमाम और मुल्लाओं की मौजूदगी आदि। इस तरह ख़ालिस मुस्लिम पहचान वाली औरतें, जो बुर्क़े में भी थीं और अपनी धार्मिक मान्यताओं के साथ थीं, उन्होंने किसी भी धार्मिक प्रतीक-रंग से परे होकर भारतीय नागरिकता पर अपनी दावेदारी ठोकी। लिहाज़ा, नागरिकता के इर्द-गिर्द देशभक्ति का नया वितान रच रही इन औरतों को अपना सच्चा साथी आंबेडकर और संविधान में ही नज़र आया।

यह समझने की भी ज़रूरत है कि जिस ख़तरे के ख़िलाफ़ ये औरतें एकजुट हुईं, वह सिर्फ़ नागरिकता पर मँडराता हुआ ख़तरा नहीं था, यह लोकतंत्र पर मँडराता हुआ ख़तरा भी था। यह लड़ाई हिन्दू फ़ासिस्ट राष्ट्र की अवधारणा और धर्मनिरपेक्ष भारत की हक़ीक़त के बीच थी। यह सावरकर के भारत और आंबेडकर के भारत के बीच की असल लड़ाई है। इसमें जो ताक़तें भारत को हिन्दू फ़ासिस्ट राष्ट्र में तब्दील होने से बचाने की इच्छुक

फ़ोटो : भाषा सिंह

हैं, उन्हें अपने साथी सिर्फ़ आंबेडकर ही नज़र आए। हिन्दू राष्ट्र के ख़िलाफ़ तीखी लड़ाई को जाति उन्मूलन व आधुनिक दृष्टि के साथ चलाने का साहस डॉ. बी.आर. आंबेडकर ने ही दिखाया था। शायद यही वजह है कि आंबेडकर ही सीएए, एनपीआर और एनआरसी के ख़िलाफ़ छिड़े इस आन्दोलन का सर्वग्राह्य चेहरा बने।

दरअसल, सीएए के इर्द-गिर्द जितना भी जनाक्रोश फैला, उसके बीज में यह समझ थी कि इसके बहाने भारत के बुनियादी स्वरूप में तब्दीली करने की कोशिश हो रही है। भारतीय जनता पार्टी धर्म आधारित राजनीति करती है या राष्ट्रीय स्वयंसेवक संघ का स्वप्न हिन्दू राष्ट्र की स्थापना है, यह किसी से छिपा हुआ तथ्य नहीं है, लेकिन नागरिकता पर भी सवाल उठ सकता है, उसे काग़ज़ात के ज़रिये प्रमाणित करने की ज़रूरत आन पड़ेगी, कभी किसी ने यह नहीं सोचा था।

मैं उन दिनों जिस मीडिया संस्थान में काम करती थी, वहाँ कई मुस्लिम दोस्त थे। उनमें से कई उस दौरान यह बात करने लगे थे कि उन्हें अपने काग़ज़ात ठीक करा लेने चाहिए, नहीं तो वे मुश्किल में फँस सकते हैं। कुछ ने तो छुट्टी लेकर अपने गाँव का रुख़ किया तो कुछ अपने पैतृक शहरों की ओर निकल भी चुके थे। मैं यहाँ मुस्लिम मध्यम वर्ग की बात कर रही हूँ। लखनऊ के स्कूल के दिनों के दोस्त भी ऐसी बातें कहने लगे। शुरू में यह हँसी-मज़ाक़ से शुरू हुआ, लेकिन धीरे-धीरे यह गम्भीर रुख़ लेता चला गया। जैसे-जैसे 2019 के आम चुनाव के दौरान चुनावी सभाओं में नरेन्द्र मोदी के दाहिने हाथ अमित शाह ने सीएबी और एनआरसी को जोड़ने की बात कही, एनआरसी को देश-भर में लागू करने की बात कही, वैसे-वैसे लोगों में बेचैनी बढ़ने लगी।

साल 2019 के आम चुनावों के बाद 20 जून, 2019 को नई संसद के पहले संयुक्त सत्र में राष्ट्रपति रामनाथ कोविन्द ने अपने अभिभाषण में जब एनआरसी को लागू करने और नागरिकता क़ानून में संशोधन करने का उल्लेख[1] किया तो इसने तमाम शंकाओं नको मूर्त रूप दे दिया। इसी दरम्यान असम में एनआरसी से तबाह हो रही ज़िन्दगियों, डिटेंशन सेंटरों में मरते लोगों की

1. https://www.ndtv.com/india-news/president-ram-nath-kovinds-speech-at-joint-session-of-parliament-full-text-2056266

कहानियाँ धीरे-धोरे देश के तमाम हिस्सों तक पहुँच रही थीं। ऐसे में लोगों ने काग़ज़ात नहीं बल्कि संविधान की किताब और उसके प्रमुख रचयिता को खोजना शुरू किया—उन्हें आंबेडकर की राह ही मुक्ति की राह दिखाई दी। आज़ादी के 72 साल से अधिक बीतने के बाद और संविधान के लागू होने के भी क़रीब 70 साल होने पर देश की अवाम बिना किसी बड़े राजनीतिक आह्वान के संविधान को अपने पक्ष में सबसे बड़ा औज़ार मानें, तो यह यकीनन नागरिकों की परिपक्वता की निशानी है।

निश्चित तौर पर सीएए का संवैधानिक पक्ष भी है, जिस पर अलग-अलग पहुलओं से अनेक विशेषज्ञों ने सवाल उठाए हैं। बुनियादी तौर पर सभी का यही कहना है कि यह क़ानून नागरिकता के मामले में संविधान प्रदत्त बुनियादी धर्मनिरपेक्ष आधार का निषेध करता है। इस सन्दर्भ में अनुच्छेद 14 और अनुच्छेद 25 के उल्लंघन की बात भी कही गई।

इस सन्दर्भ में अन्तरराष्ट्रीय ख्यातिप्राप्त क़ानूनविद् और संविधान विशेषज्ञ उपेन्द्र बक्शी का विश्लेषण ग़ौरतलब है : "यह संवैधानिक क़ानून का मसला है। क्या इस तरह का वर्गीकरण वाज़िब है? इसमें दो तरह की अवधारणाएँ हैं। पहली यह कि यह क़ानून संविधान के अनुच्छेद 14 का उल्लंघन करता है क्योंकि यह एक अनुचित क़िस्म का वर्गीकरण है, जिसमें केवल किसी ख़ास धार्मिक मान्यता के लोगों को ही पात्र मानकर उन्हें नागरिकता दी जा रही थी। इसमें दो तरह की राय सामने आ रही थीं। एक तो यह कि यह अनुच्छेद 14—क़ानून के समक्ष समानता—का उल्लंघन करता है क्योंकि यह धार्मिक रूप से उत्पीड़ित बाक़ी लोगों को शामिल नहीं करता और इसलिए भी कि यह उन लोगों को भी शामिल नहीं करता जो धार्मिक कारणों के इतर बाक़ी वजहों से उत्पीड़ित किए जा रहे हैं। हम ऐसी दुनिया में रहते हैं, जिसमें सीमाँएँ हैं। हम बग़ैर सीमाओं वाली दुनिया में नहीं रहते। हर देश में वहन करने की एक क्षमता है। लिहाज़ा, इसके कारण काफ़ी भ्रम की स्थिति पैदा हो गई। सीएए अनुच्छेद 14 का उल्लंघन करता है क्योंकि वह एक ऐसा वर्गीकरण खड़ा करता है, जिसमें केवल चन्द धार्मिक मान्यताओं के लोगों को ही नागरिकता के अधिकार दिए जा रहे हैं।"[1]

1. https://www.indialegallive.com/top-news-of-the-day/news/renowned-law-scholar-upendra-baxi-speaks-citizenship-amendment-act/

शाहीन बाग़ आन्दोलन ने संविधान को जिस तरह से एक ज़िन्दा दस्तावेज़ में बदला, उसने तमाम क़ानूनविदों का ख़ास ध्यान खींचा। किसी भी जनान्दोलन ने इससे पहले, इतने बड़े पैमाने पर संविधान की धाराओं का उल्लेख करते हुए अपनी लड़ाई को संविधानिक दायरे में नहीं रखा। इस बारे में देश की पहली महिला एडिशनल सॉलिस्टर जनरल रहीं इन्दिरा जयसिंग ने बताया—

"शाहीन बाग़ आन्दोलन ने संविधान की भावना को जन-जन तक पहुँचाने का ऐतिहासिक काम किया। सम्भवतः देश में पहली बार किसी आन्दोलन के दौरान इतने बड़े पैमाने पर संविधान पढ़ा गया, संविधान की प्रस्तावना का पाठ हुआ—उसके पोस्टर तैयार हुए। हम भारत के लोग...एक जन नारे में तब्दील हो गया। सामान्य तौर पर संविधान को एक कठिन-अपठनीय किताब बताया जाता है, लेकिन हमने देखा कि बूढ़ी-से-बूढ़ी औरतें भी धरना स्थल पर संविधान की किताब पलटती थीं। इसके प्रावधानों के बारे में जानकारी हासिल करती थीं। नागरिकों में इतनी ज़्यादा जागरूकता संविधान और संविधान प्रदत्त अधिकारों के बारे में कोई आन्दोलन किस तरह से लेकर आया, यह निश्चित रूप से यादगार बना रहेगा। सारे लोग अपने तर्क संविधान को आधार बनाकर ही गढ़ रहे थे। तमाम आन्दोलनकारी सिर्फ़ देश ही नहीं, संविधान पर भी बतौर भारतीय नागरिक अपनी दावेदारी पुख़्ता कर रहे थे। इस आन्दोलन ने भारतीय समाज को बिलकुल दूसरे ढंग से शिक्षित किया और मुझे लगता है, यह प्रशिक्षण संविधानिक मूल्यों को ज़िन्दा रखने में काम आएगा।"

इस आन्दोलन में सबसे बड़ी संख्या में मुसलमान औरतें शामिल रहीं, लेकिन इसकी पहचान मुस्लिम आन्दोलन जैसी जरा भी नहीं थी। इसकी सबसे बड़ी वजह थी कि यह आन्दोलन टिका था, आंबेडकर और संविधान के कन्धों पर।

इस बारे में कई बातें ऐतिहासिक परिप्रेक्ष्य के साथ सामने रखीं, योजना आयोग की पूर्व सदस्य सईदा हमीद ने। उन्होंने कहा—"बहुत बड़े पैमाने पर आंबेडकर और संविधान दो बुनियादी सुतून (स्तम्भ) थे, जिन पर शाहीन बाग़ खड़ा था। मुझे लगता है कि यही ख़्वाब देखा था मौलाना आज़ाद ने, जब उन्होंने 1947 में हिज़रत करके पाकिस्तान जाना चाह रहे मुसलमानों से कहा, "तुम ग़लत हवाओं के पीछे दौड़ रहे हो। यह तुम्हारा मुल्क है। यहाँ की मिट्टी में तुम्हारे आबा-ओ-अज़्दाद (पूर्वज) का ख़ून है। यहाँ रहो और

यही तहज़ीब तुम्हारी है।" मौलाना डॉ. जाकिर हुसैन और उनके जैसे तमाम बड़े विज़नरी लोगों ने मुसलमानों को यही राह दिखाई थी—जो आंबेडकर और संविधान ने आगे बढ़ाई, लेकिन मुसलमानों ने इसे गम्भीरता से नहीं लिया। पहली बार शाहीन बाग़ में ख़ासतौर से जब औरतें उठ खड़ी हुईं तो मुझे इस बात का इतना इत्मीनान हुआ कि फ़ाइनली हम उस मुकाम पर पहुँच गए। यह बात इतनी खुशगवार थी कि इसे लफ़्ज़ों में बयां करना मुश्किल है।

"आप देखिए, कहीं भी इस तरह के नारे फ़ज़ा में नहीं थे कि इस्लाम ख़तरे में हैं, अपनी क़ौम के लिए उठना है। एक लफ़्ज़ भी भड़काऊ भाषणों का नहीं हुआ। सिर्फ़ एक ही एजेंडा रहा शुरू से लेकर अन्त तक—संविधान और सामाजिक न्याय। सामाजिक न्याय के प्रतीक बन गए आंबेडकर। इसकी वजह से सभी को एक लाइन में खड़ा कर दिया—चाहे वह मुसलमान हो, दलित हो या कोई भी। मुसलमानों को इस नाज़ुक दौर में यह दिखाई देने लगा कि उनके पिछड़ेपन से निकालने का रास्ता आंबेडकर का रास्ता है। इससे पहले चाहे वह सच्चर साहेब की रिपोर्ट हो या फिर गोपाल सिंह रिपोर्ट, जो हमने राष्ट्रीय महिला आयोग में अपने कार्यकाल में लिखी थी—मुसलमान औरतों पर—और इस तरह की तमाम रिपोर्ट-सिफ़ारिशें सामने आती रहीं, उनका असर भी रहा। लेकिन वे वैसे क्लिक नहीं कीं, जैसे आंबेडकर क्लिक कर गए।

"दरअसल, लम्बे समय से जो बेइन्तहा नाइंसाफ़ी हो रही थी, मुसलमानों का जेल में अपनी आबादी की तुलना में कई गुना ज़्यादा होना या फिर ग़रीबी में डूबे होना, यह सब तो तब भी आदत में शुमार हो गया था, लेकिन जब वतन से बेवतनी का सवाल आया—तब बस आंबेडकर ही दिखाई दिए। आंबेडकर की भी उतनी ही अहमियत है, जितनी भारत के संविधान की। दोनों एक सिक्के के दो पहलू हैं। मैं यहाँ बिलकुल खुलकर कहूँगी कि मैंने अपनी उम्र में बहुत आन्दोलन देखे, लेकिन कभी भी किसी भी आन्दोलन में और मुसलमानों के आन्दोलन में तो कभी भी आईन की बात सुनी ही नहीं। अब देखिए क्या समां बदल गया, बच्चा-बच्चा संविधान की बात कर रहा है। आईन पढ़ रहा है, समझने की कोशिश कर रहा है। इस आन्दोलन ने संविधान को बहुत ऊपर करके दिखाया है। लोगों को यह बात समझ आ गई कि उनकी मौजूदा समस्याओं का कोई हल निकल सकता है तो वह आईन के ज़रिये ही निकलेगा।

"एक बात और भी समझनी चाहिए कि एक बार कोई समीकरण लोगों के दिमाग़ में बैठ जाता है, तो वह बात व्यापक समाज के ज़ेहन में भी क्लिक हो जाती है। सीएए, एनआरसी और एनपीआर का जो ख़ौफ़ तारी हुआ, इसमें लोगों को समझ में आ गया कि इसका कोई तोड़ है तो वह संविधान ही है। मुझे लगता है कि इन तीनों—सीएए, एनआरसी और एनपीआर के मिश्रित हमले ने भी अवाम में आईन का महत्त्व स्थापित किया था।"

शाहीन बाग़ आन्दोलन ने बाबा साहेब भीमराव आंबेडकर के दूसरे पहलुओं को समझने और जानने का मौक़ा भी दिया, जिन पर अक्सरहां बातचीत बहुत कम होती रही है। दलित चिन्तक, जाति उन्मूलन के अथक योद्धा, हिन्दू धर्म के भीतर भेदभाव की सड़ांध पर सीधा प्रहार करनेवाले, ब्राह्मणवाद के वर्चस्व के ख़िलाफ़ दिलेरी भरा अभियान चलानेवाले, भारत के अपनी तरह के इकलौते नेता होने के साथ-साथ आंबेडकर श्रम और अर्थतंत्र की लूट पर आधारित व्यवस्था के ख़िलाफ़ भी थे। औरतों के हक़ के लिए—हिन्दू कोड बिल के पक्ष में उन्होंने अपने पद से इस्तीफ़ा तक दे दिया था। संविधान निर्माण में जिस तरह की उनकी भूमिका रही और जिस तरह से उन्हें वहाँ एक प्लेटफ़ॉर्म मिला, जहाँ उन्होंने तमाम मुद्दों पर अपनी बातें रखीं और देश को उनकी तर्कपूर्ण बातें सुननी और समझनी पड़ीं। संविधान सभा की बहसों ने भारतीय समाज में परत-दर-परत जमे पड़े अन्तर्विरोधों को उजागर किया, इसलिए इन बहसों की प्रासंगिकता आज भी कायम है, ख़ासतौर से नागरिकों के अधिकार के बारे में। शाहीन बाग़ भारतीय राजनीतिक पटल पर एक ऐसा ऐतिहासिक दौर रहा, जिसने आंबेडकर सहित संविधान-संविधान सभा के तमाम पहलुओं को पब्लिक डोमेन में ला खड़ा किया। यहाँ अबेडकर सिर्फ़ दलितों और दलितों के अधिकार को बचानेवाले प्रतीक नहीं थे, बल्कि भारतीय लोकतंत्र के रक्षक के रूप में अपने तमाम समकालीन नेताओं से बड़े होकर उभरे। ऐसा नहीं कि बाक़ी नेताओं के फ़ोटो धरना स्थल पर नहीं थे। गांधी, मौलाना आज़ाद, भगत सिंह, सुभाष चन्द्र बोस, सरोजिनी नायडू... सहित तमाम लोगों के फ़ोटो लगे थे, लेकिन बतौर लीडर जो शाहीन बाग़ को वैचारिक और संविधानिक ताप दे रहे थे, वह आंबेडकर ही थे।

शाहीन बाग़ धरना स्थल पर नियमित आनेवाली स्त्री रोग विशेषज्ञ और नर्सिंग होम चलानेवाली डॉ. ज़रीन हलीम का यह कहना था, "यहाँ आनेवाली

ज़्यादातर औरतों ने इससे पहले कभी आंबेडकर के बारे में इतना सुना भी न था। खुद मैंने पहली बार उनका पोस्टर उठाया। अधिकांश लोगों ने आंबेडकर की मूर्ति को संविधान के साथ देखा था। किसी और नेता की तसवीर या फ़ोटो कभी संविधान के साथ देखी नहीं थी। फिर जैसे-जैसे सीएए और एनआरसी के बारे में जानकारी बढ़ी, तो एक बात साफ़ हो गई कि यह देश के आईन पर हमला है। कम पढ़ी-लिखी औरत हो या ज़्यादा पढ़ी-लिखी, सबको यह पता है कि देश का संविधान हमें बराबर मानता है। हम सब एक हैं, हमारे अधिकार एक हैं और धर्म से तय नहीं होता कि कौन इस मुल्क का नागरिक है? ऐसे में पहली बार हम सब लोग संविधान को क़ायदे से समझने की कोशिश करने लगे। पहली बार हमारे मोहल्लों में 'हम भारत के लोग' पर चर्चा हुई, घर-घर (संविधान की) तक प्रस्तावना पहुँची। फिर समझ में आया कि संविधान पर जो हमला है, उसे बदलने की जो कोशिश है, उसी के तहत हम पर यह हमला है। यहीं से नारा निकला—संविधान बचाओ, देश बचाओ।"

यह बात सौ फ़ीसदी सही है कि शाहीन बाग़ आन्दोलन का सबसे बड़ा प्रतीक बना संविधान और संविधान बचाना ही सीएए और एनआरसी के विरोध का पर्याय बना। आम भारतीय नागरिकों ने और ख़ास तौर से मुसलमान औरतों ने इस समीकरण को आत्मसात् करते हुए बेहद सकारात्मक ढंग से आगे बढ़ाया। उत्तर प्रदेश के देवबन्द में संविधान की प्रस्तावना की ही सबसे बड़ी होर्डिंग लगी थी, दिल्ली के शाहीन बाग़ से लेकर इंडिया गेट, जन्तर-मन्तर, जामा मस्जिद तक, किसी भी जगह लोग जब भी सीएए के ख़िलाफ़ इकट्ठा होते, वे 'हम भारत के लोग' का पाठ करते। उनके पास जो पोस्टर होते, उनमें यह ज़रूर लिखा होता था कि 'सीएए, एनआरसी, एनपीआर को हटाना है, देश के संविधान को बचाना है'।

तमाम तरह की विचारधाओं के लोग इस आन्दोलन में सक्रिय थे—उदारवादी, समाजवादी, गांधीवादी, प्रगतिशील, आंबेडकरवादी, वामपंथी आदि। एक दिलचस्प बात यह थी कि अलग-अलग विचारधाराओं के होने के बावजूद उनमें कोई बड़ा टकराव नहीं देखने को मिला। तमाम ऐसे लोग जो आम तौर पर एक साथ मंच नहीं साझा करते, वे साथ आए। शायद इसकी बड़ी वजह थी, लोकतंत्र को बचाने की चाह। सबके लिए शाहीन बाग़ का आन्दोलन देश को फ़ासिस्ट हिन्दुत्ववादी राष्ट्रवादी विचारधारा से बचाने का रास्ता था।

इसे बिलकुल दूसरे अन्दाज़ में सामने रखा, लम्बे समय से मैला मुक्ति के लिए काम कर रहे, रैमॉन मैगसेसे पुरस्कार से सम्मानित सफ़ाई कर्मचारी आन्दोलन के नेता बेज़वाड़ा विल्सन ने। विल्सन ने कहा—

"शाहीन बाग़ में गांधी बनाम आंबेडकर नहीं है, गांधी प्लस (के साथ) आंबेडकर है। शाहीन बाग़ में दोनों साथ-साथ हैं, इसे समझना ज़रूरी है। यहाँ दोनों में कोई अन्तर्विरोध नहीं है। यही इस आन्दोलन की परिपक्वता भी है।"

आख़िर अचानक ही आंबेडकर कैसे इस आन्दोलन के लिए इतने प्रासंगिक हो गए? आख़िर संविधान ही इसका केन्द्रीय बिन्दु कैसे हो गया? ये ऐसे सवाल हैं, जो शाहीन बाग़ की निष्पक्ष विवेचना करनेवालों के दिमाग़ को मथ रहे थे। भारतीय राजनीतिक पटल पर यह एक अहम बदलाव का सूचक था। ठीक उस समय, जब अपार संसदीय बहुमत राजनीति में कुछ भी कर लेने की खुली छूट का पर्याय बन रहा था, विपक्ष पंगु या लाचार-सा पड़ा हुआ था; ऐसे में तिरंगा लहराते हुए, जन-गण-मन गाते हुए इन औरतों का सैलाब संवैधानिक मूल्यों की रक्षा के लिए, धर्मनिरपेक्ष भारत को बचाने के लिए उठ खड़ा हुआ था।

मोदी सरकार की सबसे बड़ी मुश्किल यह थी कि इस आन्दोलन के ख़िलाफ़ कुछ भी ठोस बोलने के लिए उसके पास नहीं था। ये औरतें बात संविधान की कर रही थीं और आंबेडकर के रास्ते की दुहाई दे रही थीं। वे दरअसल फ़ासिस्ट ताक़तों से जूझ रही थीं और उनके संघर्ष में भारत की बेचैनी और उतार-चढ़ाव भरे राजनीतिक परिदृश्य को दिशा देने की क्षमता थी। वैसे भी पिछले दस सालों को अगर ध्यान से देखा जाए तो नज़र आता है कि फ़ासीवाद के ख़िलाफ़ ज़मीन से ताक़तें उभर रही हैं। ये ऊपर से बहुत दिखाई नहीं देतीं, क्योंकि दक्षिणपंथी ताक़तों ने मीडिया पर कब्ज़ा जमा रखा है। लिहाज़ा, विरोध में उठनेवाली आवाज़ों को सही ढंग से जगह नहीं मिल रही है।

दूसरी तरफ़ इस फ़ासिस्ट-दक्षिणपंथी ताक़तों ने जनता को तमाम भ्रामक प्रचारों के ज़रिये बरगला रखा है—जैसे कि वे इतने सालों से सत्ता से वंचित थे और अब उनके सत्ता में आने के बाद 'अच्छे दिन आएँगे' आदि। इन सबने एक दक्षिणपंथी विचार को ही अर्थव्यवस्था से लेकर राजनीति तक में वर्चस्वकारी स्थिति में पहुँचा दिया है। दक्षिणपंथी आर्थिक नीतियाँ और दक्षिणपंथी विचारधारा, दोनों एक-दूसरे को परस्पर पोषित कर रही हैं और उसे ही एकमात्र विकल्प के तौर पर पेश कर रही हैं। इसकी वजह से अधिकारों की बात, सबको

समान अवसर की बात, वंचित समुदाय को अधिक प्रोत्साहन-आरक्षण देने की बात—ऐसे तमाम वाज़िब मुद्दों को सिरे से नकारने का सिलसिला चला हुआ है। यहाँ ये सब बातें पिछड़ी हुई बातें हो गई हैं और लूट का विकास ही देश के विकास का पर्याय बन रहा है। सामाजिक न्याय, बराबरी, समानता, बन्धुत्व की बात जो भारतीय संविधान की प्रस्तावना में है, उसके उलट नीतियाँ चल रही हैं। ऐसे प्रतिकूल माहौल में जब सीएए के बहाने, नागरिकता को धर्म से जोड़ने का ख़तरनाक खेल शुरू हुआ, तब लोगों को आंबेडकर तत्काल याद आए। धर्म पर आधारित राष्ट्र के ख़िलाफ़ सबसे मुखर आवाज़ थी डॉ. बी.आर. आंबेडकर की। संविधान सभा में उन्होंने साफ़ कहा था कि यह देश के ख़ात्मे जैसा होगा—विनाशकारी। उनको याद करना और उनकी शरण में जाना ही सबसे स्वाभाविक क्रिया थी, जो शाहीन बाग़ ने की।

बेज़वाड़ा विल्सन का मूल्यांकन शाहीन बाग़ आन्दोलन से पहले की स्थितियों से शुरू होता है। वह कहते हैं, "देश में फ़ासिस्ट ताक़तों के ख़िलाफ़ सबसे पहले विश्वविद्यालयों में नील सलाम-लाल सलाम का नारा उठा था। इन दोनों के मिलकर आगे जाने का कोई बहुत स्पष्ट प्लेटफ़ॉर्म तो नहीं बना, लेकिन ये दोनों ताक़तें अपने आप साथ आने लगी"। उन्होंने मंच की साझेदारी करना शुरू कर दिया। यह सही है कि देश में राजनीतिक वैक्यूम है, लेकिन इसकी वजह सिर्फ़ यह नहीं है कि विपक्षी राजनीतिक दल विफल रहे, बल्कि शोषणकारी आर्थिक ताक़तों ने ही राजनीतिक पटल पर दक्षिणपंथी ताक़तों को प्रायोजित किया, ताकि वे सत्ता पर काबिज़ हो सकें और सारे आर्थिक संसाधनों पर इन लुटेरी कॉरपोरेट ताक़तों का कब्ज़ा हो सके। ज़मीन पर यह लड़ाई नहीं दिखती है, जबकि हक़ीक़त है कि लड़ाई तो चल रही है। ऐसे में तमाम ताक़तें साथ आ तो रही हैं। गांधी पर दक्षिणपंथी ताक़तें अपनी दावेदारी ठोंकती हैं, लेकिन वे आंबेडकर के साथ ऐसा तमाम कोशिशों के बावजूद नहीं कर पाईं।"

जब उनसे पूछा कि आख़िर आंबेडकर कैसे शाहीन बाग़ आन्दोलन के लिए इतने अहम हो गए तो विल्सन ने बताया, "आंबेडकर अचानक ही रातों-रात महत्त्वपूर्ण नहीं हो गए या उनका महत्त्व लोगों को अचानक ही समझ आने लगा। धीरे-धीरे लोग आंबेडकर को संविधान के प्रतीक के तौर पर पहचानने लगे हैं, बजाय उन्हें सिर्फ़ दलित और दलित ताक़तों के प्रतीक

के रूप में देखने के। आंबेडकर और संविधान, दोनों एक-दूसरे का पर्याय हो गए हैं। मैं यह नहीं कह रहा कि आंबेडकर ने ही अकेले संविधान को लिखा, लेकिन आंबेडकर ने अपनी पूरी ताक़त लगाई, संविधान को ज़्यादा समावेशी बनाने, अधिक लोकतांत्रिक बनाने और उसमें बराबरी-बन्धुत्व के लिए ज़्यादा जगह बनाने में। इन तमाम मूल्यों के लिए वह खड़े रहे, लड़ते रहे और इसे कोई भी नज़रन्दाज़ नहीं कर सकता।

"दूसरी अहम बात है, संविधान सभा में आंबेडकर का नागरिकता के सन्दर्भ में योगदान। वह बेमिसाल है। आंबेडकर ने नागरिकता के सन्दर्भ में अपने विचार बहुत ही स्पष्ट ढंग से रखे थे। वह बेहद समावेशी (इनक्लूसिव) थे—खुले हुए, उदार, ज़रा भी कट्टर नहीं। जबकि इतनी लम्बी गुलामी के बाद जब हम आज़ाद भारत का संविधान बना रहे थे, नागरिकता पर चर्चा कर रहे थे, तो हमारे लिए ज़्यादा कट्टर और बन्द होना स्वाभाविक था।

"नागरिकता पर जो ख़ास ध्यान आंबेडकर ने रखा, उसके तीन बिन्दु रहे—आदिवासियों को नागरिकता, अल्पसंख्यकों को नागरिकता और शोषित वर्ग को नागरिकता। इन तीनों के बारे में क्या नज़रिया हो, इन्हें कैसे तमाम अधिकार मिलें—इसके बारे में आंबेडकर ने बहुत विस्तृत रूप से संविधान सभा में बताया था। इसीलिए अभी जब सीएबी (नागरिकता संशोधन बिल) आया, जो आंबेडकर की नागरिकता की अवधारणा का निषेध करता है, तब भारत के नागरिकों ने महसूस किया कि हमारा साथ तो सिर्फ़ आंबेडकर ही दे सकते हैं। जो लोग सीएए का विरोध कर रहे थे—या कर रहे हैं—उन्होंने नारा दिया, 'आंबेडकर वापस आओ, हमें तुम्हारी ज़रूरत है।' अगर इस क़ानून से लड़ना है तो हमें वही आंबेडकर की भाषा बोलनी होगी। आज विडम्बना यह है कि अल्पसंख्यक भी आंबेडकरवादी हो गए। उन्होंने आंबेडकर की भावना को आत्मसात् किया, लेकिन सत्ता उन्हें सुनने को तैयार नहीं है।"

येल विश्वविद्यालय में इतिहास के असिस्टेंट प्रोफेसर रोहित डे की किताब *ए पीपुल्स कॉन्सटीट्यूशन* बेहद चर्चित रही है, जिसमें उन्होंने बताया है कि किस तरह से ये दस्तावेज़ साधारण भारतीयों, ख़ासतौर से बहुत बड़ी संख्या में अल्पसंख्यकों और वंचित समूह के लोगों के लिए बहुत अहमियत रखते हैं। शाहीन बाग़ और नागरिकता संशोधन विरोधी आन्दोलन पर रोहित डे की टिप्पणी बहुत अहम पहलुओं पर प्रकाश डालती है :

"प्रस्तावना का जिस अभूतपूर्व तरीक़े से पाठ किया गया, वह आज़ादी से पहले के दौर में नागरिक अवज्ञा आन्दोलनों की याद दिलाता है, जिसमें हिन्दुस्तानी लोग मार्च करते थे, गीत गाते थे और अंग्रेज़ों की हुकूमत को चुनौती देते हुए आज़ादी हासिल करने की शपथ लेते थे। प्रदर्शनकारियों की दलील थी कि ज़रूरी नहीं कि आपको सारे अधिकार मिल ही जाएँ, कुछ अधिकार लोगों को खुद हासिल करने होते हैं। कई लोग यह मानते हैं कि नागरिकों ने संविधान का सहारा इसलिए लिया है क्योंकि नरेन्द्र मोदी के नेतृत्व वाली हिन्दू राष्ट्रवादी भाजपा सरकार ने अपनी नीतियों के तक़रीबन हर विरोधी पर देश-विरोधी होने का ठप्पा लगा दिया है। इसीलिए संविधान का इस्तेमाल करके प्रदर्शनकारी अपनी देशभक्ति को आगे रख सकते हैं और राष्ट्रीय प्रतीकों, गीतों का इस्तेमाल करके राष्ट्र-विरोध की इस सारी बहस को संवैधानिक देशभक्ति से चुनौती दे सकते हैं।"

यहाँ एक और पहलू जो बहुत ख़ास दिखाई दिया था, उस पर भी ध्यान दिया जाना चाहिए कि देश में आम लोगों ने संविधान की कमान तब थामी जब हर तरफ़ से उन्हें निराशा मिली। सुप्रीम कोर्ट तक से उन्हें कोई आस की किरण नहीं नज़र आई। ऐसी गहन निराशा के दौर में आन्दोलन ने संविधान को हाथों में लिया और उसके सहारे आगे बढ़े।

रोहित डे कहते हैं, "कई लोग यह भी मानते हैं कि लोग संविधान को इसलिए भी सामने रख रहे हैं ताकि वे 'अदालतों की नाकामी'—ख़ासतौर पर सुप्रीम कोर्ट की पारदर्शिता बनाए रखने में नाकामी—और नागरिक अधिकारों पर उसके कमज़ोर होते रिकॉर्ड के प्रति अपनी नाखुशी को ज़ाहिर कर सकें।"

सुप्रीम कोर्ट ने हाल के कुछ वर्षों में जो 'ख्याति' हासिल की है, उस पर बिना बात किए शाहीन बाग़ की ऊर्जा को समझना असम्भव है, इसीलिए रोहित डे कहते हैं, "लोग कहते हैं कि कार्यपालिका के ख़िलाफ़ संविधानवाद की हिफ़ाज़त करनेवाली संस्था के रूप में अपनी छवि बना चुके सुप्रीम कोर्ट ने अब भाजपा जैसी भारी संसदीय बहुमत वाली सरकार का सामना करने में ख़ामोशी अख़्तियार कर ली है। लिहाज़ा, एक नागरिक आज़ादी व संवैधानिक प्रक्रियाओं के रक्षक के तौर पर कोर्ट की ग़ैरमौजूदगी ही आम नागरिकों को संविधान की आवाज़ को पुरज़ोर तरीक़े से उठाने के लिए मजबूर कर रही है।"

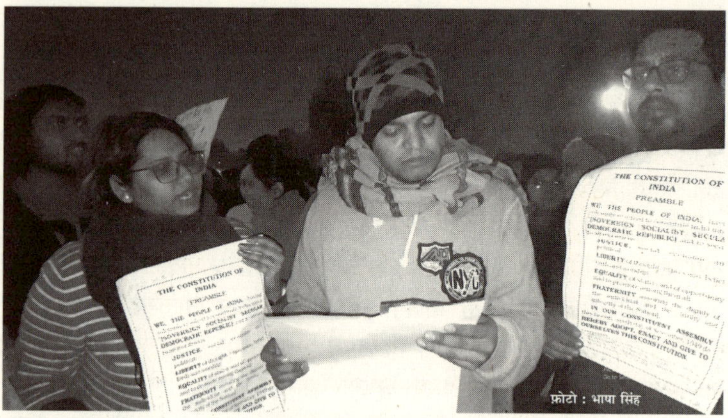

इंडिया गेट से लेकर पूरे देश में हुआ संविधान की प्रस्तावना का पाठ

सवाल सिर्फ़ संविधान पर आस्था का नहीं है, बल्कि देश के प्रति सोच का है। देशभक्ति की नई परिभाषा गढ़ने का भी है। अभी तक देशभक्ति, राष्ट्रभक्ति, तिरंगा झंडा—सब कुछ आक्रामक हिन्दू राष्ट्रवाद के प्रतीक के रूप में इस्तेमाल किया जा रहा था। इसका पूरा स्वरूप अल्पसंख्यकों को ख़ौफ़ज़दा करनेवाला था, हर समय उन पर अपने देशप्रेम को साबित करने का दमघोंटू व अपमानजनक दबाव था। इसे बहुत ही सकारात्मक ढंग से बदला शाहीन बाग़ ने। देश के नागरिकों का एक-दूसरे से जुड़ाव बतौर नागरिक हुआ, यहाँ किसी और पहचान के कोई मायने नहीं रह गए थे। धरने पर मुसलमान औरतें ही बैठीं थी। मुस्लिम बहुल इलाक़ों में ही धरने चल रहे थे, लेकिन धरने की पहचान मुसलमानों के धरने की नहीं थी। यहाँ कहीं भी पहचान धार्मिक नहीं थी। इसके समर्थन में भी जो लोग जुटे—वे वतन को, लोकतंत्र को बचाने के लिए जुटे थे। यह बुनियादी तौर पर भारत को जोड़नेवाला, एक नए भारत के सपने को संजोनेवाला जमावड़ा था। इसीलिए इसमें शामिल सभी लोगों को लगता था कि यह आज़ादी की नई लड़ाई है।

आख़िर किन परिस्थितियों में भारतीय मुसलमान औरतें सड़कों पर बैठीं, यह बेहद विवेचना का एक अहम पहलू है। सुप्रीम कोर्ट में वरिष्ठ अधिवक्ता

वृंदा ग्रोवर ने लम्बी बातचीत के दौरान मुस्लिम समाज की खदबदाहट को बड़ी बारीकी से पकड़ा। उन्होंने कहा—

"भारतीय मुसलमानों को बुरा सुनने की आदत अब तक पड़ चुकी थी—जैसे, पाकिस्तान चले जाओ, देशद्रोही हो, जिस थाली में खाते हो, उसी में छेद करते हो...वग़ैरह, वग़ैरह। उनके ख़िलाफ़ टारगेटेड हिंसा, मॉब लिंचिंग आदि सब चल रहा था। लेकिन यह उन्होंने बुरे से बुरे ख़्वाब में भी यह नहीं सोचा था कि उनकी नागरिकता पर ही ख़तरा मँडराने लगेगा। वैसे भी देश में नागरिकता को धर्म से जोड़ा जा सकता है, यह पूरी तरह से संविधान की भाषा और संविधान की भावना (लेटर एंड स्पिरिट), दोनों के ख़िलाफ़ है। नागरिकता को हमने अपनी बुनियादी गारंटी के रूप में देखा। कभी सोचा ही नहीं कि उसे भी छीना जा सकता है। भारतीय इतिहास में पहली बार यह ख़याल सीएए के ज़रिये घुसाया गया, जहाँ नागरिकता और धर्म के बीच रिश्ता कायम किया गया। यह कभी हमारे ज़ेहन में भी नहीं आया कि ऐसा हो सकता है, कभी इस सन्दर्भ में कोई चर्चा या परेशानी नहीं थी। अभी तक झगड़े—मन्दिर किसका, मस्जिद किसकी—इसको लेकर थे, लेकिन अब तो आप भारत के असली नागरिक हैं कि नहीं, इसका रिश्ता धर्म से जोड़ा जाने लगा, तो हमारे भारतीय होने पर ही सवाल उठने लगा।

"ये विरोध प्रदर्शन बेहद ही सकारात्मक ऊर्जा से भरे हुए थे। इनसे भारतीय पहचान का निर्माण होना शुरू हुआ जो मेरी नज़र में बेहद अहम है, क्योंकि इसने एक सकारात्मक छवि बनाई कि आम भारतीय कैसे खुद को देख सकते हैं। इस देश में पहली बार नागरिकों का एकताबद्ध आधार बनने लगा। ऐसा पहली बार हुआ कि तमाम लोगों में एक-दूसरे से नागरिक के तौर पर जुड़ाव हुआ। भारत में तमाम ऐतिहासिक-सामाजिक वजहों से हमारी पहली पहचान नागरिक के तौर पर नहीं होती है (ऐसा होना मैं बहुत विशेष बात नहीं मानती हूँ)। हमारी पहचान इलाक़े के हिसाब से, धर्म के हिसाब से, जाति के हिसाब से होती रही, लेकिन इस बार पहली बार भारतीय के तौर पर जुड़ने की प्रक्रिया शुरू हुई, वह भी इतने बड़े पैमाने पर। आज़ादी के बाद शायद पहली बार शाहीन बाग़ सरीखे आन्दोलन ने हर किसी को यह अवसर मुहैया कराया कि वे खुद को भारतीय के तौर पर देखें। इसकी वजह यह रही कि हम खुद को संविधान के आईने में बतौर नागरिक देख रहे थे।"

शाहीन बाग़ ने देशप्रेम को देश के संविधान और संविधानिक मूल्यों की कसौटी पर कसकर परवान चढ़ाया, उसने तमाम उम्र के नागरिकों को अपनी ओर आकर्षित किया। एक तरह से अलग ढंग से लोग प्रशिक्षित हो रहे थे। वैसे तो हर आन्दोलन अपने साथ एक धारा, एक सोच, एक अलग माहौल लेकर आता है, लेकिन यहाँ पर जिस तरह से ख़ौफ़ के ख़िलाफ़ आवाज़ें पूरी तरह से अहिंसक और शान्तिपूर्ण ढंग से सामने आईं, वह एक अलग नज़ीर पेश करती है। यह एक बात को और पुख़्ता करती है कि भारतीय लोकतंत्र अब भी वाइब्रेंट है।

इसे वृंदा ने इस तरह से रखा, "मुझे लगता है कि इसमें बहुत तगड़ी सम्भावना थी, जिसके आधार पर हम एकताबद्ध होकर और मज़बूत देश के रूप में आगे बढ़ सकते थे। देश तभी मज़बूत होता है जब नागरिक एक-दूसरे से जुड़ाव महसूस करते हैं। मुझे लगता है कि इसीलिए संविधान इतना बड़ा मार्कर बन गया और जो लोग भारत को मज़बूत और एकजुट राष्ट्र के रूप में देखना चाहते हैं, उन्होंने यह अवसर गँवा दिया क्योंकि, इस आन्दोलन में लोग भारतीय नागरिक के तौर पर साथ आ रहे थे। उनके पास छत्रच्छाया थी संविधान की। इस देश में ऐसा कभी नहीं हुआ, किसी दौर में नहीं हुआ। वे संविधान और प्रस्तावना में लिखे गए हर शब्द को अपना समझ रहे थे, उस पर दावेदारी कर रहे थे। यह कोई लिखा हुआ कथ्य नहीं था। यह उनके जीवन का हिस्सा था, जिस पर वे इतना विश्वास करते थे। तमाम नागरिकों को संविधान पर वैसा ही भरोसा और श्रद्धा हो रही थी, जैसी उन्हें अपने धार्मिक ग्रंथ पर होती है। यही वजह है कि इतने बड़े पैमाने पर छोटे-बड़े समूहों में संविधान की प्रस्तावना का पाठ किया गया। हर शहर में लोग अपने आप प्रस्तावना—'हम भारत के लोग' लेकर सड़कों पर उतरे।"

निश्चित तौर पर, शाहीन बाग़ इस देश के लिए एक ऐतिहासिक क्षण था जहाँ नागरिकता, प्रतिरोध, संविधान और प्रस्तावना—सब एक दूसरे में मिल गए और एक बृहत् भारत की तसवीर बनी। आज़ादी के बाद ऐसा पहली बार हुआ। संविधान चूँकि बात करता है धर्मनिरपेक्षता और बराबरी की, लिहाज़ा ऐसा पहली बार हुआ कि लोगों ने आज़ादी के बाद संविधान को हाथ में लेकर आन्दोलन किया। और ऐसा भी नहीं कि संविधान अचानक ही अहम हो गया हो। इसकी एक लम्बी कड़ी बनती आ रही थी।

पहली बार इतने बड़े पैमाने पर लोगों में यह विश्वास जागा कि सरकारें आएँगी-जाएँगी, लेकिन संविधान रहेगा तो सब कुछ रहेगा। इस तरह से हम बुनियाद की तरफ़ वापस गए—'बैक टू बेसिक्स'। इसीलिए नज़र आता है कि आंबेडकर सबसे बड़े नेता के तौर पर उभरे, क्योंकि उन्होंने वे मूल्य प्रतिपादित किए थे, जिन पर आज़ाद भारत का निर्माण हुआ था। जब वह ख़तरे में आया तो आंबेडकर का ही सहारा बचा।

आंबेडकर और संविधान को साथ-साथ रखकर शाहीन बाग़ ने भारतीय राजनीतिक पटल पर एक बुलन्द लकीर खींची।

5

सृजन की तीखी धार

'सौ फूलों को खिलने दो, सौ विचार शाखाओं में होड़ होने दो', शाहीन बाग़ के सांस्कृतिक फलक से सृजन की यही सदा गूँजती है। यहाँ न कोई सरहद बाँट पाई और न ही उम्र और मज़हब के फ़र्क के कोई मानी थे। तमाम लोग शाहीन बाग़ से ऊर्जा हासिल करके वापस उसी के मक़सद को गुलज़ार करने में लगे रहे। यहाँ 'आइडिया ऑफ़ इंडिया' अलहदा लफ़्ज़ों में गूँजा। देशभक्ति को साबित करने, नागरिकता को साबित करने के हुक्मरानों के तमाम फ़ासिस्ट दबावों को एक-एक शब्द ने चिन्दी-चिन्दी कर दिया।

कला हमारे दुःख-गुस्से, नफ़रत-मोहब्बत, जुड़ाव-अलगाव को व्यक्त करने का सबसे बेहतरीन ज़रिया होती है और यह कला कमोबेश हर एक आन्दोलन की थाती होती है। किस क़दर रूह को छूकर निकला है कोई सवाल, यह उस पर लिखी नज़्म-गीत-नारे-पेंटिंग को पढ़-देखकर अन्दाज़ा लग जाता है। इस मामले में भी शाहीन बाग़ का आन्दोलन बेमिसाल निकला। शब्दों की चिनगारियाँ पूरे देश में फैल गईं, कहीं दीवारों पर उतर गईं, कहीं सड़कों पर बिछ गईं।

शाहीन बाग़ ने इतनी ज़बरदस्त ऊर्जा भरी कि उसने इस दौर में फ़ैज़ को 'लाज़िम' बना दिया और हबीब जालिब को 'दस्तूर'। इस दौरान क्रिएटिविटी अपने शबाब पर पहुँच गई। यहाँ हम बात नामचीन शायरों-नग़मानिग़ारों या कवियों की ही नहीं कर रहे, यहाँ हम बात कर रहे हैं उन तमाम आम भारतीय नागरिकों की, जिन्होंने इस आन्दोलन को ज़िन्दा रखने के लिए, आगे बढ़ाने के लिए गीत लिखे, कविताएँ लिखीं, नारे लिखे, नाटक लिखे अथवा लिखवाए। शाहीन बाग़ एक ऐसा आन्दोलन बन गया, जहाँ हर कोई अपनी तरफ़ से आकर सहयोग करना चाहता था। सब चाहते थे कि मुल्क

को बचाने की यह जो लड़ाई चल रही है, इसमें उनका भी योगदान रहे। यह योगदान बहुत कुछ वैसा ही था, जैसा कोई चाय पिलाकर, कोई केला बाँटकर, कोई लंगर लगाकर कर रहा था।

यहाँ अहम यह नहीं था कि कोई क्या और कितना कर रहा है? अहम यह था कि आप लोकतंत्र को बचाने के इस आन्दोलन के पक्ष में खड़े हैं या नहीं? पक्ष में नहीं भी हैं तो इस बड़ी करवट को देखने-समझने का जज़्बा आप में बचा है या नहीं? इसीलिए हम पाते हैं कि एक चरण या दौर के बाद तमाम लोग शाहीन बाग़ से खुद को अलग नहीं कर पाए। चाहे वह दिल्ली का शाहीन बाग़ हो या फिर उनके अपने शहर का, यह जुड़ाव ही शाहीन बाग़ से जुड़ी या उसकी वजह से उपजी कला-कलात्मक अभिव्यक्ति को नए मायने देता है। बहुत कुछ इस नेपाली जनगीत की तरह—

गाँव-गाँव से उठो, बस्ती-बस्ती से उठो
इस देश की सूरत बदलने के लिए उठो

हाथ में जिसके क़लम है क़लम लेके उठो
बाजा बजानेवाले तुम बाजा लेके उठो
गाँव-गाँव से उठो, बस्ती-बस्ती से उठो
इस देश की सूरत बदलने के लिए उठो

हाथ में जिसके औज़ार है औज़ार लेके उठो
पास में जिसके कुछ भी नहीं आवाज़ लेके उठो
गाँव-गाँव से उठो, बस्ती-बस्ती से उठो
इस देश की सूरत बदलने के लिए उठो

दिलों में जब गुस्सा भरा हो, वेदना हो तो किस तरह साधारण से शब्द भी लय अख़्तियार कर लेते हैं, इसे मैंने हर जगह महसूस किया। लेकिन देवबन्द की औरतों के नारे—'मैं बाग़ी हूँ' में जो तेवर और ललकार थी, वह मानो अभी तक कानों में ज़िन्दा है। बड़े मज़े की बात थी कि इस नारे के रूप में लिखी गई नज़्म को काग़ज़ की छोटी-छोटी चिन्दियों पर लिखा गया था। यह मंज़र मैंने खुद देखा था मंच पर, जब सैकड़ों औरतें पूरे वेग से यह नज़्म दोहराते हुए आसमान को गुंजा रही थीं और सब ऐलान कर रही थीं कि वे देवबन्द की

शेरनियाँ हैं। जिस काग़ज़ के टुकड़े पर यह नज़्म लिखी गई थी, उस पर एक नाम भी दर्ज़ था—सलमा अहसन। और जब मैंने पूछा तो उन्होंने बताया कि सलमा ने तो लिखा है, पर यह हम सबके दिल की आवाज़ है। कितनी ताक़त इन चन्द लाइनों ने पैदा की, कि जब सबने एक साथ दोहराना शुरू किया तो लगा कि दिल्ली के हुक्मरानों को उनकी आवाज़ निश्चित ही टक्कर देगी...

मैं बाग़ी हूँ मैं बाग़ी हूँ

मैं बाग़ी हूँ मैं बाग़ी हूँ
इस दौर के तख़्त-ओ-ताजों से
जो ज़ुल्म की कोख में जनते हैं
इनसानी ख़ून से पलते हैं
जो नफ़रत की बुनियादें हैं
और ख़ूनी खेत की खादें हैं
मैं बाग़ी हूँ मैं बाग़ी हूँ
जो चाहे मुझ पर ज़ुल्म करो
वो जिनके होठों की जुम्बिश से
वो जिनकी आँख की लरज़िश से
क़ानून बदलते रहते हैं
और मुजरिम पलते रहते हैं
इन चोरों के सरदारों से
इंसाफ़ के पहरेदारों से
मैं बाग़ी हूँ मैं बाग़ी हूँ
जो चाहे मुझ पर ज़ुल्म करो
मेरे हाथों में हक़ का झंडा है
मेरे सर पर ज़ुल्म का फन्दा है
मैं मरने से कब डरती हूँ
मैं मौत की ख़ातिर ज़िन्दा हूँ
मेरे ख़ून का सूरज चमकेगा
तो बच्चा-बच्चा बोलेगा
मैं बाग़ी हूँ मैं बाग़ी हूँ

फ़ोटो : सर्वेश

इंडिया गेट की अनुकृति : अनगढ़ हाथों ने भी दिखाया हुनर

यकीनन ऐसी अनगिनत लाइनें औरतों ने प्रदर्शन में आकर, यहाँ बैठकर, यहाँ के बारे में सोचकर लिखी होंगी। अगर उन्हें हम इकट्ठा कर पाएँ तो निश्चित तौर पर कला-साहित्य के जगत् का यह अलग ही कैनवास बनेगा।

शाहीन बाग़ पर इंडिया गेट की एक छोटी-सी अनुकृति तैयार की गई थी। इसे बीच-बीच में सज़ाया-सँवारा जाता था। एक दिन मैंने ग़ौर किया कि एक नौजवान लड़की इसे रँगकर दुरुस्त करने में लगी हुई थी। लगा कि वह कोई पेशेवर कलाकार है—जब मैंने पूछा तो उन्होंने अपना नाम अफ़शां बताया और कहा कि वह जामिया में पढ़ती है। यहाँ आकर यह सब सीख रही है। इससे पहले तो कभी रंग को हाथ भी न लगाया था उन्होंने। "यहाँ आकर हम सब बहुत कुछ सीख रहे हैं।" शायद यही इस आन्दोलन की सबसे बड़ी सांस्कृतिक जीत रही।

शाहीन बाग़ ने भारतीय उपमहाद्वीप के दो अहम शायरों की नज़्मों को जिस तरह से दोबारा ज़िन्दगी दी, वह भी विस्मित करता है। ये शायर हैं—फ़ैज़ अहमद फ़ैज़ और हबीब ज़ालिब—इन दोनों शायरों को पाकिस्तान के शायर के बजाय भारतीय उपमहाद्वीप के शायर कहना दुरुस्त है, क्योंकि इनकी शायरी को ज़मीन, उसको खाद-पानी-आबोहवा इस पूरे इलाक़े से मिली है। यह भी ग़ज़ब संयोग रहा कि फ़ैज़ की नज़्म 'हम देखेंगे' 1979 में पाकिस्तान के तानाशाह शासक ज़िया उल हक़ को चुनौती देते हुए लिखी गई थी, जिसे आगे जाकर प्रतिरोध की एक मुकम्मल आवाज़ में तब्दील कर दिया था इक़बाल बानो ने 1985 में। ज़िया-उल हक़ ने पाकिस्तान में मार्शल लॉ लगा दिया था, काले रंग पर प्रतिबन्ध तक लगा दिया गया था। फ़ैज़ अहमद फ़ैज़ की पहली बरसी थी, जब इक़बाल बानो ने काली साड़ी पहनकर खचाखच भरे स्टेडियम में इसे गाया और ज़िया की तानाशाही को सीधे चुनौती दी। जिस तरह से 1979 की यह नज़्म दिसम्बर, 2019 से मार्च, 2020 तक चले शाहीन बाग़ों की बुलन्द आवाज़ बन गई, उससे यह भी स्थापित होता है कि कला को न तो सरहद में क़ैद किया जा सकता है और न ही किसी दौर में। वह ज़िन्दा रहती हैं—अवाम की आवाज़ बनकर।

ठीक इसी तरह से हबीब ज़ालिब की नज़्म थी जो उन्होंने 1962 में पाकिस्तान के सैन्य हुक्मरां जनरल अयूब खान द्वारा बनाए गए नए संविधान की मुख़ालफ़त में लिखी थी—दस्तूर। फ़ैज़ की ही तरह ज़ालिब भी ऐसे शायर

थे जो अपनी शायरी के लिए जेल भले ही चले गए, लेकिन उन्होंने कभी समझौता नहीं किया। उनकी वह नज़्म उस दौर में पाकिस्तान में बेइन्तहा मशहूर हुई और आधी सदी से ज़्यादा गुज़र जाने के बाद अब शाहीन बाग़ की भी आवाज़ बनी। जवाहरलाल नेहरू विश्वविद्यालय के छात्र शशिभूषण समद अपनी आँखों से देख तो नहीं पाते हैं, लेकिन उनके मन की आँखें बेहद पैनी नज़र रखती हैं। उनके द्वारा गाई गई यह नज़्म बेहद वायरल हुई और शाहीन बाग़ में तो हिट रही। जब वह आन्दोलन के समर्थन में यहाँ पहुँचे, तो उन्होंने गाया—'जंग की शुरुआत है, जब तक चले हम साथ हैं और दस्तूर तो फिर दस्तूर ही है।'

शास्त्रीय संगीत में अलग मुकाम बनानेवाले, रमन मैगसायसाय पुरस्कार से सम्मानित, कर्नाटक संगीत में पारंगत तमिलभाषी टी.एम. कृष्णा ने जब शाहीन बाग़ आकर चार भाषाओं में 'हम देखेंगे' गाया तो लगा मानो पूरा भारत ही यहाँ आ खड़ा हुआ हो। टी.एम. कृष्णा से मैंने शाहीन बाग़ और संस्कृति के सवाल पर लम्बी बातचीत की। इस बातचीत में कई अहम बिन्दु सामने आए।

कृष्णा का कहना था, "शाहीन बाग़ भारत की सच्ची आत्मा को प्रतिबिम्बित करता है। वहाँ जाकर बहुत कुछ सीखने को मिला और वहाँ जो देखा-सुना, वह हमेशा मेरे साथ रहेगा। इस तरह का अनुभव इससे पहले नहीं हुआ था। भारत की जो समृद्ध संस्कृति है, वह शाहीन बाग़ में सजीव थी। कोई भी आन्दोलन किस तरह से संस्कृति को देखता है, उसका क्या नज़रिया है, वह किस तरह से उससे रिश्ता रखता है, इससे उस आन्दोलन को समझा जा सकता है। शाहीन बाग़ आन्दोलन का अभिन्न हिस्सा था—कल्चर। यही इसे अलग मुकाम पर भी ले जाता है। एक तरफ़ बहुत ही आक्रामक व दो टूक राजनीतिक नैरेटिव शाहीन बाग़ भारत के राजनीतिक फ़लक पर स्थापित कर रहा था, साथ ही दूसरी तरफ़ उसने विविध संस्कृतियों, विभिन्न भाषाओं, विभिन्न कला रूपों को एक साथ खिलने का जो प्लेटफ़ॉर्म मुहैया कराया, उससे यह पता लगता है कि इसमें कितनी चुम्बकीय शक्ति थी।

"इस तरह का आन्दोलन हमारी पीढ़ी ने नहीं देखा था जहाँ औरतें ही औरतें हों, वह भी मुसलमान औरतें हो और उनके समर्थन में, उनके साथ बाक़ी तमाम लोग खड़े हों। सबके बीच बिलकुल ऑर्गेनिक रिश्ता था।

सब एक-दूसरे को परस्पर बल दे रहे थे। यहाँ परम्परागत आन्दोलन की राजनीति और सामाजिक बदलाव की राजनीति का एक नायाब मेल देखने को मिलता था।

"मैंने चार भाषाओं में 'हम देखेंगे' शाहीन बाग़ में गाया—हिन्दी, तमिल, मलयालम और कन्नड़। शाहीन बाग़ में दर्शकों में हिन्दी के अलावा इनमें से किसी भी और भाषा को समझनेवाले लोग नहीं थे। किसी को भी तमिल का एक शब्द नहीं आता होगा, लेकिन देखिए कि किस तरह से एक घंटे तक मैंने गाया और तमाम औरतों ने मेरा साथ दिया, किस तरह से तमाम औरतें ताली बजा-बजाकर मेरे पीछे गा रही थीं। यह देखना कितना सुखद था, इसे शब्दों में नहीं बयां किया जा सकता। मूल में थी भावना प्यार की। उन्हें पूरी तरह से पता था कि मैं चेन्नै—जो भारत के दूसरे कोने में है—से दिल्ली सिर्फ़ और सिर्फ़ सीएए के ख़िलाफ़ चल रहे इस आन्दोलन के साथ खड़ा होने आया हूँ। मुझ जैसे हज़ारों लोग आए और उन सबको इस आन्दोलन ने बाँहें खोलकर अपनाया। यहाँ तक कि विरोध में खड़े लोगों, नुकसान पहुँचाने के मक़सद से आए लोगों को भी शाहीन बाग़ में कोई नुकसान नहीं पहुँचाया गया। तमाम केस मैंने सुने, जहाँ प्रतिक्रियावादी सोचवाले लोग वहाँ हड़कम्प मचाने गए, यहाँ तक कि गोली भी चलाई, लेकिन आन्दोलन कर रही औरतों ने किसी के साथ दुर्व्यवहार नहीं किया। प्रेम से उनके साथ व्यवहार किया, लेकिन एक भी मिनट के लिए उनसे डरी नहीं, झुकी नहीं।

"यह है आन्दोलन की आत्मा, जो आनेवाले हर अनजाने का भी ऐसे स्वागत करती है, जैसे वह उसका अपना हो। यही स्पिरिट शाहीन बाग़ के समर्थकों की संख्या को लगातार बढ़ाती गई। कला को भी कितना विस्तार मिला शाहीन बाग़ से। मैंने तो फ़ैज़ की नज़्म को चार ही भाषाओं में गाया, पर मेरी जानकारी के मुताबिक़ इस नज़्म का आठ-नौ भाषाओं में अनुवाद हुआ है। हर तरफ़ इस गाने की धूम थी, जो प्रतिरोध के स्वर के रूप में इसे गा रहे थे।

"शाहीन बाग़ ने बहुत से मिथ भी तोड़े। इसने रास्ता दिखाया कि किस तरह से डर को हिम्मत में तब्दील किया जा सकता है। मानवता को बचाने के लिए सामूहिकता किस तरह से कितनी अहम भूमिका निभाती है, इसका भी प्रतीक शाहीन बाग़ बना। हर एक महिला को इस बात से ताक़त मिली

कि दूसरी महिला साथ खड़ी थी और सब की सब एक-दूसरे के बारे में कम-से-कम यह जानती थीं कि वे एक ही इलाक़े में रहती हैं। यह सामूहिकता ख़ौफ़ से लड़ने की ज़बरदस्त ताक़त देती है।

"कला और कलाकारों को शाहीन बाग़ ने बहुत सिखाया। जिसे हम क्लासिक संगीत या नृत्य या कला का कोई भी क्लासिकल फ़ॉर्म कहते हैं, वह बहुत एलीट दर्शकों-विशिष्ट श्रोताओं को ध्यान में रखकर तैयार होता है, जहाँ परफ़ॉर्मर बहुत ही सुरक्षित माहौल में होते हैं, लेकिन मुझे कला के इसी गार्डेड रूप या फ़ॉर्म से दिक़्क़त होती है। आख़िर क्यों आम जनता से दूरी रखनी? क्यों उनके दु:ख-दर्द, आँसू-खुशी को नज़रन्दाज़ करना? ये सारी चीज़ें बहुत ही सहजता से, सौम्यता से शाहीन बाग़ ने देश और दुनिया के सामने रखीं। कला यानी क्या और कलाकार यानी कौन... इसलिए तमाम कलाकारों-नागरिकों-इनसानों के लिए शाहीन बाग़ अनूठा अनुभव है और रहेगा।

"इस आन्दोलन ने असामान्य मज़बूती दिखाई, इसीलिए पूरी सहजता से इसका विस्तार होता ही गया। शाहीन बाग़ भारत की एक वृहद परिकल्पना को साकार कर रहा था। वह एक जगह नहीं रह गई थी, वह एक विचार में तब्दील हो गया था।"

'हम देखेंगे' नज़्म जब शाहीन बाग़ के प्रतीक गाने के रूप में उभरने लगी तो हुक्मरानों को तकलीफ़ होना तो लाज़िमी ही थी। इसे एंटी हिन्दू बता दिया गया। कानपुर आईआईटी में इस नज़्म को लेकर विवाद खड़ा किया गया। 17 दिसम्बर, 2019 को दिल्ली के जामिया में पुलिस बर्बरता के ख़िलाफ़ कानपुर आईआईटी में छात्रों के एक ग्रुप ने फ़ैज़ की यह नज़्म गाई थी। इस पर आईआईटी के एक फ़ैकल्टी मेम्बर ने इसे हिन्दू विरोधी करार दिया और इसके ख़िलाफ़ शिकायत की।[1] कानपुर आईआईटी ने तत्काल एक कमेटी का गठन किया, जिसको यह पता लगाने का काम दिया गया कि फ़ैज़ की यह नज़्म हिन्दू विरोधी है या नहीं। उल्लेखनीय यह भी है कि जिस फ़ैकल्टी मेंबर (वशीमन्त शर्मा) ने यह शिकायत की थी, उन्हें साम्प्रदायिक पोस्ट करने के कारण सोशल नेटवर्किंग साइट से पहले ही प्रतिबन्धित किया जा चुका था। बहरहाल, यह एक दिलचस्प वाक़या था कि 1979 में पाकिस्तान के तानाशाह ज़िया उल हक़ के ख़िलाफ़ लिखी

गई रचना पर आईआईटी कानपुर ने यह पता करने के लिए कमेटी बैठा दी कि वह क्या हिन्दू विरोधी है।[2]

आइए देखें कि यह नज़्म भला है क्या—

हम देखेंगे

लाज़िम है कि हम भी देखेंगे
वो दिन कि जिसका वादा है
जो लोह-ए-अज़ल में लिखा है
जब ज़ुल्म-ओ-सितम के कोह-ए-गरां
रूई की तरह उड़ जाएँगे
हम महकूमों के पाँव तले
ये धरती धड़-धड़ धड़केगी
और अहल-ए-हकम के सर ऊपर
जब बिजली कड़-कड़ कड़केगी
जब अर्ज़-ए-ख़ुदा के काबे से
सब बुत उठवाए जाएँगे
हम अहल-ए-सफ़ा, मरदूद-ए-हरम
मसनद पे बिठाए जाएँगे
सब ताज उछाले जाएँगे
सब तख़्त गिराए जाएँगे
बस नाम रहेगा अल्लाह का
जो ग़ायब भी है हाज़िर भी
जो मंज़र भी है नाज़िर भी
उट्ठेगा अन-अल-हक़ का नारा
जो मैं भी हूँ और तुम भी हो
और राज़ करेगी खुल्क-ए-ख़ुदा
जो मैं भी हूँ और तुम भी हो

ज़ाहिर है कि शाहीन बाग़ आन्दोलन से कम-से-कम यह तो ऐलान हो ही गया कि यह नज़्म आगे भी यूँ ही जुल्म ढानेवालों पर बिजलियाँ कड़कड़ाती रहेगी।

यहाँ एक और दिलचस्प वाक़या है। जब मैं सीएए के ख़िलाफ़ चल रहे आन्दोलनों को कवर करते हुए केरल पहुँची तो वहाँ कोझिकोड से 70 किलोमीटर दूर वानिमल पंचायत में हो रही सभा में भी मैंने 'हम देखेंगे' सुना। यह इलाक़ा पूरी तरह से मलयालम भाषी है, बहुत ही कम हिन्दी ज्ञान है यहाँ लोगों में, लेकिन जब यहाँ मंच से यह नज़्म गाई गई तो पूरे गाँव में धूम मच गई। इस गाने को यूथ लीडर शिबू मीरान ने हिन्दी में ज़बरदस्त स्वर और लय में गाया। जब वह मंच पर हाथ घुमा-घुमाकर और पैरों से थाप देते हुए '...धरती धड़-धड़ धड़केगी' कह रहे थे, तो श्रोता भी पैरों से थाप दे रहे थे। इस तरह से अलग-अलग भाषाओं में शाहीन बाग़ की आवाज़ बनकर फ़ैज़ देश-भर में फैल गए।

जब आन्दोलन सत्ता को चुनौती दे रहा होता है और उसका मुकाबला ताक़तवर हुक्मरानों से होता है तो उस कालखंड में जितने भी लफ़्ज़ क्रूर सत्ता या तानाशाहों के ख़िलाफ़ लिखे गए या गाए गए होंगे, वे सब यकबयक एक जगह इकट्ठा हो जाते हैं मानो यह चुम्बक है, जो तमाम लोहा अपने में चिपका लेता है। शाहीन बाग़ चुम्बक बनकर प्रतिरोध के तमाम गीतों-नारों-नाटकों-कविता-कहानी को अपनी ओर खींच रहा था।

हबीब ज़ालिब की 'दस्तूर' नज़्म भी जिस क़दर नौजवानों और विश्वविद्यालयों में हिट हुई, शायद ही किसी दौर में हुई हो। इसका टेक— '...मैं नहीं मानता, मैं नहीं मानता' नौजवान ख़ून के बग़ावती तेवर से मेल खाता है।

देखें 'दस्तूर' की चन्द लाइनें, जो इस दौरान ख़ूब दोहराई गईं—

ज़ुल्म की बात को, जेहल की रात को
मैं नहीं मानता, मैं नहीं मानता

फ़ूल शाख़ों पे खिलने लगे, तुम कहो
जाम रिन्दों को मिलने लगे, तुम कहो
चाक सीनों के सिलने लगे, तुम कहो

इस खुले झूठ को ज़ेहन की लूट को
मैं नहीं मानता, मैं नहीं मानता

तूमने लूटा है सदियों हमारा सुकूँ
अब न हम पर चलेगा तुम्हारा फुसूँ
चारागर मैं तुम्हें किस तरह से कहूँ

तुम नहीं चारागर, कोई माने मगर
मैं नहीं मानता, मैं नहीं मानता[1]

भारतीय उपमहाद्वीप के इन दो शायरों की नज़्मों के साथ सीएए के ख़िलाफ़ जमकर लिखा गया। कुछ कविताएँ-गीत तो हर जगह सुनने को मिलते थे, जैसे स्टैंड-अप कॉमेडियन, कवि-गीतकार और राजनीतिक व्यंग्य के प्लेटफ़ॉर्म 'ऐसी-तैसी डेमोक्रेसी' से जुड़े वरुण ग्रोवर की अन्तरराष्ट्रीय मंचों तक पहुँची यह कविता—

हम काग़ज़ नहीं दिखाएँगे

तानाशाह आके जाएँगे, हम काग़ज़ नहीं दिखाएँगे.
तुम आँसू गैस उछालोगे, तुम ज़हर की चाय उबालोगे
हम प्यार की शक्कर घोल के उसको गट-गट-गट पी जाएँगे
हम काग़ज़ नहीं दिखाएँगे

ये देश ही अपना हासिल है, जहाँ राम प्रसाद भी बिस्मिल है
मिट्टी को कैसे बाँटोगे, सबका ही ख़ून तो शामिल है
तुम पुलिस से लट्ठ पड़ा दोगे, तुम मेट्रो बन्द करा दोगे
हम पैदल-पैदल आएँगे, हम काग़ज़ नहीं दिखाएँगे

हम मंजी यहीं बिछाएँगे, हम काग़ज़ नहीं दिखाएँगे
हम संविधान को बचाएँगे, हम काग़ज़ नहीं दिखाएँगे
हम जन-गण-मन भी गाएँगे, हम काग़ज़ नहीं दिखाएँगे

तुम जात-पाँत से बाँटोगे, हम भात माँगते जाएँगे
हम काग़ज़ नहीं दिखाएँगे

---

1. https://kavitakosh.org/kk/%E0%A4%A6%E0%A4%B8%E0%A5%8D%E0%A4%A4%E0%A5%82%E0%A4%B0_/_%E0%A4%B9%E0%A4%AC%E0%A5%80%E0%A4%AC_%E0%A4%9C%E0%A4%BE%E0%A4%B2%E0%A4%BF%E0%A4%AC

इस कविता की यह पंक्ति—'हम काग़ज़ नहीं दिखाएँगे'—तो देश-भर में फैले शाहीन बाग़ों और सीएए-एनआरसी के ख़िलाफ़ चल रहे तमाम आन्दोलनों का नारा बन गई थी। इसमें एक तरफ़ तो एक अलग ढंग के 'सविनय अवज्ञा आन्दोलन' की गन्ध है, तो दूसरी तरफ़ देश पर दावेदारी भी—हम जन-गण-मन भी गाएँगे, हम काग़ज़ नहीं दिखाएँगे; और साथ ही है जाति भेदभाव को वर्ग की दृष्टि से पाटने की नज़र—तुम जात पात से बाँटोगे, हम भात माँगते जाएँगे।

आन्दोलन में शिरकत करनेवालीं, जी-जान लगानेवाली औरतें लिखने लगीं तो उनकी बोली से इंक़लाब निकला। लखनऊ में सीधे आदित्यनाथ की अधिनायकवादी सरकार से टकराते हुए औरतों ने अपना विरोध प्रदर्शन बेहद कठिनाइयों के बीच जारी रखा। घंटाघर में खुले आसमान और बिना लाइट के बैठी रहीं औरतें भीषण कड़कड़ाती ठंड और बारिश में नारों की गूँज से गर्मी पैदा करती रहीं। यही माहौल लखनऊ के उज़रियाँव गाँव में भी था। यहाँ से जो प्रतिभाएँ सामने आईं, वे ज़बरदस्त थीं और उनकी मिसाल हमेशा कायम रहेंगी।

रुबीना अयाज़ खुद को पेशेवर शायर के तौर पर पेश करती हैं। महज़ 28 साल की इस नौजवान शायर ने बताया कि वह तीन सालों से मुशायरों में जा रही हैं और राष्ट्रीय मंचों पर भी शिरकत कर चुकी हैं। उनकी एक नज़्म—'इंक़लाब' लखनऊ भर में बहुत सराही गई—

इंक़लाब

ज़ुबां कह रही है, यह लब कह रहे हैं
यह मैं कह रही हूँ, यह सब कह रहे हैं
नहीं डर किसी का जनाब...
इंक़लाब इंक़लाब इंक़लाब
इंक़लाब इंक़लाब इंक़लाब

तिरंगे को हमने कफ़न है बनाया
सरों पर इसे फिर है हमने सजाया
गांधी के रस्ते हम चल रहे हैं
जिन्होंने यह भारत है सबका बताया

बचाने को अपने इसी मुल्क हो हम
पहनकर के निकले नकाब
इंक़लाब इंक़लाब इंक़लाब
इंक़लाब इंक़लाब इंक़लाब

(आज जो तानाशाह बने बैठे हैं उनके लिए)

काले क़ानून की आग तुमने लगाई
अपनी ही इज़्ज़त खुद तुमने गँवाई
लाठी और गोली भी तुमने चलाई
बेगुनाहों की लाशें भी तुमने बिछाई
इस ख़ाकी वतन पर, लहू जो है टपका
वो तुमसे है माँगे हिसाब
इंक़लाब इंक़लाब इंक़लाब
इंक़लाब इंक़लाब इंक़लाब

(हम अपने किरदार को उस तानाशाहों तक पहुँचना चाहते हैं)

दिलों का हमारे अरमां देख लो तुम
सन् '47 का हिन्दुस्तान देख लो तुम
हम झाँसी हैं रज़िया हैं हज़रत महल हैं
मिटा न सकोगे निशां देख लो तुम
यह क़ानून काला मिटाकर के हम सब
फिर लिखेंगे तारीख़ी किताब
इंक़लाब इंक़लाब इंक़लाब
इंक़लाब इंक़लाब इंक़लाब

इसी तरह से घंटाघर में जब युवा कवि और फ़ोटो जर्नलिस्ट काविश अज़ीज़ लेनिन ने अपनी नज़्म पढ़ी—'निकल पड़ी है बेटियाँ' तो वह ख़ूब वायरल हुई। इसका जो चुनौती देनेवाला अन्दाज़ है, वह ख़ौफ़ के साये को चकनाचूर करनेवाला था। उत्तर प्रदेश में जिस तरह का कहर तमाम धरना-प्रदर्शन स्थलों पर राज्य सरकार ने बरपा किया था, उसका सामना

करने का जो साहस इन लड़कियों-औरतों ने दिखाया, उसमें ऐसी नज़्म यहीं से फूट सकती थी...

तुम लगाओ हथकड़ी
तुम चलाओ लाठियाँ
अब मनाओ ख़ैर तुम
निकल पड़ी हैं बेटियाँ।

सियासतों की आड़ में
जो ज़ुल्म तुमने ढाए हैं
रवायतों को तोड़कर
निकल पड़ी हैं बेटियाँ।

न डर पुलिस का है इन्हें
न वर्दियों का ख़ौफ़ है
तुम्हारा तख़्त तोड़ने
निकल पड़ी हैं बेटियाँ

मकान छीन लोगे तुम
दुकान छीन लोगे तुम
तुम्हारे डर को रौंदने
निकल पड़ी हैं बेटियाँ।

लिबास में ही ढूँढ़ते
रहोगे नाम, धर्म तुम
यहाँ तिरंगा ओढ़कर
निकल पड़ी हैं बेटियाँ।

ये देहली की शाहीन हैं
ये लखनऊ की ज़ीनतें
सँभालने को मोर्चा
निकल पड़ी हैं बेटियाँ।

लगाओ जितने लांछन
लगाना है लगा ही लो

ये गालियाँ नकार कर
निकल पड़ी हैं बेटियाँ

चुराके कम्बलों को तुम
बिछौना छीन लेते हो
कराके रौशनी को गुल
उजाला छीन लेते हो

कभी हो मारते इन्हें
कभी हो कोसते इन्हें
इन आदतों पे थूक कर
निकल पड़ी हैं बेटियाँ!

शाहीन बाग़ की धरती की तपिश इतनी अधिक थी कि उसने अनगिनत फूल खिलाए, लाखों को हौसला दिया। रोज़ शाम कला के नाम होती थी शाहीन बाग़ में। स्थानीय कलाकारों से लेकर देश के कोने-कोने से नामचीन कलाकार तक यहाँ आकर परफ़ॉर्म करते और लोकतंत्र के प्रति अपनी निष्ठा को दोहराते थे।

फ़ोटो : सर्वेश

शाहीन बाग़ में 2 फरवरी से 7 फरवरी तक 'साम्प्रदायिकता के ख़िलाफ़ कलाकार' का आयोजन किया गया, जिसमें तमाम बड़े कलाकारों ने शिरकत की। इनमें कर्नाटक संगीतकार टी.एम. कृष्णा के अलावा हिन्दुस्तानी क्लासिकल गायिका शुभा मुद्गल, विख्यात सूफी गायक मदन गोपाल सिंह, गीतकार प्रतीक कुहाड, लोकप्रिय पीटर कैट रिकॉर्डिंग कम्पनी, संगीतकार अंकुर तिवारी और सबा आज़ाद, रैपर सुमित रॉय सहित अनेक लोग शामिल थे। चार फरवरी को गायिका शुभा मुदगल ने हबीब ज़लिब की नज़्म—दस्तूर को गाया और साथ ही गोरख पांडेय के क्रान्तिकारी गीत 'इंक़लाब का गीत : हमारी ख़्वाहिशों का एक नाम इंक़लाब है' भी गाया।

शुभा ने कहा, "मैं इस ऐतिहासिक आन्दोलन के साथ अपनी एकजुटता जताना चाहती थी और मेरे पास सिर्फ़ यही ज़रिया था कि मैं अपनी आवाज़ के माध्यम से उनके साथ खड़ी हो जाऊँ। वहाँ जाना ही अपने आप में बिलकुल अलग अनुभव रहा, अलग ढंग की ऊर्जा मिली। हमें अपने परफ़ॉर्मेंस के लिए अलग ढंग के माहौल की आदत होती है। शाहीन बाग़ में न तो कोई स्टेज था, न लाइट और साउंड की अच्छी व्यवस्था थी...लेकिन देखिए, सब एक साथ सुनने को कितने आतुर थे? हम सब लोग अलग-अलग पृष्ठभूमि के थे, लेकिन हम सब साथ थे। यही शाहीन बाग़ की ख़ासियत थी, यही हमारा सच्चा भारत है।"

यहाँ यह समझने की ज़रूरत है कि ये तमाम नामचीन कलाकार शाहीन बाग़ की हिफ़ाज़त में उतरे थे। इसके फ़लक को और व्यापक बनाने के लिए ही उन्होंने अपने आयोजन को 'साम्प्रदायिकता के ख़िलाफ़ कलाकार' नाम दिया था। दरअसल 2 फरवरी, 2020 को हिन्दू सेना सहित कई दक्षिणपंथी ताक़तों ने यह घोषणा की थी कि वे शाहीन बाग़ को हटा देंगी। इसके ख़िलाफ़ कलाकारों को जुटाने के काम में सक्रिय हुईं कुशा कपिला, जो नेटफ्लिक्स स्टार होने के साथ-साथ कॉमेडी स्केच परफ़ॉर्मर और कंटेंट क्रिएटर हैं। कुशा कपिला का नाम उन लोगों में शुमार है, जो लम्बे समय से सीएए की मुख़ालफ़त खुलकर करती रही हैं। उन्होंने इस फ़ेस्टिवल को आयोजित करने में पूरा ज़ोर लगा दिया। इसमें 'गली बॉय' फ़िल्म के म्यूजिक डायरेक्टर अंकुर तिवारी, रॉक बैंड अद्वैत, राजस्थान का लोक कलाकार समूह कुतले खान, पीटर कैट रिकॉर्डिंग कम्पनी और रॉक बैंड 'मूँगफली' शामिल थे।[1]

1. https://thewire.in/rights/stars-artists-caa-protest-shaheen-bagh-festival

दरअसल, तमाम कलाकारों और देश के प्रगतिशील-वामपंथी खेमे के लिए भी यह चुनौती का विषय बन गया था कि कैसे आन्दोलन को ज़्यादा-से-ज़्यादा व्यापक बनाया आए और हमलों से बचाया जाए? इसमें कलाकारों की यह कोशिश बहुत हद तक सफल रही।

दिल्ली के शाहीन बाग़ ने उन तमाम औरतों के लिए भी अलग रास्ता खोजा, एक प्लेटफ़ॉर्म मुहैया कराया जो इससे पहले तक घर या अपने कामकाज में मसरूफ़ रहती थीं। इन्हीं में से एक थीं इसी इलाक़े की 60 वर्षीय महिला डॉक्टर डॉ. ज़रीन हलीम। ऐसी कई बच्चियाँ-बच्चे धरना स्थल पर बैठे थे जिनकी माँओं की डिलीवरी उन्होंने ही कराई थीं। हलीम वहाँ 'हेल्थ केयर मेडिकल सेंटर' नाम से एक जच्चा-बच्चा अस्पताल चलाती हैं। वह एक दिन अपनी नज़्म पढ़ने पहुँची और भीड़ ने खुलकर उनका इस्तक़बाल किया—

तू सबसे अलग तू सबसे जुदा
एक आग है तू जज़्बात है तू
नाज़ुक भी तू फ़ौलाद भी तू
इंसाफ़ की एक आवाज़ है तू
शाहीन की एक परवाज़ है तू
हस्सास भी है होशियार भी है
मासूम भी है ख़ूँख्वार भी है
अंज़ाम से तू वाक़िफ़ होकर
भी जंग का एक ऐलान है तू
बिन्ते हव्वा की औलाद है तू
आदम से निकली आग है तू
नाज़ुक कहकर अपमान न कर
नादान समझने की भूल न कर
तू ग़ैरत भी है इज़्ज़त भी
तू हक़ पे अपने क़ायम भी
घर में अपनी मर्ज़ी से क़ैद है तू
घर के बाहर तूफ़ान है तू
बजा हुक्म की तामील करी
बेज़ा हुकूमत को ठुकराया

बच्चे को केवल जना नहीं
नस्लों के हक़ की बात भी की
तुम चाहे कितने अनजान बनो
कानों को अपने बन्द कर लो
इनके आगे झुकना होगा
अभिमान को अपने तजना होगा
प्राणों की आहूति देकर भी
नारों से अपने दहलाएँगी यह
आग़ाज़ भी है अंज़ाम भी है
यह केवल एक शाहीन नहीं
शाहीन बाग़ की आग है यह
पूरे भारत की आवाज़ हैं यह
चिनगारी नहीं अब मशाल हैं यह

उनकी लम्बी नज़्म की ये चन्द लाइनें धरने पर बैठी हरेक औरत की कहानी थी। एक-एक लफ़्ज़ सीधे उन तक पहुँच रहा था, क्योंकि यह उन्हीं के भीतर से पनपा था। ऐसी अनगिनत नज़्में-गीत-कविताएँ शाहीन बाग़ की ज़मीं पर निसार हो रहे थे। हिन्दी की कवि शोभा सिंह की कविता—'ये मिट्टी दस्तावेज़ हमारा' शाहीन बाग़ और इस पूरे आन्दोलन के विभिन्न पहलुओं को बहुत ही बारीक ढंग से पकड़ती है और खोल कर रखती है। उन्होंने भी इस कविता का पाठ यहाँ किया और दादियों-नानियों की ख़ासी दा'द बटोरी...

आज़ादी मिलने के बाद
एक नया बेमिसाल
इतिहास
रचा जा रहा था
बेख़ौफ़ आज़ादी का नया स्क्वायर (घेरा)
दमन के ख़िलाफ़
फ़ासीवाद के नंगेपन और
इनसान विरोधी काले क़ानूनों के ख़िलाफ़
पहली बार घरों से निकल
चौबीस घंटे चलनेवाले धरने में आईं

ज़बरदस्त ढंग से व्यवस्थित किया
घर और बाहर का काम
सामने एक ऐसी दुनिया थी
जिसमें अपनी नई पहचान बनानी थी
तय करना था अपना मुकाम...
...ये देश हमारा है, साझी विरासत
हम उतने ही भारतीय हैं जितने तुम
छांटना बन्द करो
इसी मिट्टी में दफ़न हैं हमारे पुरखे
यही मिट्टी
दस्तावेज़ है हमारा

नौजवानों की सृजनशीलता को तो मानो नई उड़ान ही मुहैया करा दी थी शाहीन बाग़ ने। उनकी आक्रामक लेखनी, उनकी प्रस्तुति का आकर्षक तरीक़ा लोगों को न सिर्फ़ दीवाना बना रहे थे, बल्कि सत्ता से सीधे-सीधे तर्क करने का लोकतांत्रिक माहौल भी बना रहे थे। किसी भी कला के लिए सबसे बड़ी चुनौती यही होती है कि वह मौज़ूदा हालात में कैसे दख़ल देती है—एक हस्ताक्षर की तरह या फिर लीपा-पोती करनेवाले छद्म मरहम की तरह? वर्तमान सन्दर्भ में कहें तो क्या वह सीधे चुभते हुए सवाल मोदी-अमित शाह की सरकार से करती है?

शायद आमिर अज़ीज़ की यह नज़्म जिस तेवर के साथ देश-भर में घूमी है, उसने सही मायनों में युवाओं के दिलों के सुलगते सवालों को सत्ता के गलियारों में उछाला था...

सब याद रखा जाएगा, सब कुछ याद रखा जाएगा

तुम्हारी लाठियों और गोलियों से जो क़त्ल हुए हैं
मेरे यार सब, उनकी याद में दिलों को बरबाद रखा जाएगा
सब याद रखा जाएगा

तुम स्याहियों से झूठ लिखोगे, हमें मालूम है
हो हमारे ख़ून से ही हो सही, सच लिखा जाएगा
सब याद रखा जाएगा

...हमीं पे हमला करके, हमीं को हमलावर बताना
सब याद रखा जाएगा, सब कुछ याद रखा जाएगा

यह भी याद रखा जाएगा कि किस-किस तरह से तुमने
वतन को तोड़ने की साज़िशें कीं

यह भी याद रखा जाएगा कि किस-किस तरह से हमने
वतन को जोड़ने की ख़्वाहिशें कीं

जब कभी भी ज़िक्र आएगा जहाँ में दौर-ए-बुज़दिली का
तुम्हारा नाम याद रखा जाएगा

जब कभी भी ज़िक्र आएगा जहाँ में तौर-ए-बुज़दिली का
हमारा नाम याद रखा जाएगा

हमारा नाम याद रखा जाएगा कि कुछ लोग थे
जिनके इरादे टूटे नहीं थे लोहे की हथौड़ियों से
कुछ लोग थे जिनके ज़मीर बिके नहीं थे
इज़ारेदारों की कौड़ियों से
कुछ लोग थे जो टिके रहे थे
तूफ़ान-ए-नूह के गुज़र जाने के बाद तक
कुछ लोग थे जो ज़िन्दा रहे थे
अपनी मौत की ख़बर आने के बाद तक

...तुम काला कमल लिखो, हम लाल गुलाब लिखेंगे
तुम ज़मीं पे ज़ुल्म लिख दो, आसमान पे इंक़लाब लिखा जाएगा
सब याद रखा जाएगा, सब कुछ याद रखा जाएगा

ताकि तुम्हारे नाम पर लानतें भेजी जा सकें
ताकि तुम्हारे मुजस्समों पर कालिख़ें पोती जा सकें
तुम्हारे नाम तुम्हारे मुजस्समों को आबाद रखा जाएगा
सब याद रखा जाएगा, सब कुछ याद रखा जाएगा

यह नज़्म लोगों की जुबान पर ऐसी चढ़ी कि लोगों के रोज़मर्रा के जीवन में आपसी संवाद तक का हिस्सा बन गई थी।

युवा कवि आमिर की कविता में सिर्फ़ दुःख नहीं है। उसमें आक्रोश है, गुस्से का उफनता हुआ सैलाब है, जो किसी भी सूरत में सत्ता के हर झूठ को बेनक़ाब करने पर उतारू है। आमिर यहाँ तक पहुँच जाते हैं कि क़त्ल हो जाने के बाद भी वे भूत बनकर क्रूर सत्ता से दो-दो हाथ करते रहेंगे।

तुम हमें क़त्ल कर दो, हम बनकर भूत लिखेंगे
तुम्हारे क़त्ल के सारे सबूत लिखेंगे
तुम अदालतों से चुटकले लिखो, हम दीवार पे इंसाफ़ लिखेंगे
बहरे भी सुन लें इतने ज़ोर से बोलेंगे

यह जो धारदार व्यंग्य है, चुनौती है, वह अलग-अलग शेड्स में सामने आई है। इसका सीधा रिश्ता आन्दोलन की धार और उससे पैदा हुई ऊर्जा से है।

तमाम जगहों पर ख़ूब नाटक भी खेले गए। लड़कियों-औरतों ने भी ख़ूब नाटक बनाए और खेले। बहुत जगहों पर इन नुक्कड़ नाटकों को उपद्रवी तत्त्वों का विरोध भी झेलना पड़ा। दिल्ली में शाहीन बाग़ में तमाम नाटक टीमें पहुँचती रहीं, समर्थन में गीत और नाटक पेश करती रहीं। 'अस्मिता' ग्रुप के अरविन्द गौड़ अपनी टीम के साथ यहाँ खड़े रहे। जब उनकी लम्बी-चौड़ी टीम यहाँ पहुचकर ढपली बजाना शुरू करती थी, तो औरतों के अन्दर आस जागती थी, कि अब जोश की धार बहेगी। बहुत-सी नौजवान लड़कियाँ खड़ी होकर ताली बजातीं, साथ-साथ नारे दोहराती।

अरविन्द गौड़ का कहना था, "शाहीन बाग़ एक गांधीवादी शान्तिपूर्ण प्रदर्शन है जो बाबासाहेब भीमराव आंबेडकर के संविधान को बचाने के लिए चल रहा है। बतौर कलाकार, इसके साथ खड़े होना हमारा धर्म है, हम भारतीय नागरिक के तौर पर संविधान की रक्षा के लिए प्रतिबद्ध हैं। हमारी टीम के सदस्यों ने भी बहुत सीखा, कैसे ज़रूरी सवालों को बिना ख़ौफ़ खाए कलात्मक ढंग से रखा जाता है। टीम की लड़कियाँ आन्दोलनकारी औरतों के साथ बैठकर बातचीत करती हैं, उनके अनुभव से सीखती हैं, समाज को समझने की कोशिश करती हैं।"

उधर, पटना में अलग ढंग का अनुभव देखने को मिला, जहाँ नाटक करनेवाली एक टीम पर हमला करने की कोशिशें हुईं और नाटक कर रही

लड़कियों को निशाने पर लिया गया। बिहार की एक सांस्कृतिक टीम है 'कोरस', जो एक महिला प्रधान सांस्कृतिक टीम है और 8 मार्च, 2016 से लगातार सक्रिय है। इसने बिहार में चल रहे सीएए के ख़िलाफ़ प्रदर्शनों में सीधा हस्तक्षेप करते हुए 15 मिनट का एक नाटक बनाया—'कौन है बे'। इसे तैयार किया 'कोरस' टीम की प्रमुख समता राय ने। यह पुनीत शर्मा द्वारा रचित कविता 'कौन है बे' पर आधारित है। 31 जनवरी, 2020 से इस नुक्कड़ नाटक का शो शुरू हुआ और पूरे फरवरी माह चला, रोज़ाना कम-से-कम तीन शो हुए। शो करने के दौरान भी ख़ूब कोहराम मचता रहा।

समता ने बताया कि किस तरह से 27 जनवरी को जब 'कोरस' टीम पटना के कंकड़बाग बस स्टॉप के पास 'कौन है बे' नाटक का मंचन कर रही थी, तो किस तरह से उपद्रवी तत्त्वों ने उन्हें घेर लिया और तंग करना शुरू कर दिया। वे चिल्लाने लगे, "ये आ गई शाहीन बाग़ वालीं, देश को तोड़नेवालीं"। ये उपद्रवी तत्त्व 'कोरस' टीम के सदस्यों से उनका आधार कार्ड माँगने लगे, दबंगई करने लगे और भीड़ को भड़काने में लग गए। नाटक की टीम में दो-तीन लड़के भी थे। लड़कों को पीछे करते हुए 'कोरस' की लड़कियों ने इन उपद्रवी तत्त्वों से सीधा मोर्चा लिया। उन्हें मुँहतोड़ जवाब दिया।

समता ने बताया कि अगर हम लड़कियों ने मोर्चा न लिया होता तो निश्चित तौर पर मारपीट होती। ये लोग चाहते यही थे। इसी तरह की वारदात पटना सिटी में भी नाटक की प्रस्तुति के दौरान हुई। समता का कहना है कि शाहीन बाग़ को लेकर तमाम मीडिया चैनलों और सोशल मीडिया पर इतना नकारात्मक प्रचार किया गया है कि लोग बस यही कहकर हमला कर देते थे कि ये शाहीन बाग़ वाली हैं। तमाम जोखिमों को उठाते हुए 'कौन है बे' नाटक के 200 से अधिक मंचन हुए।

इस छोटे-से नाटक का यह अंश ग़ौरतलब है—

लड़की दो : ठीक उसी तरह यह एनपीआर एनआरसी में पूरा देश लाइन में लगेगा...घुसपैठिया निकालने के जो कह रहे हैं, नोटबन्दी की तरह इससे भी कुछ नहीं निकलेगा। मारे जाएँगे फिर ग़रीब।

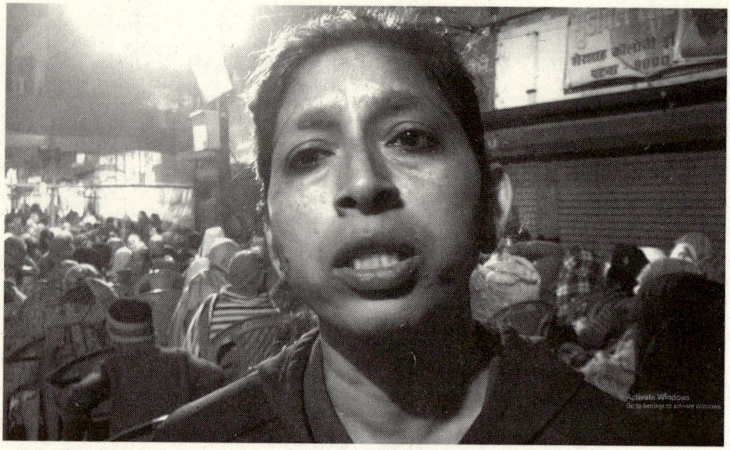

समता, पटना की सांस्कृतिक टीम 'कोरस' की प्रमुख

लड़की तीन : कब तक देशप्रेम दिखाने के लिए हम यूँ ही लाइन में लगते रहेंगे?

लड़की दो : इनकी बात सुनकर सब सहते रहो तो देशभक्त...सवाल पूछ लो तो देशद्रोही...

लड़की एक : अरे, न शिक्षा है न रोज़गार है; ऊपर से महँगाई की मार। 'बेटी पढ़ाओ बेटी बचाओ' का झूठा व्यवहार है...

लड़का दो : विकास का दल्ला है ग़रीबों पर वार...मज़हब के नाम पर नागरिकता का अधिकार है

लड़की एक : सवाल के जवाब में लाठी और जेल है। ऐसे ही चलाओगे यह जो हमारा देश है...

लड़की तीन : सड़क पर है जनता हर जगह है शाहीन बाग़, तुम कहते रहे देशद्रोही, हम ही हैं असली हिन्दुस्तान...

इस तरह के छोटे-बड़े प्रयोग देश-भर में हुए और इन नुक्कड़ नाटकों ने सीधे-सीधे जनमानस के पास पहुँचकर नागरिकता के सवाल हो रही धर्म आधारित राजनीति को खुलकर रखने की कोशिश की। पहली बार

यह देखने को मिला कि तमाम कला रूप अपनी-अपनी तरह से भारत की अवधारणा—आइडिया ऑफ़ इंडिया—को परिभाषित करने में लगे हुए थे।

दुनिया-भर में तमाम अहम आन्दोलनों का यह इतिहास रहा है कि उनके साथ एक अलग सांस्कृतिक धारा भी विकसित हुई। हर बड़े आन्दोलन का प्रभाव विश्व भर के साहित्य पर दिखाई दे जाता है। जब कभी कहीं बड़े आन्दोलन हुए, उन्होंने साहित्य को अपनी नई रचनाशीलता से समृद्ध किया। इसका प्रभाव इतना तगड़ा रहा है कि उस दौर की रचनाशीलता को उस आन्दोलन से जोड़कर देखा जा सकता है—चाहे वह मैक्सिम गोर्की की रचनाएँ हों या फिर भारत के नक्सलबाड़ी आन्दोलन से प्रभावित रचनाएँ—सब बड़े सांस्कृतिक फलक पर तत्कालीन सामाजिक यथार्थ को प्रतिबिम्बित करती हैं। नौजवानों की मौजूदा पीढ़ी ने जिस तेवर के साथ सीएए, एनआरसी, एनपीआर के बहाने लोकतंत्र के बुनियादी स्वरूप पर अपनी दावेदारी ठोंकी है, वह भी अभूतपूर्व है। एक ताज़े झोंके की तरह आईं हैं ये कविताएँ, जिनकी अपनी निज भाषा है, अलहदा किस्म का व्यंग्य और मार है। इन कविताओं में अनगढ़पन का सलोना सौन्दर्य है।

पुनीत शर्मा ने अपनी कविता 'तुम कौन हो बे' में नागरिकों को सम्प्रभु बताते हुए सीधे कहा है कि वतन से रिश्ते के लिए नागरिकों को किसी सरकार से ठप्पे की ज़रूरत नहीं। यह कविता—खूब पढ़ी और सराही गई। इसकी बुनियाद में यह विचार है कि लोग सरकारों को चुनते हैं, सरकार नागरिकों को नहीं चुन सकती। यह कविता इस प्रकार है—

तुम कौन हो बे

हिन्दुस्तान से मेरा सीधा रिश्ता है,
तुम कौन हो बे
क्यूँ बतलाऊँ तुमको कितना गहरा है, .
तुम कौन हो बे

तुम चीख़ो तुम ही चिल्लाओ
काग़ज़ ला-लाकर बतलाओ
पर मेरे कान न खाओ तुम

बेमतलब ना गुर्राओ तुम
ये मेरा देश है

इस देश से मेरा रिश्ता क्या
जो अब भी नहीं समझ पाए
तो कुछ भी आगे मत पूछो
तुम कैसे समझोगे आख़िर
ये प्रेम की बातें हैं ऊधो

हिन्दुस्तान से मेरा सीधा रिश्ता है,
तुम कौन हो बे
क्यूँ बतलाऊँ तुमको कितना गहरा है,
तुम कौन हो बे

ऐसी तमाम रचनाएँ शाहीन बाग़ की आग को अपनी-अपनी तरह से सम्प्रेक्षित करते हुए, देश पर छाए बड़े संकट की शिनाख़्त करती नज़र आती हैं। इनमें एक आह्वान है और एक वैकल्पिक नेरेटिव बनाने की दमदार कोशिश नज़र आती है। कवि पत्रकार मुकुल सरल ने इस आन्दोलन को हिन्दुस्तां को बचाने की लड़ाई की संज्ञा दी..

ये हिन्दुस्तां बचाने की लड़ाई है

उठो यारो...दुहाई है...दुहाई है
बड़ी मुश्किल घड़ी ये सर पे आई है
ये हिन्दू और मुसलमां का न मसला है
ये हिन्दुस्तां बचाने की लड़ाई है

ये सीएए अकेला भी बुरा है सुन
ये एनपीआर धोखा है, छुरा है सुन
गले मिलते हैं जब एनआरसी से ये
तो बन जाती भयंकर एक बुराई है

शाहीन बाग़ के इर्द-गिर्द या इसके प्रभाव में पैदा हए कला-साहित्य में अलग ढंग का देशप्रेम है। यह देशप्रेम दक्षिणपंथी प्रलाप के बरक्स मिट्टी की गन्ध को अपना कवच बनाकर खड़ा हुआ। एक बड़ी बात यह भी है कि इन कविताओं में सीधे संवाद करने की ताक़त और सहजता है, इनके बिम्ब भी अपारम्परिक हैं। ये तमाम कवि-लेखक दुश्मन के खेमे से कोई भी औज़ार या कथन उधार नहीं लेते, इनकी गहरी आस्था समानता और बन्धुत्व में हैं।

अज़मल ख़ान ने सीधे-सीधे लिखा—'लिखो मैं हिन्दुस्तानी हूँ' और साथ ही अपना नाम और धर्म, दोनों ही बताया। इस तरह से मुसलमान होने के कारण ख़ौफ़ भरने की जो शातिर कोशिश मोदी सरकार करती आ रही है, यह उसे चिन्दी-चिन्दी करनेवाला जवाब है—

लिखो,
मैं हिन्दुस्तानी हूँ.
आगे लिखो,
मेरा नाम अज़मल है.
मैं मुसलमान हूँ,
और भारत का नागरिक भी.
घर पे हम सात जन हैं
सब जनम से हिन्दुस्तानी,
काग़ज़-पत्तर दिखाएँ?

लिखो,
मैं हिन्दुस्तानी हूँ.
मैं मप्पिला हूँ,
मेरे पूर्वज अछूत कहे जाते थे
तुम्हारी भाषा में.
मनु के नाम का थप्पड़ खाकर
उन्होंने अपना नाम बदला
तब जाकर अज़मत पाई
सदियों बाद

लेकिन तुम्हारे विचारकों के
पूर्वजों के जनम से भी पहले.
आपको शक़ है क्या?

...लिखो,
मैं हिन्दुस्तानी हूँ.
ये मेरी धरती है
मैं यहीं पैदा हुआ
और यहीं मरूँगा
तो ऐसा करो
लिख दो साफ़
बड़े मोटे शब्दों में
अपने एनआरसी के काग़ज़ पर
मैं हिन्दुस्तानी हूँ।

ऐसे माहौल में जहाँ 'भारत माता की जय' और 'वन्दे मातरम्' का जयकारा लगाकर भगवा राष्ट्रवाद को सब पर थोपने की क़वायद साम-दाम-दंड के बूते की जा रही है, ये कविताएँ नए तरह के प्रतिरोध को सामने रखती हैं।

किस तरह से यह क़ानून हिन्दुस्तान में रह रहे मुसलमानों की नागरिकता को एक झटके में सन्देहास्पद साबित करने की दूरगामी रणनीति का हिस्सा है, और इससे जो ठेस पहुँची है उसे पूरे दर्द के साथ बयां किया गया है। इस हिन्दुस्तान-इसकी मिट्टी से रू-ब-रू होते हुए रहमान ख़ान ने लिखा—

यह मिट्टी है मगर इसको कभी मिट्टी नहीं कहना
यह मिट्टी जान है मेरी यही पहचान है मेरी

यह मिट्टी रिज़्क़ है मेरा, यह मिट्टी इश्क़ है मेरा
यही निर्माण है मेरा, यह हिन्दुस्तान है मेरा

लेकिन, उसमा ज़ाक़िर ने अपनी 'शाहीन बाग़' कविता में एक सपना बुना, नई सुबह, नए भारत का...

शाहीन बाग़

बड़ी ही नाज़ुक हैं उँगलियाँ ये
हर एक नारे में उठ रही हैं
मगर चमत्कार हो रहा है
हज़ारों ज़हनों से बुज़दिली
इनके एक इशारे में धुल रही है
हज़ारों ज़हनों की बर्फ़ अचानक ही
क़तरा-क़तरा पिघल रही है

बदन भी फ़ौलाद का नहीं ये
जो सर्द रातों में रास्ते पर पड़ा हुआ है
जो ज़ुल्म के रास्ते का पत्थर बना हुआ है
बस एक ज़िद पर अड़ा हुआ है
के नफ़रतों की नज़र का
तिनका बना रहेगा
अभी डटा है सदा रहेगा

तमाम जागी हुई निगाहें में जल रहे हैं
चराग ख़्वाबों के
जिनकी लौ सर्द रात के मन में
एकता का अलाव रौशन किए हुए है
के उनके दिल में धड़क रहा है
नए उजालों का सुर्ख़ सपना
के उनके कानों में आ रही है
नए सवेरों के नर्म क़दमों
की मद्धम आवाज़

शाहीन बाग़ में जो नारे लग रहे थे, वे अपने आप में इतने काव्यात्मक थे, इतने लयबद्ध थे कि लगता था मानो एक नज़्म पढ़ी जा रही है। मिसाल के तौर पर, शाहीन बाग़ की औरतों ने गोली चलानेवाली घटना के अगले दिन पोस्टर लगाया— *फूल बरसाओ सारों पर, देश के प्यारों पर।* या फिर

उत्तर प्रदेश के देवबन्द में औरतों का वह पसन्दीदा नारा *संविधान बचाने निकले हैं, आओ हमारे साथ चलो, हम इस मुल्क को बचाने निकले हैं, आओ हमारे साथ चलो, अरे हाथों में तुम हाथ ले चलो, सब साथ चलो!*

शाहीन बाग़ से प्रेरित होकर लिखी गई हरेक रचना में इंक़लाब की तपिश सहज ही महसूस की जा सकती है। डॉ. तारिक अली ने इसे यूँ दर्ज़ किया है—

मैं शाहीन बाग़ हूँ

सियाह रात में सर्द हवाओं का जुनून
हैरत बढ़ा रहा है ये हुजूम पुर सुकून
मौसम-ए-ख़िज़ा में बहार देख रहा हूँ
मैं शाहीन बाग़ हूँ इंक़लाब देख रहा हूँ
तालीम के मरकज़ में भी आहो-फ़ुग़ा
इल्म के लश्कर भी निकल आए यहाँ
क़लम के हाथों में अलम देख रहा हूँ
मैं शाहीन बाग़ हूँ इंक़लाब देखा रहा हूँ

मशहूर शायर राहत इन्दौरी का यह शे'र तो मानो शाहीन बाग़ की भावना को पेशानी पर लिखने जैसे था

सभी का ख़ून है शामिल यहाँ की मिट्टी में
किसी के बाप का हिन्दुस्तान थोड़ी है

सियासी और इश्क़िया दोनों तेवर की ग़ज़लें कहने में माहिर राहत शाहीन बाग़ आन्दोलन के दौरान ख़ूब याद किए गए। दिल्ली से लेकर देश-भर में तमाम विरोध प्रदर्शनों में पोस्टरों से लेकर दीवारों तक उनका यह शे'र दिखाई दे जाता था। यह उनकी लिखी एक ग़ज़ल का शे'र है। यह ग़ज़ल 30-35 साल पहले लिखी गई थी। बकौल राहत, "किस तरह से अचानक ये शब्द बाहर निकलकर आ गए और सीएए के ख़िलाफ़ लहरा रहे परचम पर सज गए, यह देखके मैं हैरान हूँ।" साथ ही उन्होंने यह जोड़ा कि यह देश किसी धर्म, किसी पार्टी या व्यक्ति विशेष की सम्पत्ति नहीं है—यह सबका है।

कवि सरला माहेश्वरी ने शाहीन बाग़ आन्दोलन को नए भारत के जन्म से जोड़कर देखा। उनकी कविता है—

हाँ!

हाँ!
हमने शाहीन बाग़ पर
देवदूतों के साये को देखा है
परियों के पंखों से उड़ते
सुन्दर भारत को देखा है
बच्चों के बेख़ौफ़ स्वप्न में
आगत समय को देखा है।

हाँ हमने
उस पवित्र भूमि में
एक भ्रूण को देखा है।
अपनी कोख में जैसे हमने
एक पुलक को देखा है।
हाँ! हमने शाहीन बाग़ में
नए भारत को देखा है।

इस आन्दोलन ने जितनी नई-पुरानी प्रतिभाओं को खुले दिल से हाथों-हाथ अपनाया, उसने सृजनशीलता को बेहद संवेदनशील ढंग से परवान चढ़ाया।

सामाजिक कार्यकर्ता और कवि फराह नकवी ने इसका एक अलग ही वितान खींचा।

मैं हर शहर का शाहीन बाग़ हूँ

दरिया तो भर गई मैं अब सैलाब हूँ
नज़र घुमा मैं अब हर शहर का शाहीन बाग़ हूँ
दबा सके न सौ तूफ़ां, मैं वो परवाज़ हूँ

तू आ के देख औरत हूँ और इंक़लाब हूँ
हम यहाँ क्यों हैं किस वास्ते है ये जद्दोजेहद
मेरे वतन को मुझसे छीनने की है आमद
मेरी आँखों में सुरमा है तेवर हैं
सोना नहीं पहने हुए लोहे के ज़ेवर हैं
मेरे भी बच्चे हैं इस ठंड में जो काँपते हैं
लिपट के रात के अँधेरे में मेरा सर ढांपते हैं

मेरा भी घर है जो कुछ दिन अकेला पड़ सा गया है
पर अज़ीज़ों के मोहल्ले ने उसे थाम लिया
मैं औरत हूँ, मैं हिन्दुस्तान की हर औरत हूँ
मैं यहाँ हूँ क्योंकि मैं वक़्त की ज़रूरत हूँ
मैं यहाँ हूँ क्योंकि मैं बाइज़्ज़त शहरी हूँ
अपने वतन की हिफ़ाज़त की अब मैं पहरी हूँ
मैं चौराहों पर हूँ, हर कूचा ओ'मैदान मेरा
लो अपना हक़ जताती हूँ ये हिन्दोस्तां मेरा

मैं हिन्दू हूँ और हाँ मैं मुसलमान भी
तुम मेरी बिन्दी से हिज़ाब से पहचान भी
कभी अल्लाह कभी ईश्वर मेरा ईमान भी
मेरे बच्चे का वही दर्द है मुस्कान भी
अलग हो तुम और तुम्हारे ये गेरुए चश्में
अकेले बाँटते रहो मुल्क बाँटने की क़समें
बेटी बचाओ कहते थे तुम हर पोस्टर पर
तो फिर ये लाठी आँसू गैस के कौन हमलावर
जो पुलिस ने ये गन्दी गालियाँ फेंकी हम पर
बचाने बेटियों को आए सर फोड़-फोड़ कर
अब हम कहें और तुम सुनो चाय पे चर्चा
मैं कुछ समझाऊँ पढ़ोगे तुम मेरा भी पर्चा
कि चोट दिल पे जब यूँ लगती है तो इनसान उठता है
कि चारागर तलाशता दर्दे तूफ़ान उठता है

कि बात पतझड़ों की हो तो गुलिस्तान उठता है
कि बात जब मिट्टी की हो तो हिन्दोस्तान उठता है

(लम्बी नज़्म का एक अंश)

और इस तरह के अनगिनत अशआर सुलगते हुए शब्द देश की मिट्टी में फैल गए। हवाओं में 'बाग़ी हूँ' से लेकर हिन्दोस्तान के उठने की कहानी और 'यह मिट्टी दस्तावेज़ हमारा' का ऐलान गूँज गया। ये कविताएँ और नज़्में आन्दोलन के विभिन्न पहलुओं को ऐसे उकेरती हैं मानो धरने पर बैठी औरतों के दिल से निकली आवाज़ हों। ये तमाम दस्तावेज़ हमेशा शाहीन बाग़ की भावना को सम्प्रेषित करते रहेंगे।

6

नक़्शे पर नए नाम

देश के नक़्शे में कुछ ऐसे नाम हैं, जिनके बारे में अक्सरहां चर्चा होती है या वे चर्चा में बने रहते हैं। इनकी वजह ऐतिहासिक हो सकती है, सांस्कृतिक हो सकती है, घुम्मकड़ी-पर्यटन से जुड़ी हो सकती है, और भी तमाम कारण हो सकते हैं। इसी तरह कई अड्डों को हम धरना स्थलों-प्रदर्शन स्थलों के रूप में भी जानते हैं। हर शहर या क़स्बे में ऐसी एक जगह तो होती ही है, जो धरना-प्रदर्शनों और विरोध रैलियों के नाम होती है। कई शहरों में तो इसके लिए बाक़ायदा जगहें निर्धारित होती हैं, जहाँ आप विरोध के स्वर को अलग-अलग रूपों में उठा सकते हैं।

दिल्ली में जैसे जन्तर-मन्तर व रामलीला मैदान हैं, पटना में गांधी मैदान और जेपी गोलम्बर; हैदराबाद में इन्दिरा पार्क; लखनऊ में जीपीओ (जनरल पोस्ट ऑफ़िस) हज़रतगंज, विधानसभा के सामने धरना स्थल (दारुलशफ़ा रोड, जो क़रीब 2017 में ख़त्म हो गया) और रमाबाई आंबेडकर मैदान; इलाहाबाद में पी.डी. टंडन पार्क—इस तरह से देश के तमाम शहरों में कई धरना स्थल, रैली स्थल हैं जिनके बारे में सबको पता होता है कि प्रतिवाद के लिए इन जगहों पर इकट्ठा हुआ जा सकता है; यहाँ से जमा हो सकते हैं, आवाज़ उठाई जा सकती है।

लेकिन शाहीन बाग़ आन्दोलन ने भारत के नक़्शे पर कुछ नए नाम जगमग किए। ये सारे ऐसे नाम थे, जिनके बारे में उस शहर के लोगों ने भी नहीं सुना था, और जिन्होंने सुना था, उन्होंने कभी यह नहीं सोचा था कि ये इलाक़े, ये चौराहे धरने-प्रदर्शन के लिए भी इस्तेमाल किए जा सकते है। अब शाहीन बाग़ को ही देखिए। किसी को सपने में भी नहीं हुआ होगा

कि जामिया विश्वविद्यालय से सटे इस इलाक़े में चालीस फुटा सड़क से कालिन्दी कुंज लिंक रोड की एक सड़क दुनिया-भर में मशहूर हो जाएगी और शाहीन बाग़ का डंका पूरी दुनिया में *गगन दमामा बाज्यो*[1] की तर्ज पर बजेगा।

इससे पहले के इतिहास को खँगालकर देखें तो यहाँ किसी भी दौर में किसी जमावड़े की जुम्बिश नहीं सुनाई दी। यह इलाक़ा छोटे-छोटे घरों से घिरा है। जामिया में पढ़नेवाले ज़्यादातर स्थानीय बच्चे यहीं के रहनेवाले थे। लिहाज़ा, जब 15-16 दिसम्बर, 2019 को यहाँ औरतों ने डेरा डाला, तो किसी को भी अन्दाज़ा नहीं था कि यहाँ से एक नया इतिहास रचा जाएगा। शाहीन बाग़ भारतीय राजनीति का नया एपिसेंटर यानी धुरी बन जाएगा।

इलाक़े के हिसाब से देखिए तो यहाँ कुछ भी ऐसा ख़ास नहीं है, जो एक बड़े मूवमेंट को हवा देनेवाला बने। पतली-पतली गलियाँ, खाने-पीने की छोटी-छोटी दुकानें, खमीरी रोटियों की तन्दूर में पकने की दिलकश गन्ध, कोयलों पर सिकते कबाब और केतली में उबलती चाय...इस इलाक़े की तमाम पहचानों में से एक अहम पहचान है। आसपास के दायरे में समृद्ध घरों की श्रृंखला नहीं है। पुरानेपन की गन्ध गलियों में पसरी रहती है। यहाँ की अधिकांश औरतें घर-गृहस्थी सँभालनेवाली रही हैं या फिर छोटे-छोटे कारोबार करनेवाली। सड़कें बेशक बेहद गुलज़ार रहती हैं, सब कुछ एक दूसरे के ऊपर चढ़े बिना, एक-दूसरे से होड़ लेते हुए—साइकिलें, रिक्शा, ई-रिक्शा, ऑटो, कारें और माशाल्लाह बाइक, छोटे वाले माल टेम्पो। बस, आप सोचिए और वही वाहन आपको यहाँ रेंगता नज़र आ जाएगा। छोटे-छोटे मकानों की दड़बों जैसी खिड़कियों में गुलज़ार ज़िन्दगियों की झलक मिलती रहती है।

ऐसा ही कुछ रूटीन वाला मोहल्ला था शाहीन बाग़ 15-16 दिसम्बर, 2019 से पहले।

---

1. गगन दमामा बाजिया, पड्या निसानैं घाव।
खेत बुहार्‍या सूरिमै, मुझ मरणे का चाव॥
इसका मतलब है, आसमान में दमामा गूँज रहा है, निसान पर चोट पड़ने लगी है। सूरमाओं ने रणभूमि तैयार कर दी है मुझे मरने की ख़्वाहिश है।
गुरु ग्रंथ साहिब की एक सूक्ति है। इसका अर्थ है, 'तू आज से भिड़ जा, बाक़ी देख लेंगे।' पीयूष मिश्रा ने इसी नाम से भगत सिंह के जीवन पर एक नाटक लिखा है।

फ़ोटो : सर्वेश

भारत का माथा, भारत की बुलन्दी सब कुछ मौजूद था शाहीन बाग़ में

लेकिन एक बार जब चिनगारी फूटी, तो फैल ही गई। यह इस आन्दोलन की ख़ासियत रही कि जहाँ औरतें आराम से, सहजता से आ सकती थीं, धरने पर बैठ सकती थीं, वही विरोध स्थल के रूप में स्थापित हो गया। इन तमाम जगहों के लिए, कम-से-कम ज़्यादातर जगहों के लिए पहले से कोई अनुमति आदि लेने की ज़रूरत का भी मसला नहीं था। हालाँकि हर जगह नियम-क़ायदे का पालन किया गया और स्थानीय थाने को प्रदर्शन की पूरी औपचारिक जानकारी दी गई।

अब दिलचस्प बात यह है कि चूँकि ये परम्परागत धरना-प्रदर्शनों की जगहें नहीं थीं, इसलिए यहाँ पर आनेवाली औरतें भी किसी नियोजित तरीक़े से तैयारी के साथ नहीं बैठी थीं। पहले वे बैठ गईं, इसके बाद एक-एक करके दरी-गद्दों, टेंट का इन्तज़ाम हुआ। दिल्ली में भीषण सर्दी का दौर था, तापमान शून्य को छूने-छूने को हो रहा था। जैसे-जैसे तापमान गिरता गया, धरने पर बैठी तमाम औरतों को महफ़ूज़ रखने के लिए रजाइयों-गद्दों का इन्तज़ाम होता गया। लोग बड़े पैमाने पर मदद के लिए सामने आए। सर्द हवाओं के थपेड़े बढ़े तो अगल-बगल से भी ढकने का इन्तज़ाम किया गया।

मैं यहाँ इस बात का ज़िक्र इसलिए कर रही हूँ क्योंकि धरना-प्रदर्शन की जो परम्परागत जगहें होती हैं, वहाँ सपोर्ट मैकेनिज़्म विकसित हो जाता है। जैसे, आप जब जन्तर-मन्तर पर धरने के लिए पुलिस थाने में अनुमति लेने के बाद वहाँ पहुँचते हैं तो कुछ ही समय में टैंट वाले आपकी मदद के लिए पहुँच जाते हैं। वे सारा हिसाब-किताब आपसे पूछ लेते हैं—कुर्सियाँ लगेंगी या दरी, टेंट कितनी ऊँचाई वाला, कितना लम्बा-चौड़ा आदि इत्यादि। यह शाहीन बाग़ में सम्भव नहीं था क्योंकि यहाँ पहले से कुछ भी पता नहीं था कि कितनी औरतें आनेवाली हैं, कितनी दरियाँ चाहिए या कितना बड़ा टैंट लगेगा और कितने दिन तक यह धरना चलेगा? यहाँ सब कुछ स्वत:स्फूर्त रहा। लिहाज़ा, ज़रूरत के हिसाब से स्थितियों ने आकार लिया।

शाहीन बाग़ पूरी दुनिया में चमक गया, हर तरफ़ नए भारत की नई तसवीर का झंडा बुलन्द कर रही थीं ये मुसलमान औरतें। यह भारत के नक़्शे पर प्रतिरोध के सबसे बड़े प्रतीक के रूप में स्थापित हुआ और इसने

देश-विदेश से लोगों का ध्यान अपनी ओर खींचा। ऐसा आज़ाद भारत में इससे पहले कभी नहीं हुआ था कि किसी धरना-विरोध स्थल के नाम पर ही पूरे देश में धरना स्थल बन गए हों। हर जगह, हर शहर में सीएए, एनआरसी के ख़िलाफ़ शुरू हुए धरना स्थलों को लखनऊ का शाहीन बाग़, कानपुर का शाहीन बाग़, जयपुर का शाहीन बाग़, भोपाल का शाहीन बाग़, मुम्बई का शाहीन बाग़, पुणे का शाहीन बाग़, हैदराबाद का शाहीन बाग़, अहमदाबाद का शाहीन बाग़ पुकारा जाने लगा...यानी, ऐसे ही आप देश-भर के तमाम बड़े शहरों का नाम जोड़ लें और आगे शाहीन बाग़ लगा लें। इतना ही नहीं, एक शहर में भी कई-कई शाहीन बाग़ गुलज़ार थे।

इस तरह, जब आन्दोलन चरम पर था तो देश-भर में तक़रीबन तीन हज़ार से अधिक जगहों पर शाहीन बाग़ ज़िन्दा हुए और इन्होंने अपनी रौशनी फैलाई। इस तरह की मिसाल देखने को नहीं मिलती, जहाँ एक आन्दोलन स्थल, उसका नाम और कमोबेश उसका ही ढाँचा पूरे देश में लागू हुआ।

अकेले दिल्ली में जनवरी, 2020 के अन्त तक कुल 22 धरना स्थल हो चुके थे, जिनमें हौज़ रानी, ज़ाफ़राबाद, तुर्कमान गेट, मंडावली, ज़ाक़िर नगर ढलान, लाल बाग़, शाही ईदगाह, जामा मस्जिद, आज़ाद मार्किट, जामिया गेट संख्या 7, श्रीराम कॉलोनी, खुरैजी, निज़ामुद्दीन आदि में नियमित रूप से बड़ी संख्या में लोग जुटते थे।

आइए, जरा नज़र डालते हैं दिल्ली के इन शाहीन बाग़ों पर—

खुरेजी

पूर्वी दिल्ली में पड़ता है खुरेजी। मैं एक दिन, रात को क़रीब नौ बजे पहुँची थी यहाँ। पेट्रोल पम्प के बगल में संकरी-सी जगह में छोटे से प्रवेश द्वार से घुसते ही फैल जाता था बैठने का पूरा इलाक़ा। चौड़ा-सा मंच बना हुआ था, जिसकी कमान औरतों के पास ही थी। हालाँकि बोलनेवालों में मर्द भी थे। वॉलंटियर्स में औरत-मर्द दोनों थे, और दोनों ही मुस्तैद थे क्योंकि मर्दों व औरतों के बैठने के इलाक़े अलग-अलग थे।

विरासत की रक्षा के लिए प्रतिबद्ध कार्यकर्ता (हेरिटेज एक्टविस्ट), लेखक और फ़िल्म निर्माता सुहैल हाशमी बोल कर नीचे बैठे सुस्ता रहे थे। मुख़ातिब

हुए तो उन्होंने सबसे पहला वाक्य यही बोला, "इतनी सर्द हवाओं में ये औरतें ही वतन को बचाने की लड़ाई लड़ रही हैं। इनके साथ खड़ा होना ही सबसे बड़ी देशभक्ति है। लोकतंत्र के मायने क्या हैं और किनके कन्धों पर यह ज़िन्दा है, इसका अहसास यहाँ आकर होता है। कितने नौजवान, कितनी लड़कियाँ कितने अदब से संविधान के बारे में बात कर रही हैं, समझ रही हैं—यह बेहद तसल्लीबख़्श बात है। वे नए-नए रास्ते तलाश रहे हैं। (हँसते हुए) पुरानों की सलाह ले रहे हैं, उन्हें सुन रहे हैं, लेकिन दिमाग़ अपना चला रहे हैं, जो नए ख़यालों से लबरेज़ है।"

इसीलिए आप देखेंगे कि नए प्रयोगों से हर धरना स्थल अपनी ख़ास जगह बनाए हुए था। यहाँ मंच नौजवानों के हाथ में था। एक के बाद एक शे'रो-शायरी व नज़्मों का दौर चल रहा था। स्कूली बच्चे भी अपनी नोटबुक से कुछ पढ़ने को आतुर नज़र आ रहे थे।

इस धरना स्थल की सबसे बुलन्द आवाज़ थी इशरत जहां। इशरत में ज़बरदस्त हिम्मत और संगठन की अभूतपूर्व शक्ति थी। वह सामाजिक-राजनीतिक रूप से पहले भी सक्रिय रह चुकी थीं, लिहाज़ा इस इलाक़े में उनकी अलग पहचान थी। वैसे इलाक़ा न तो बहुत सक्रिय था न ही यहाँ पहुँचना उतना सहज था, लेकिन धीरे-धीरे इसने अपनी पहचान बनाई और लोगों ने यहाँ आना शुरू किया।

खुरेजी धरना स्थल से सबसे पास का मेट्रो स्टेशन निर्माण विहार का था, जो क़रीब एक किलोमीटर दूर था। बाहर से समर्थन में आनेवालों में विश्वविद्यालयों के अध्यापक, छात्र और सामाजिक कार्यकर्ता और इनके अलावा दिल्ली के आम नागरिक भी आ रहे थे। यहाँ आनेवाले लोगों को इस बात की हैरानी होती थी कि इस जगह पर धरना देने की योजना कैसे बन सकती है!

इस बारे में इशरत जहाँ ने बिलकुल बिन्दास और दिलेर अन्दाज़ में बताया, "यहाँ हमारे बैठने से किसी को परेशानी नहीं है। हम कोई रास्ता नहीं ब्लॉक (रोक) कर रहे हैं और न ही किसी के कारोबार में कोई रुकावट पेश कर रहे हैं। हम जो कर रहे हैं, वह संविधान के हिसाब से जायज़ है, हम किसी से दया नहीं माँग रहे हैं। संविधान हमारे देश को धर्मनिरपेक्ष बनाता है, इसे बदलने की कोई भी कोशिश हम बतौर भारतीय क्यों बर्दाश्त करें? क्यों

हम चुप रहें? सिर्फ़ इसलिए कि हम मुसलमान औरतें हैं और हमारे बाहर आने से हिन्दू भावना ज़्यादा आहत हो जाएगी? अब आप बताओ, हमारे चुपचाप घर में बैठने से क्या होगा भला! क्या मोदीजी और अमित शाहजी इस ख़ौफ़नाक क़ानून को वापस ले लेंगे? तीन तलाक़ पर तो उन्हें मुसलमान औरतों की इतनी चिन्ता थी कि फटाफट क़ानून ले आए। अब हम मुसलमान औरतें बाहर आई हैं, खुद माँग कर रही हैं तो फिर सीएए को वापस क्यों नहीं लेते पीएम? हम तो संविधान निर्माता आंबेडकर को अपने साथ लेकर चल रही हैं, हम तो गांधी जी की अहिंसा के साथ चल रही हैं। फिर ये अँधेर नगरी क्यों? मेरा दावा है कि शाहीन बाग़ के बाद अगर कहीं की औरतों ने सच बोलने का हौसला दिखाया है, तो वह खुरेजी की औरतें हैं।"

शाहीन बाग़ के ठीक एक महीने बाद खुरेजी में धरना शुरू हो गया था। शुरू में यह एक जागरूकता अभियान की तर्ज़ पर शुरू हुआ, जहाँ स्थानीय लोगों को यह बताया गया कि उन्हें एनपीआर के समय भी अपने काग़ज़ात नहीं दिखाने हैं, क्योंकि इसका रिश्ता नागरिकता से जोड़ा जा रहा है। मोदी सरकार एनआरसी लागू करने जा रही हैं और उसने सीएए लागू कर दिया है। फिर बैनर-पोस्टर-प्ले कार्ड लेकर कैंडिल मार्च का सिलसिला शुरू हुआ। उसके बाद निर्माण विहार और झील की सड़क से सटे पार्क पर चौबीस घंटे का धरना शुरू कर दिया गया और साथ ही चौबीस घंटे की निगरानी। पैटर्न यहाँ भी बिलकुल शाहीन बाग़ सरीखा ही था। औरतें धरने पर बैठीं, एक लोकल टेंट हाउस से टेंट उधार लिया गया। मोहल्ले के नौजवानों ने सुरक्षा और निगरानी का ज़िम्मा उठाया।

इशरत के साथ खड़ी थीं फ़ौज़िया। उन्होंने बताया, "एक दिन रात में क़रीब डेढ़-दो बजे पुलिस ने सड़क की लाइट बन्द कर दी और अँधेरे में टेंट हटा दिया। औरतें वहाँ ठंड में ठिठुरती हुईं बैठी रहीं, पर हिली नहीं। डरी नहीं, ठंड से मरी भी नहीं। सुबह होते-होते वापस चहल-पहल चालू हो गई। लोग जुट गए, औरतों की संख्या में भी इज़ाफ़ा हो गया।"

ऐसे कई वाक़ये यहाँ से जुड़े हैं, जहाँ पुलिस ने डरा-धमकाकर औरतों और उनके परिजनों को वहाँ से हटाने की कोशिश की, लेकिन ये तमाम कोशिशें नाकाम रहीं। एक बहुत दिलचस्प बात खुरेजी के धरने में देखने को यह भी मिली कि यहाँ तमाम तबक़ों की औरतें एक साथ मिलकर बैठी थीं।

शाहीन बाग़ सहित बाक़ी जगहों पर जो धरने चल रहे थे, वहाँ आनेवाले लोग कमोबेश एक ही ढंग, एक ही वर्ग के थे यानी उनका आर्थिक-सामाजिक स्तर एक ही जैसा रहता था, लेकिन खुरेजी में ऐसा नहीं था। नौकरी करनेवालीं, मकान-मालकिनें, किरायेदार, घरों में सफ़ाई का काम करनेवालीं, कूड़ा बीननेवालीं, कॉलेज में पढ़नेवालीं, स्कूल जानेवाली लड़कियाँ—सब एक साथ धरने पर बैठी रहीं।

तमाम औरतों की हौसलाअफ़ज़ाई के लिए जामिया मिल्लिया इस्लामिया में पुलिस के हमले से अपने पुरुष सहपाठियों को बचाकर आन्दोलन का प्रतीक बनीं आयशा रेन्ना और लदीदा फरज़ाना, 2016 में संस्थागत हत्या का शिकार हुए हैदराबाद के मेधावी दलित स्कॉलर रोहित वेमुला की माँ, राधिका वेमुला, 2017 में मॉब लिंचिग का शिकार हुए जुनैद की माँ सायरा बानो और सुप्रीम कोर्ट के वरिष्ठ अधिवक्ता प्रशान्त भूषण सरीखे लोगों ने खुरेजी में आकर जब अपना समर्थन जताया तो निश्चित रूप से यहाँ धरने पर बैठी औरतों को लम्बी लड़ाई लड़ने का सम्बल मिला।

बातचीत में 60 वर्षीय नज़राना का कहना था कि इस बहाने हमें अपनी वतनपरस्ती साबित करने का मौक़ा मिल गया। "मैं घरों में झाड़ू-पोंछा करती हूँ, खटती हूँ तब घर चलाती हूँ। हमारा इलाक़ा खुरेजी कितना पिछड़ा और ग़रीबी वाला इलाक़ा है? कुछ अच्छी कोठियाँ भी हैं। हमारे दिल में जो फ़िक्र है, वह हम किसे कहें, कहाँ बयाँ करें? चूँकि धरना खुरेजी पार्क में ही था, इसलिए हमारे लिए यहाँ आना, बैठना आसान था। हम कितनी भी कोशिश करते, हमारे लिए शाहीन बाग़ तक जाना मुश्किल था। बस, कोशिश करके एक बार हम तीन औरतें वहाँ गईं। वह तो हमारे लिए रास्ता दिखानेवाली मशाल है। शाहीन बाग़ ने ही तो हम सबमें चिनगारी भरी, अब हमारा खुरेजी भी शाहीन बाग़ है।"

(नोट : उत्तर-पूर्वी दिल्ली में फैली साम्प्रदायिक हिंसा के बाद खुरेजी में धरना स्थल बन्द कर दिया गया। उस समय पूरी दिल्ली में भीषण तनाव था, 23 फरवरी, 2020 से शुरू हुई इस सुनियोजित हिंसा ने 53 भारतीय नागरिकों की जान ली और लाखों की सम्पत्ति स्वाहा हुई, सैंकड़ों घर बर्बाद हुए। इस हिंसा में मारे गए ज़्यादातर लोग मुसलमान थे और इसी समुदाय के घर फूँके गए थे, लेकिन

दुर्भाग्यपूर्ण ही रहा कि इस हिंसा के लिए गृह मंत्री अमित शाह के अधीन आनेवाली दिल्ली पुलिस की स्पेशल सेल ने जिन लोगों की गिरफ़्तारी की या जिनका नाम चार्जशीट में डाला, उनमें ज़्यादातर वे लोग थे जो दिल्ली में सीएए और एनआरसी के विरोध में चल रहे धरनों में नेतृत्वकारी भूमिका में थे। दिल्ली में हिंसा फैलाने और भड़काऊ भाषण देने के आरोप में इशरत जहां को भी गिरफ़्तार किया गया। इशरत कांग्रेस की पूर्व पार्षद थी। ठीक यही आरोप लगाकर जामिया मीडिया को-ऑर्डिनेशन कमेटी की सफ़ूरा ज़रगर को भी गिरफ़्तार किया गया।)

हौज़ रानी

दक्षिण दिल्ली के निवासियों में भी शाहीन बाग़ के बाद से खदबदाहट थी। इस इलाक़े में जो लोग सीएए के ख़िलाफ़ थे, एनआरसी की लगातार बढ़ती धमकियों से बेचैन थे, उन सबने हौज़ ख़ास, डिफ़ेंस कॉलोनी, अलकनन्दा और वसन्त विहार में विरोध रैलियाँ आयोजित करना शुरू कर दिया। हालाँकि ये विरोध रैलियाँ चन्द घंटों के लिए थीं और इनमें भीड़ भी ज़्यादा नहीं जुटती थी। बड़ी संख्या में छात्र और श्रमिक इन इलाक़ों में रहते हैं। जब शाहीन बाग़ के साथ-साथ अन्य कई मोहल्लों में धरने शुरू हो गए, यहाँ जुटनेवाले लोगों ने एक ऐसी जगह की तलाश शुरू की, जो बस्ती के पास हो, सड़क पर न हो और जहाँ मेट्रो स्टेशन नज़दीक हो। ऐसे में ही हौज़ रानी पार्क में अड्डा जमा, जो मुस्लिम मोहल्ले के बीच था और मालवीय नगर मेट्रो स्टेशन के पास था। यहाँ साकेत, प्रेस एनक्लेव और मालवीय नगर से लोग आ सकते थे। यहाँ चूँकि मिली-जुली आय वर्ग की कॉलोनियाँ थीं, लिहाज़ा यहाँ घरेलू औरतों से लेकर नौकरीपेशा, प्रोफ़ेशनल औरतों ने मिलकर मोर्चा सँभाल लिया।

यहाँ जब मैं पहली बार पहुँची तो रात के आठ बज रहे थे। क़रीब तीन-साढ़े तीन सौ औरतें अपने बच्चों के साथ नारे गुँजाती हुई बैठी थीं—इंक़लाब ज़िन्दाबाद, लड़ेंगे-जीतेंगे, काग़ज़ नहीं दिखाएँगे...। हाथ से बने हुए पोस्टर टेंट में टँगे हुए थे, नौजवान वॉलंटियर चाय पिलाने के काम में लगे हुए थे। एक टोली थी, जो आने-जानेवालों पर सतर्कता भरी निगाह बनाए हुई थी।

वामपंथी विचारधारा से सम्बद्ध वॉलेंटियर नीरज ने बताया, "यहाँ पर हड़कम्प मचाने, अफ़वाह फैलाने के लिए अखिल भारतीय विद्यार्थी परिषद् और भाजपा ने अपनी पूरी टीम उतारी है। वे लोग यहाँ आकर बदमाशी करने, वीडियो रिकॉर्डिंग करने, प्रोग्राम में बाधा डालने की पूरी साज़िश करते हैं।" नीरज ने बताया कि किस तरह से हर व्यक्ति से अच्छी तरह से पूछताछ के बाद ही उसे धरना स्थल पर भेजा जाता है। कई लोगों को इतनी पूछताछ अच्छी नहीं लगती, लेकिन हमारे पास कोई विकल्प नहीं। हम इन औरतों की सुरक्षा से कोई भी समझौता नहीं कर सकते। ज़रा-सी चूक बड़ा नुकसान पहुँचा सकती है।

जब यहाँ बड़ी संख्या में माँओं के साथ बच्चे भी आने लगे तो उन्हें व्यस्त रखने के लिए कई गतिविधियाँ शुरू की गईं। ड्राइंग क्लास शुरू हुई, लाइब्रेरी के लिए किताबें जुटाई गईं और यहाँ आनेवाले बच्चों-नौजवानों में पढ़ने-पढ़ाने का सिलसिला शुरू किया गया। आसपास के सम्भ्रान्त इलाक़े में बसनेवाले लोगों के ज़िम्मे इन गतिविधियों में ठोस काम सौंपा गया। किताबें पढ़ने के सेशन, ड्राइंग सेशन आदि हौज़ रानी के निवासियों के लिए भी ख़ास आकर्षण का केन्द्र बने। हौज़ रानी में एक सामूहिक नेतृत्व की कमान स्थापित हुई और यह बहुत लो प्रोफाइल रहने के बावजूद मोदी सरकार की साम्प्रदायिक और मज़दूर विरोधी नीतियों पर कड़ा प्रहार करनेवाला अड्डा बना।

मुस्तफ़ाबाद-ज़ाफ़राबाद

मुस्तफ़ाबाद की गली में जहाँ धरना चल रहा था, वहाँ बाहर दीवार पर राहत इन्दौरी का एक मशहूर शे'र लिखा हुआ था—

मैं जब मर जाऊँ तो मेरी अलग पहचान लिख देना
मेरे लहू से मेरी पेशानी पर हिन्दुस्तान लिख देना

हालाँकि इसके आगे राहत साहब का नाम नहीं लिखा था, हाँ, देश का झंडा ज़रूर बना हुआ था। यहाँ मस्जिद के पास की सड़क पर नाले से सटकर धरना स्थल था। यह इस पूरे मुस्लिम बहुल इलाक़े के लिए बिलकुल नई परिघटना थी। देश के झंडों और आंबेडकर के पोस्टरों से आबाद यह धरना स्थल इलाक़े की औरतों के लिए सबसे महफ़ूज़ जगह बन गई थी। यहाँ वे

बेधड़क अपने छोटे-छोटे दूध पीते बच्चों के साथ आ जातीं और घंटों बैठी रहतीं। भाषण सुनतीं, नारे लगातीं, और बीच-बीच में खुद भी बोलती रहतीं।

इस इलाक़े में सामाजिक कार्यकर्ता के रूप में अलग पहचान बनानेवाली शबनम ने दावा किया कि धरना स्थल आने के तीन-चार दिन के भीतर ही औरतों की इतनी ज़बरदस्त ट्रेनिंग हो जाती है कि वे सीएए और एनआरसी पर पूरे तर्कों के साथ अपनी बात कहने में सक्षम हो जाती हैं। तमाम औरतों में सीखने की ज़बरदस्त क्षमता है। वे जानना चाहती है कि आख़िर उन्हें क्यों बेवतन करने की कोशिश की जा रही है।

10वीं कक्षा में पढ़नेवाली इरम ने कहा, "अगर यह प्रोटेस्ट घर के इतना क़रीब नहीं होता तो शायद हमें कभी भी ये बहसें, ये तर्क सुनने को नहीं मिलते। अभी तो हमें लगता है कि हम भी अपनी अम्मी की तरह आज़ादी की इस लड़ाई के हिस्सेदार बन रहे हैं। हमें देश के आईन (संविधान) के बारे में काफ़ी कुछ पता चल रहा है। हमें आईन को लिखनेवाले बी.आर. आंबेडकर के बारे में इतना पता चल रहा है। दिल्ली में हमारे यहाँ भी प्रोटेस्ट हो रहा है, यह कितनी बड़ी बात है! शाहीन बाग़ के साथ-साथ मुस्तफ़ाबाद, चाँद बाग़, ज़ाफ़राबाद—सब कितने फ़ेमस हो गए हैं। हमें भी अब यह कहने में अच्छा लगेगा कि हम इस इलाक़े में रहते हैं।"

बीच में एक बुजुर्ग महिला खड़ी होकर कहती हैं, "मैं मीडिया से पूछना चाहती हूँ कि वह हमसे क्या जानना चाहते हैं? वे दिखाते हैं कि हम 500 रुपये में यहाँ बैठी है, शाहीन बाग़ में बैठी हैं। मैं उनसे पूछना चाहती हूँ कि आपने कितने पैसे लिए हैं? आप हमारे ख़िलाफ़ क्यों हो? हम औरतों ने आपका क्या बिगाड़ा है?"

यहाँ एक दिन जवाहरलाल नेहरू विश्वविद्यालय में पढ़नेवाले, तेज़-तर्रार नेता उमर ख़ालिद ने भी भाषण दिया।

यह सशक्तीकरण निश्चित तौर पर इस आन्दोलन की बड़ी जीत रही है।

चाँद बाग़

शाहीन बाग़ धरने से उत्साहित होकर चाँद बाग़ के निवासियों ने भी औरतों का धरना शुरू किया। यह इलाक़ा ग़रीब मुसलमानों की रिहाइश के रूप में

जाना जाता है। इस इलाक़े के मर्दों और औरतों ने खुद को संगठित करके सड़क पर उतारने का यह जोखिम पहली बार लिया। चाँद बाग, मुस्तफ़ाबाद और ज़ाफ़राबाग धरना स्थलों में दूरी बहुत बहुत अधिक नहीं थी, लिहाज़ा बीच-बीच में औरतें एक धरने से दूसरे धरने तक आसानी से सफ़र करती थीं, ख़ासतौर से चाँद बाग़ और मुस्तफ़ाबाद धरना स्थलों के बीच आवाज़ाही रही। यहाँ औरतों के बीच सबसे लोकप्रिय नारा था—आज़ादी, आज़ादी! इसे वे ख़ूब गुंजाती थीं और इससे बहुत ताक़त खींचती थीं।

इन तीनों स्थानों पर ही पुलिस ने बर्बर जुल्म ढाया। चाँद बाग़ में बैठी आन्दोलनकारी औरतों ने बताया कि किस तरह से दिल्ली पुलिस ने उन्हें ज़लील किया, उनके कपड़े फाड़े, अपनी पैंट उतारकर अपने गुप्तांग हिलाते हुए बोले—'आज़ादी चाहिए न? ये लो आज़ादी, हम देंगे तुम्हें आज़ादी।'[1]

मुस्तफ़ाबाद में हिंसा की शिकार हुई एक आन्दोलनकारी महिला से जब मैं बात कर रही थी तो उन्होंने मुझे बताया कि किस तरह से उनकी पिटाई हुई, उनकी नाक पर लाठी पड़ी और तुरन्त ही आँखों से ख़ून निकल आया। वह चाँद बाग़ धरना स्थल पर गई थीं। किराये पर मकान लेकर रहनेवाली शबनम (नाम बदला हुआ) ने बताया कि "पुलिस के साथ-साथ गुंडे औरतों के साथ बहुत बदतमीज़ी कर रहे थे। वे हमारे नारे, हमारे सबसे प्यारे नारे—आज़ादी को ही हम पर गाली की तरह इस्तेमाल कर रहे थे। पहली बार मुझे लगा कि वे हमसे कितनी नफ़रत करते हैं?"

तुर्कमान गेट

यूँ तो शाहीन बाग़ सहित देश-भर में जितने धरना स्थल बने, उन सबकी अपनी-अपनी ख़ासियत, एक अलग पहचान बनाए हुए थे। मगर दिल्ली में तुर्कमान गेट पर शुरू हुए धरने की बात ही अलग थी। इस जगह के साथ प्रतिरोध का एक इतिहास पहले से ही जुड़ा हुआ था। 1977 में इमरजेंसी के दौरान यहाँ इन्दिरा गांधी के तानाशाही रवैये के ख़िलाफ़, मर्दों की ज़बरिया नसबन्दी के ख़िलाफ़ और अपने घरों को ढहाने के ख़िलाफ़ तगड़ा विरोध हुआ था।

1. https://thewire.in/rights/delh-riots-delhi-minorities-commission-report

ऐसे में इस ऐतिहासिक दौर में इस इलाक़े का ख़ामोश बैठना असम्भव था। हालाँकि इमरजेंसी के बाद से 2019 तक इस इलाक़े में शान्ति ही रही। दिसम्बर 2019 के अन्त से यहाँ बेचैनी बढ़नी शुरू हो गई थी। बीच-बीच में छोटी बैठकें, बैनर-पोस्टर वितरण आदि शुरू हो गया था। जनवरी 2020 के दूसरे हफ़्ते में शाहीन बाग़ की तपिश से सर्द हवाएँ छँटने लगीं। फिर 16 जनवरी से वहाँ चौबीस घंटे का धरना शुरू हो गया, जो 68 दिनों तक चलता रहा। 23 मार्च, 2020 को तुर्कमान गेट को-ऑर्डिनेशन कमेटी ने लड़ाई को स्थगित करते हुए कोरोनावायरस संकट से संघर्ष को प्राथमिकता देने का ऐलान किया। कमेटी ने अपने बयान में कहा, "लड़ाई जारी है, लेकिन एहतियात बरतनी है, इंक़लाब ज़िन्दाबाद!"

यहाँ के कई नौजवान लड़कियाँ-लड़के शाहीन बाग़ जाकर वहाँ वॉलंटियर के रूप में भी काम कर चुके थे। उन्हें लगा कि जब शाहीन बाग़ ऐसे बुलन्दी से राह दिखा सकता है तो हम क्यों नहीं? यहाँ रहनेवाले इरशाद आलम ख़ूबी ने अपने दोस्तों और बुजुर्गों के साथ मिलकर कमान सँभाली। इरशाद पहले से इस इलाक़े में बतौर सामाजिक कार्यकर्ता सक्रिय थे और अपनी एक संस्था भी चलाते थे। उन्होंने बताया, "यह एक ऐसी घड़ी है, जिसमें हर कोई अपने वतन के लिए कुछ करना चाह रहा है, उसे बचाने की जुस्तज़ू में है। हमने तो आज़ादी की लड़ाई का दौर देखा नहीं, पर बुजुर्गों का कहना है कि उस समय भी जुनून ऐसा ही था। सबसे अच्छी बात है कि इस आन्दोलन को बड़े बुजुर्गों से लेकर बच्चों तक का पूरा साथ मिला है।"

चूँकि यहाँ आयोजक स्थानीय लोग ही थे, और सारे लोग इस आन्दोलन की अहमियत से वाक़िफ़ थे, लिहाज़ा धरने की वजह से होनेवाली दिक़्क़तों से उन्हें कोई ग़िला नहीं था। जो दिक़्क़तें थी, वे सबकी थीं। धरना चूँकि तुर्कमान गेट के पास वाली सड़क से ही शुरू होता था, लिहाज़ा अन्दर आने का रास्ता सँकरा हो गया था। लेकिन वहाँ वॉलंटियर की टीम मुस्तैद रहती थी। किसी भी तरह का जाम वे लगने नहीं देते थे। यहाँ नेतृत्वकारी औरतों के नेतृत्व ने शिफ़्ट बाँध रखी थी। उनके घर बड़े थे और पारिवारिक ज़िम्मेदारी भी ज़्यादा थी, लेकिन भाषण देने से लेकर मंच सँभालने का उनमें ज़बरदस्त उत्साह रहा।

इसकी एक मिसाल 26 जनवरी को देखने मिली। कुछ ही दिन पहले धरना स्थल से कई प्रदर्शनकारियों को पुलिस ने उठा लिया था। 26 जनवरी

को अलग ढंग से गणतंत्र दिवस मनाने का आह्वान था। तुर्कमान गेट व जामा मस्जिद से बड़ी संख्या में लोग बाहर निकले, जिनमें लड़कियों-औरतों की तादाद अच्छी-ख़ासी थी। वे गुस्से में थीं। पुलिस उन्हें खदेड़ रही थी, लेकिन वे अपनी बात बोलने के लिए आतुर थीं। वे चीख़-चीख़कर पूछ रही थीं कि इस क़ानून का विरोध करना उनका संवैधानिक हक़ है, फिर उन्हें इससे क्यों महरूम किया जा रहा है? उनका सीधा सवाल प्रधानमंत्री नरेन्द्र मोदी से था कि 26 जनवरी किस बात की, जब देश चलानेवाली सरकार संविधान का सम्मान नहीं करती। देश को धर्म पर बाँटने का ख़तरनाक खेल क्यों खेला जा रहा है? हम नौजवान रोज़गार चाहते हैं। उनके ये तेवर अन्त तक कायम रहे।

निज़ामुद्दीन

निज़ामुद्दीन दरगाह और बारापुला से जुड़नेवाली सड़क पर बने पेट्रोल पम्प के बगल में एक ख़ाली जगह पर आसपास की औरतों और नौजवानों ने टेंट लगाकर धरना जनवरी, 2020 में शुरू कर दिया। चूँकि यह बिलकुल लम्बी-सड़क है और इस सड़क पर पूरे समय अच्छा-ख़ासा ट्रैफ़िक रहता है, इसलिए किनारे से भी काफ़ी ऊँचाई तक टेंट लगाना पड़ा। तभी औरतें अपने प्राइवेट स्पेस को कायम रख पाईं। शुरू में यहाँ भीड़ बहुत कम थी। बमुश्किल 100 औरतें रही होंगी। यहाँ जामिया, जवाहरलाल नेहरू विश्वविद्यालय, दिल्ली विश्वविद्यालय की छात्राओं ने आकर मोर्चा सँभाला और आन्दोलन को तेज़ी दी। स्थानीय औरतों और नौजवान वॉलंटियरों ने रंग भरना शुरू किया। औरतों और बच्चों की संख्या बढ़ने लगी। ओखला, आश्रम और भोगल से लोगों ने यहाँ आकर समय देना शुरू किया। यहाँ आसपास कई धर्मों से जुड़ी हुई संस्थाएँ हैं और उन्होंने भी एक ड्यूटी की तरह अपनी नियमित उपस्थिति यहाँ दर्ज़ कराई। यहाँ बैठी औरतों की सहूलियत, खाने-पीने, कम्बल आदि के इन्तज़ाम में मदद की गई। नुक्कड़ नाटक और गाने की टीमों ने आकर इंक़लाबी तरानों से समां बाँधा।

धीरे-धीरे यह एक नियमित धरना स्थल में तब्दील हो गया, लेकिन तब तक पुलिस की मेहरबानी हो गई। एक बरसाती रात यहाँ पुलिस वालों ने आकर तम्बू-कनात उखाड़ना और धरने पर बैठी औरतों को खदेड़ना शुरू

कर दिया। औरतों ने भी जमकर प्रतिवाद किया। 55 वर्षीय तब्बसुम आरा ने बताया, "न जाने कहाँ से इतनी ताक़त आ गई क़सम से? पहले तो मोहल्ले में पुलिस की गाड़ी घूम जाती थी तो औरतें अन्दर दुबक जाती थीं, लेकिन उस दिन तो जमकर लोहा लिया। ख़ूब नारे लगाए, जो हमने धरने पर आकर ही लगाने सीखे थे। वे नारे हमारी हिम्मत का सबब बने। हम वहाँ से हटे नहीं।" सुबह भीड़ वापस जुट गई। यहाँ आंबेडकर और गांधी के पोस्टर औरतें अपने साथ बड़ी संख्या में लेकर आईं। कई के हाथों में भारत का संविधान भी था। ये सारी चीज़ें शाहीन बाग़ आन्दोलन की अभिन्न पहचान का हिस्सा जो थीं।

जामा मस्जिद

शाहीन बाग़ आन्दोलन के दौरान दलित-मुस्लिम एकता और नौजवानों में छुपे हुए रॉबिनहुड एडवेंचर का प्रतीक बन गया जामा मस्जिद का विरोध प्रदर्शन। जामा मस्जिद की सीढ़ियों पर भारत का संविधान, नीले गमछे और हज़ारों की भीड़—यह यहाँ की सबसे उल्लेखनीय फ़ोटो बनी, जिसके केन्द्र बने भीम आर्मी के चन्द्रशेखर रावण। 20 दिसम्बर, 2019 को जुमे (शुक्रवार) की नमाज के बाद चन्द्रशेखर जामा मस्जिद पहुँचे और भारत के संविधान की प्रस्तावना का पाठ किया। उस वक़्त 20 हज़ार से ज़्यादा युवक-युवतियाँ यहाँ मौजूद थे। सब किसी भी तरह चन्द्रशेखर को देखना और छूना चाहते थे। जामा मस्जिद में चन्द्रशेखर के आने से यहाँ अलग ढंग का उत्साही माहौल बना। इसने पुरानी दिल्ली के इस इलाक़े को मानो बिजली से भर दिया। अगले दिन दिल्ली पुलिस ने चन्द्रशेखर को गिरफ़्तार कर लिया। इस घटना ने एक बड़ा सन्देश नीचे तक भेज दिया। कुछ हफ़्ते तक जेल में रहने के बाद जब चन्द्रशेखर बाहर आए तो फिर सबसे पहले जामा मस्जिद गए।

जामा मस्जिद में ऐतिहासिक काम हुआ, जो शायद ही किसी ने पहले सोचा हो। 8 जनवरी, 2020 को 1,200 औरतों ने मोमबत्ती लेकर जुलूस निकाला, जो जामा मस्जिद की सीढ़ियों पर पहुँचकर ख़त्म हुआ। इस इलाक़े में औरतों का इतना बड़ा जुलूस निकलना, नारों के साथ, हाथों में पोस्टर और मोमबत्ती लेकर—यह कम बात न थी और इससे इलाक़े की फ़िज़ा ही पूरी बदल गई। जामा मस्जिद की सीढ़ियों पर मोमबत्ती हाथ में थामे हुए इन औरतों

के फ़ोटो और वीडियो ख़ूब वायरल हुए। जो लोग लाल कुआँ और चावड़ी बाज़ार को जानते हैं, उन्हें पता है कि ये इलाक़े बेहद तंग गलियों वाले और बेइन्तहा भीड़ वाले हैं। यहाँ पर शाम की नमाज़—जिसे मग़रिब की नमाज़ करते हैं—के बाद इन औरतों का जुलूस निकालना और बहुत ही संगठित होकर बैठना इस पूरे इलाक़े की तसवीर को बदल देनेवाला साबित हुआ।

ये तमाम औरतें पहली बार ख़ुदमुख़्तार ढंग से बाहर निकली थीं। जुलूस में शामिल रही हफ़ीज़ा ने बताया, "मेरी शादी 16-17 साल की उम्र में ही हो गई थी। पढ़ने का बहुत मन था, लेकिन अब्बू के हालात बहुत अच्छे नहीं थे। जल्दी-जल्दी बच्चे हो गए। बहुत कुछ सीखने को नहीं मिला। घर में वतन के हालात पर जो बातचीत होती, जो अख़बार या ख़बरों में देखते, उससे अन्दाज़ा होता था। लेकिन अहसास ही नहीं हुआ कि हम भी यह सब कर सकते हैं। मुल्क इतना बड़ा है, इतनी ढेर सारी औरतें बाहर निकली हुई हैं। अपने इलाक़े की इन तमाम गलियों को भी इस तरह से पहली बार देखने का मौक़ा मिला। हम साथ चलते हैं, तो हम बहुत सुन्दर लगते हैं। अब मैं भी रैली की फ़ोटो-वीडियो खींचती हूँ और अपने सारे रिश्तेदारों को भेजती हूँ। पहली बार ही मैंने मुल्क के आईन की प्रस्तावना 'हम भारत के लोग' को सबके साथ पढ़ा। अब तो हमारे साथ-साथ घर में बच्चों को भी पूरा याद हो गया है। बेहद तसल्लीबख़्श अल्फ़ाज़ हैं।"

जामिया मिल्लिया इस्लामिया : गेट 7

सीएए के ख़िलाफ़ देश-भर में जो आन्दोलन शुरू हुआ, उसमें सबसे तीखे तेवर तमाम विश्वविद्यालयों में उभरे। दिल्ली के जामिया विश्वविद्यालय को भी उसी कड़ी में देखा जाना चाहिए। जामिया को ही सबसे पहले पुलिस बर्बरता का शिकार होना पड़ा। यहाँ 15 दिसम्बर को पुलिस ने परिसर में घुसकर लाइब्रेरी में पढ़ाई कर रहे विद्यार्थियों तक पर लाठियाँ चलाईं। इसकी वजह से छात्रों को चोटें लगीं, हड्डियाँ टूटीं और एक छात्र मो. मिन्हाजुद्दीन को अपनी एक आँख तक गँवानी पड़ी। उन्होंने बताया कि किस तरह से परिसर में घुसकर पुलिस ने उन्हें मारा। इससे उनकी एक आँख बुरी तरह ज़ख़्मी हो गई, इतनी कि वह बाहर निकल आई। उस आँख से लगातार ख़ून गिर

दिल्ली में शाहीन बाग़

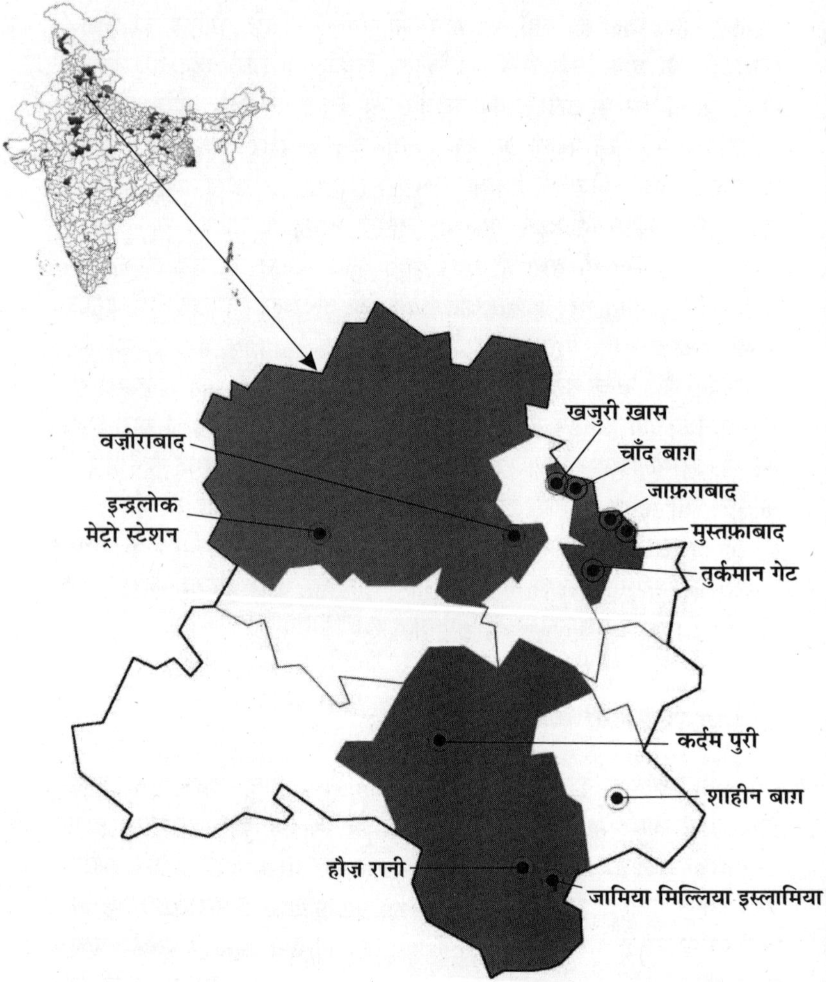

■ दिल्ली में नागरिकता संशोधन क़ानून का विरोध

आभार : न्यूज़क्लिक

रहा था। रात एक बजे तक कोई उपचार नहीं हो पाया। नतीजा यह हुआ कि उस आँख की रौशनी हमेशा के लिए चली गई। वह कहते हैं, "यह सोचना नामुमकिन था कि लाइब्रेरी में पुलिस हमें इस तरह वहशी होकर मारेगी। हम तो बहुत मुश्किल से यहाँ तक पढ़ने पहुँचे थे, लेकिन हमारे सपने टूट गए।"

इस तरह के जो तमाम वाक़ये थे, उन्होंने लोगों को भीतर तक झकझोरा। लेकिन पोस्टर गर्ल्स बनीं लादीदी फ़रज़ाना (22 साल, अरबी साहित्य की छात्रा), आइशा रेन्ना (22 साल, इतिहास की छात्रा) और चन्दा यादव (22 साल, स्नातक छात्रा), जिन्होंने पुलिस के ख़ौफ़ को तोड़ते हुए एक पुरुष सहपाठी को पुलिस की लाठियों से बचाया। उस वाक़ये का वीडियो बेहद वायरल हुआ। वह फ़ोटो आइकन बनी, जिसमें पुलिस वालों के हाथों में लाठियाँ हैं और तीनों लड़कियाँ उस लड़के को भीतर कवर करते हुए, पुलिस वाले को उँगली उठाकर ललकार रही हैं। इन लड़कियों ने सीधे-सीधे पुलिस की बर्बरता को न सिर्फ़ चुनौती थी, बल्कि जीत भी हासिल की। ये लड़कियाँ शाहीन बाग़ सहित तमाम जगहों पर बोलने गईं और शाहीन बाग़ में इनके पोस्टर टँगे, ग्राफ़िटी बनी।

इस बर्बर पुलिसिया हमले के ख़िलाफ़ दोषियों को सज़ा दिलाने के लिए और सीएए, एनआरसी को ख़त्म करने के लिए जामिया के गेट नम्बर 7 पर 100 दिन तक धरना चला। 21 मार्च, 2020 को जामिया को-ऑर्डिनेशन कमेटी ने कोरोना के ख़तरे को भाँपते हुए यह प्रदर्शन स्थगित किया।

यह प्रदर्शन और धरना शाहीन बाग़ के धरने से हौसला हासिल करता रहा और बदले में शाहीन बाग़ अपने पड़ोस में चल रहे आन्दोलन से शक्ति हासिल कर रहा था। जामिया के गेट पर धरना-प्रदर्शन के लिए एक बड़ा जमावड़ा लगा, जिसमें कलात्मकता हर तरफ़ बिखरी हुई थी। बड़े-बड़े कलाकार सड़क से लेकर दीवार के किनारों तक पर अपनी कूची को प्रतिरोध के रंगों में डुबोकर सृजन करते थे। जामिया में पढ़नेवाली लड़कियों में ज़ोरदार नेतृत्वकारी क्षमता का उभार हुआ। जामिया को-ऑर्डिनेशन कमेटी की मीडिया प्रभारी सफ़ूरा ज़रगर इस आन्दोलन के प्रमुख चेहरे के रूप में देखी जाती रहीं। ख़ासे बुलन्द स्वर वाली, अच्छी वक्ता और आयोजक। उन्हें इसकी भारी क़ीमत चुकानी पड़ी। सफ़ूरा को 10 अप्रैल, 2020 को यूएपीए के तहत गिरफ़्तार कर लिया गया और उन पर भड़काऊ भाषण

देने और हिंसा फैलाने का आरोप लगाया गया। जिस समय उन्हें गिरफ़्तार किया गया, वह गर्भवती थी। बाद में बहुत मुश्किलों से उन्हें ज़मानत पर रिहा किया गया। इनके कष्ट भी शाहीन बाग़ के नक़्शे पर दर्ज़ है।

10 फरवरी, 2020 को जामिया विश्वविद्यालय के बाहर केन्द्रीय गृह मंत्री अमित शाह से जामिया में हुई पुलिस बर्बरता की न्यायिक जाँच कराने और इस मामले में श्वेत पत्र लाने की माँग को लेकर बड़ा विरोध प्रदर्शन हुआ। इस पर भी पुलिस ने लाठीचार्च किया और छात्राओं की पिटाई की, उनके यौनांगों पर प्रहार किया। इस बात की तस्दीक कई जाँच रिपोर्ट में हुई। अगस्त में नेशनल फ़ेडरेशन ऑफ़ इंडिया ने भी इस घटना पर अपनी जाँच रिपोर्ट जारी की, जिसमें 15-17 लड़कियों को गम्भीर चोटें आने और 65-70 लोगों को चोट लगने का ब्यौरा पेश किया गया। इस रिपोर्ट में बताया गया कि दिल्ली पुलिस द्वारा कम-से-कम 15 लड़कियों के यौनांगों पर हमला किया गया, उनके स्तनों पर प्रहार किया गया, कपड़े फाड़े गए और जूतों से ठोकरें मारी गईं। इससे पहले भी कई जाँच रिपोर्टों में यह बात सामने आई थी और खुद इन तमाम लड़कियों ने अपने साथ हुए इस अत्याचार के बारे में भी बताया था। दोषी पुलिसकर्मियों पर कार्रवाई तो दूर की बात है, इतने गम्भीर आरोपों की छानबीन भी नहीं की गई। लेकिन जामिया की छात्राओं और छात्रों का हौसला कायम रहा।

जामिया का गेट नम्बर 7 तमाम संस्कृतियों, कला माध्यमों के ज़रिये प्रतिरोध की नई बानगी पेश कर रहा था। युवा किस तरह से भारत को देखते हैं, उनके क्या सपने हैं, उनका जोश कैसा है, उनके स्वर कैसे हैं और किस चीज़ को वे बर्दाश्त नहीं कर सकते—इन सब पर खुलकर बोलने का प्लेटफ़ॉर्म बना जामिया का गेट न. 7, जिसने खुले दिल से देश-भर से समर्थन में उठी आवाज़ों को सम्मान दिया। जामिया गेट न. 7 और शाहीन बाग़ का गहरा ताल्लुक़ था, जो अन्त तक बना रहा।

मंसूर अली पार्क, इलाहाबाद

इलाहाबाद के बाहर के लोग मंसूर अली पार्क के बारे में पहले कम ही जानते होंगे क्योंकि यह उन जगहों में से नहीं है, जिन्हें पारम्परिक रूप से इलाहाबाद

के साथ जोड़ा जाता है। यह पार्क शहर के रोशन बाग़ इलाक़े में स्थित है। 11 जनवरी, 2020 की रात सबसे पहली बार क़रीब एक हज़ार औरतें यहाँ शान्तिपूर्ण तरीक़े से जमा हुई थीं, जिसके बाद यह एक सिलसिला बन गया। क़ानून के सामने हर स्तर पर बराबरी के हक़ की माँग को लेकर औरतों ने विरोध जताना शुरू किया और शाहीन बाग़ से प्रेरणा पाकर इलाहाबाद में भी एक शाहीन बाग़ खड़ा कर लिया। बच्चों के साथ औरतें यहाँ जुटीं और ऐसा करते हुए उन्होंने औरतों के रात में बाहर न निकलने की परम्परा को भी तोड़ दिया।

जब परम्पराओं के टूटने की बात उठी है तो शाहीन बाग़ और देश-भर में तमाम अन्य जगहों पर हुए प्रदर्शनों ने जनप्रदर्शनों की एक और परम्परा को ध्वस्त किया। मैं इस बात की ओर पहले भी इशारा कर चुकी हूँ कि इतिहास में उन प्रदर्शनों को छोड़कर—जो ख़ालिस महिला मुद्दों पर रहे—बाक़ी सभी प्रदर्शन मर्दों द्वारा संचालित व नियंत्रित रहे। लिहाज़ा, उन सारे प्रदर्शनों में मर्दों की प्रधानता रहती थी और औरतों के लिए एक अलग-सी जगह शिरकत करने, बैठने के लिए बना दी जाती थी। लेकिन सीएए के ख़िलाफ़ हुए इस प्रदर्शन ने यह पारम्परिक ढाँचा उलट दिया था, जबकि यह आन्दोलन किसी महिला मुद्दे का नहीं था। यह विशुद्ध राजनीतिक मुद्दा था। दिल्ली के तमाम धरना स्थलों व देश की बाक़ी जगहों पर बने धरना स्थलों पर हर जगह औरतें प्रधान थीं और मर्दों के शिरकत करने या बैठने के लिए एक जगह निर्धारित थी, जिसके आगे या बाहर जाने की उन्हें पाबन्दी थी।

इलाहाबाद में तमाम समुदायों व धर्मों की औरतें प्रदर्शन में शामिल हुईं। हालाँकि इस बात की बहुत कोशिश भाजपा ख़ेमे की तरफ़ से होती रही कि इस पर केवल मुसलमान औरतों के प्रदर्शन का ठप्पा लगा रहे। यहाँ तक कि इस बात को लेकर प्रदर्शनकारियों के बीच तनाव खड़ा करने तक की साज़िशें चलती रहीं, लेकिन औरतें वहाँ मज़बूती से डटी रहीं।

इलाहाबाद में प्रदर्शन की मुख्य आयोजकों में सेवक सारा अहमद का कहना था, "जब मर्द लोग आवाज़ उठाते हैं तो पुलिस उन्हें हटा लेती है और सींखचों के पीछे डाल देती है। अब संविधान को बचाने की लड़ाई हम औरतों ने अपने हाथ में ले ली है। अगर शाहीन बाग़, कानपुर, गया वग़ैरह की औरतें चौबीसों घंटे बैठ सकती हैं तो हम क्यों नहीं बैठ सकतीं?"

सारा की साथी तरन्नुम ख़ान ने कहा, "जिस वक़्त देश-भर की औरतें कई जगहों पर लड़ रही हैं तो हम इलाहाबाद की औरतें कैसे ख़ामोश रह सकती हैं? यह हमारी पहचान की लड़ाई है।"

दरअसल, इलाहाबाद की औरतें भी इस बात को महसूस कर रही थीं कि कैसे सीएए-एनआरसी के ख़िलाफ़ यह जंग उनके लिए ज़्यादा महत्त्वपूर्ण है क्योंकि वे अपने घरों को छोड़कर पतियों के साथ ज़िन्दगियाँ बिता रही हैं। लिहाज़ा, काग़ज़ दिखाने का संकट औरतों के लिए ज़्यादा है जो उन्हें और उनके बच्चों, दोनों को मुश्किल में डालेगा। यही सोचकर औरतों ने सबके सामने अपनी आवाज़ उठाने का संकोच छोड़ा। इसलिए इलाहाबाद में भी एक रात का आन्दोलन धीरे-धीरे एक के बाद एक रातें जोड़ता हुआ हफ़्तों और फिर महीनों की गिनती पार करने लगा। उसका असर कानपुर, बरेली, मुरादाबाद, सँभल आदि जगहों पर भी देखने को मिला।

पार्क सर्कस, कोलकाता

कोलकाता में भी विरोध प्रदर्शन साल के शुरू में ही, 7 जनवरी, 2020 को शुरू हो गया था, लेकिन इसकी चर्चा होनी उस समय शुरू हुई जब प्रदर्शनकारियों में से एक, 57 साल की समीदा ख़ातून की मौत हुई। यह देश-भर में शाहीन बाग़ आन्दोलन के दौरान किसी की जान जाने का शायद पहला वाक़या था। पार्क सर्कस में चल रहे विरोध का नेतृत्व भी पूरी तरह औरतों के ही हाथ में था। शुरुआत यहाँ भी बाक़ी सभी जगहों की तरह कुछेक औरतों से हुई और फिर धीरे-धीरे जमावड़ा बढ़ता गया और तादाद सैकड़ों और हज़ारों में तब्दील हो गई। पार्क सर्कस मैदान भी 'कोलकाता का शाहीन बाग़' कहा जाने लगा। बंगाल की साझी संस्कृति के अनुरूप ही यह प्रदर्शन केवल मुसलमान औरतों का नहीं था, बल्कि तमाम समुदायों की औरतें यहाँ नियमित रूप से आ रही थीं। सब साथ बैठती थीं, नारे लगाती थीं, प्रतिरोध के गीत गाती थीं और खाती-पीती थीं। औरतें न केवल सभी समुदायों से बल्कि तमाम आर्थिक वर्गों से भी थीं—वहाँ घरों में काम करनेवाली ग़रीब तबक़े की औरतें भी थीं और युवा प्रोफ़ेशनल्स व कॉलेजों में पढ़नेवाली युवा लड़कियाँ भी। उन्हें देखकर आप क़तई यह अन्दाज़ा

नहीं लगा सकते थे कि यह किसी समुदाय विशेष द्वारा शुरू किया गया प्रदर्शन था।

दिल्ली के शाहीन बाग़ ने मुद्दे के साथ-साथ अपने आन्दोलन का स्वरूप भी देश के बाक़ी सभी शाहीन बाग़ों को उपलब्ध कराया, जैसे धरने पर बैठनेवाली औरतों में बड़ी संख्या घरेलू औरतों व गृहणियों की थी। लिहाज़ा जिस तरह से हमने शाहीन बाग़ में देखा कि औरतें किस तरह से घर व धरना, दोनों चला रही थीं, ठीक वही तरीक़ा इलाहाबाद से लेकर कोलकाता तक—बाक़ी सब जगह भी अपनाया गया। औरतों का दिन जल्दी शुरू होता था। वे घर में स्कूल-कॉलेज जानेवाले बच्चों और नौकरी पर जानेवाले परिजनों का नाश्ता-खाना तैयार करके, उन्हें विदा करके धरना स्थल पर पहुँच जाती थीं। घर के लिए उनकी दैनिक ज़िम्मेदारियों का दूसरा हिस्सा दोपहर बाद बच्चों के लौटने के वक़्त शुरू होता था। शाम को सारे धरना स्थल गुलज़ार हो जाया करते थे जब प्रदर्शनकारी औरतों का पूरा परिवार वहाँ पहुँच जाता था। तभी शहर के बाक़ी समर्थक भी जुट जाते थे। इसके साथ ही एक हक़ीक़त यह भी थी कि प्रदर्शन का नेतृत्व हर जगह वे औरतें कर रही थीं, जो इससे पहले कभी किसी प्रदर्शन या धरने में शामिल नहीं हुई थीं, लेकिन सीएए-एनआरसी के मुद्दे ने सभी को इस क़दर परेशान किया कि वे सब सड़कों पर उतर पड़ीं, इस तरह से मानो उनके पास इसके अलावा कोई चारा न था।

शाहीन बाग़ की ही तरह कोलकाता का पार्क सर्कस भी पूरे शहर में रोज़ाना सुर्ख़ियों में रहने लगा। कई लोग कौतुहल में भी वहाँ पहुँचने लगे। यहाँ की औरतें भी अपने प्रदर्शन को मज़बूत करने की चिन्ता करने के साथ-साथ देश की बाक़ी जगहों की भी पूरी ख़बर रखती थीं—चाहे वह प्रदर्शन हो या फिर सुप्रीम कोर्ट का फ़ैसला। सीएए-एनआरसी से जुड़ी याचिकाओं पर सुप्रीम कोर्ट का जो रुख़ रहा, उससे कोलकाता की इन औरतों को यह अहसास हो गया था कि उनकी लड़ाई लम्बी रहनेवाली है। कोलकाता में एक तसल्ली इसी बात की थी कि यहाँ प्रशासन व पुलिस भी मोटे तौर पर औरतों की हमदर्द थी।

पार्क सर्कस में भी औरतों का साथ देने के लिए समय-समय पर कई शख़्सियतें पहुँचती रहीं। इन्हीं में युवा फ़िल्म अभिनेता ज़ीशान अयूब भी थे,

जिन्होंने साफ़ तौर पर कहा कि मुसलमानों में अपनी पहचान को लेकर कोई ग्लानि नहीं होनी चाहिए और उन्हें ख़ुद को दोयम दर्ज़े का नागरिक मानना बन्द कर देना चाहिए।

जब सुप्रीम कोर्ट ने जनवरी में सुनवाई को चार हफ़्ते के लिए स्थगित कर दिया था, तब भी यहाँ उत्साह में कोई कमी नहीं आई। इसके उलट, यहाँ की औरतों ने यही सोचा कि उन्हें अपनी बातों को आगे बढ़ाने के लिए, ज़्यादा लोगों तक पहुँचाने के लिए और लोगों को आन्दोलन से जोड़ने के लिए अब ज़्यादा वक़्त मिल गया है। यही वह ऊर्जा थी जो इस आन्दोलन, इस साझी लड़ाई में शामिल लोग एक-दूसरे को दे रहे थे।

अजित मिल, अहमदाबाद

गुजरात में इस तरह के आन्दोलन की शुरुआत करना कोई आसान काम न था। भले ही वह अहिंसक सत्याग्रह का रास्ता दुनिया को दिखानेवाले महात्मा गांधी की जन्मभूमि व कर्मभूमि थी, लेकिन पिछले दो दशकों ने वहाँ की राजनीति व सामाजिक समीकरणों को काफ़ी बदल डाला था। लेकिन इस बार जब शाहीन बाग़ और उसके रास्ते पर चलते हुए देश के बाक़ी शहरों में सीएए-एनआरसी के ख़िलाफ़ आन्दोलन शुरू हुआ तो लोग यहाँ भी बेचैन हुए। शहरी ग़रीब आवास योजना स्थित अजित मिल में लोग जमा होने शुरू हुए। इस कॉलोनी में ज़्यादातर मुस्लिम लोग रहते हैं।

शुरु में लोग कम थे और आदमियों की संख्या औरतों से ज़्यादा थी, लेकिन धीरे-धीरे यह स्वरूप बदलने लगा और यहाँ का नज़ारा भी देश की बाक़ी जगहों जैसा ही हो गया। बड़ा-सा शामियाना लगाया गया, औरतों व मर्दों के लिए अलग-अलग जगह बैठने की निर्धारित हुई। मंच व ऊँची जगहें औरतों के पास रहीं और मर्द नीचे रहे। देश के स्वतंत्रता सेनानियों की तसवीरें लगीं और डॉ. आंबेडकर का कटआउट तो सबसे बड़ा था। देश की आज़ादी की लड़ाई, साझी संस्कृति व वंचित तबक़ों के संघर्ष के सभी प्रतीक प्रमुखता के साथ मौजूद थे।

दिन में रिटायर्ड लोग, गृहणियाँ, बच्चे जमा होते और फिर दिन ढलते-ढलते जमावड़ा बढ़ने लगता। शाम शुरू होने से लेकर तक़रीबन आधी रात

तक का धरना स्थल का कमोबेश एक-सा स्वरूप पूरे देश-भर में अपनाया गया। गीत गाए जाते, नारे लगते, सीएए-एनआरसी के ख़िलाफ़ तक़रीरें होतीं, देश की एकता व भाईचारे की बातें होतीं, संगीत होता और जब बाक़ी शहर सो चुका होता तो औरतें 'जन-गण-मन' गाकर दिन का कार्यक्रम सम्पन्न करतीं। अगले दिन सुबह फिर 'सारे जहां से अच्छा...' के साथ शुरुआत होती। किसी भी राजनीतिक पार्टी या राजनीतिक नेता को सीधे तौर पर जगह नहीं दी गई। कोशिश यही रही कि सभी वर्गों और समुदायों के लोगों का प्रतिनिधित्व यहाँ रहे, और तमाम संगठनों के लोग राज्य के भीतर व बाहर से यहाँ अपनी एकजुटता ज़ाहिर करने के लिए आते ही रहते थे।

ज़ाहिर था कि चर्चाओं-बहसों-भाषणों में स्थानीय मुद्दे भी आते ही थे। इस संवेदनशील मामले में गुजरात में 2002 के गोधरा-बाद के नरसंहार का ज़िक्र भी बार-बार होना लाज़िमी ही था। कई औरतों ने इस बात को उठाया कि उनके घर समेत सब कुछ तो उस हिंसा की भेंट चढ़ गया, घर फुंक गए, सब स्वाहा हो गया तो अब वे काग़ज़ कहाँ से लेकर आएँगी?

प्रदर्शन करनेवाली औरतें राज्य के बाहर के हालात से भी उतनी ही वाक़िफ़ रहती थीं। जैसे कि जब उत्तर प्रदेश की आदित्यनाथ सरकार ने लखनऊ व इलाहाबाद में प्रदर्शनकारियों के साथ ज़्यादतियाँ कीं तो उसका पुरज़ोर विरोध अहमदाबाद में भी नज़र आया। हाल यह था कि दिल्ली में शाहीन बाग़ में बैठी औरतों पर कोई आरोप लगाए जाते तो उनका जवाब शाम को अहमदाबाद में भी सुनाई देता। अहमदाबाद में धरने पर बैठी औरतों ने इतनी परिपक्वता दिखाई कि जब उन्होंने ज़्यादतियों की बात की तो सबकी की—1984 में सिखों के नरसंहार से लेकर, 2002 में गोधरा में साबरमती एक्सप्रेस में लगाई गई आग, उसके बाद हुए मुसलमानों के नरसंहार, आदिवासियों के ख़िलाफ़ देश-भर में हुई राज्य-प्रायोजित हिंसा, कलबुर्गी, पनसारे, दाभोलकर, ग़ौरी लंकेश समेत तमाम कार्यकर्ताओं व सुधारकों की हत्या—सबके ख़िलाफ़ आवाज़ उठाई गई। इस तरह सीएए-एनआरसी के ख़िलाफ़ यह आन्दोलन शोषितों, वंचितों व हाशिये पर धकेल दिए गए तमाम तबक़ों का भी साझा मंच बन गया। सब कुछ बेहद शान्तिपूर्ण व अनुशासित तरीक़े से हुआ।

शहीद स्मारक, एम.आई. रोड, जयपुर

मैंने पहले भी इस बात का ज़िक्र किया था कि शाहीन बाग़ आन्दोलन इस मायने में देश में बाक़ी तमाम आन्दोलनों से बहुत अलग था कि इस आन्दोलन में सरकार को देश के संविधान की दुहाई दी जा रही थी। जगह-जगह संविधान की प्रस्तावना का पाठ किया जा रहा था। राजस्थान की राजधानी जयपुर में भी इस आन्दोलन की शुरुआत इसी प्रस्तावना के पाठ से हुई। इसके लिए जगह भी चुनी गई शहर की सबसे प्रमुख जगहों में से एक, यानी अल्बर्ट हॉल म्यूजियम। क़रीब 130 साल पुराना यह संग्रहालय देशी-विदेशी सैलनियों में ख़ासा लोकप्रिय है।

यहाँ भी 2 जनवरी, 2020 से प्रदर्शन शुरू हो गया। कड़ाके की सर्दी में भी यहाँ रोज़ाना शाम को दो घंटे सीएए के ख़िलाफ़ विरोध प्रदर्शन होता। धीरे-धीरे यहाँ लोगों की संख्या बढ़ने लगी। फिर यहाँ के प्रदर्शन और देश-भर से आनेवाली ख़बरों ने यहाँ की औरतों को भी विरोध का दायरा बढ़ाने का हौसला दिया।

लिहाज़ा, 'संविधान और लोकतंत्र बचाओ' अभियान के बैनर तले एम.आई. रोड स्थित शहीद स्मारक पर—पुलिस आयुक्त के दफ़्तर के बिलकुल नज़दीक—यहाँ की औरतों ने भी अपना शाहीन बाग़ बना लिया। 31 जनवरी से यहाँ चौबीसों घंटे का विरोध प्रदर्शन शुरू हो गया, उसी तरह से तिरंगा व संविधान लेकर। बाक़ी जगहों की ही तरह यहाँ भी आन्दोलन की कमान पुराने शहर की औरतों के ही हाथ में रही। औरतें भी हर उम्र की यहाँ आतीं—छोटी बच्चियों से लेकर नानी-दादियाँ तक। हालाँकि शहर के तमाम इलाक़ों व समुदायों के लोग यहाँ आकर शिरकत करते रहे।

बाक़ी जगहों की ही तरह विरोध के नए-नए तरीक़े ढूँढ़े जाते, नए-नए नारे ईज़ाद किए जाते, गीत-नज़्में गाई जातीं। लोग अपनी-अपनी कहानियाँ मंच पर आकर साझा करते। ज़्यादातर औरतें पहली बार किसी प्रदर्शन में हिस्सा ले रही थीं।

जयपुर से पहले भी राजस्थान के दो शहरों में प्रदर्शन शुरू हो चुके थे। जयपुर के बाद तो इस सिलसिले ने ज़ोर पकड़ लिया और सीकर, कोटा, चित्तौड़गढ़, बूँदी, सवाई माधोपुर आदि शहरों में भी औरतें प्रदर्शन के लिए मैदान में उतर पड़ीं।

बिलाल बाग़, बेंगलुरु

शाहीन बाग़ की ही तर्ज़ पर बेंगलुरु में बिलाल बाग़ धरना-प्रदर्शन का ठिकाना बना। यह जगह टेनेरी रोड पर हज़रत-ए-बिलाल मसज़िद के ठीक सामने हैं। हालाँकि देश में बाक़ी जगहों से होती हुई आन्दोलन की लहर यहाँ थोड़ी देर से पहुँची। फरवरी के शुरू में यहाँ औरतों व बच्चों ने धरना शुरू कर दिया था। वही, संविधान को बचाए रखने की शपथ, गांधी की याद और सीएए, एनआरसी व एनपीआर की कड़ी मुख़ालफ़त। राहत इन्दौरी के तेवर, 'किसी के बाप का हिन्दुस्तान थोड़ी है' उतने ही बुलन्द तरीक़े से औरतों की आवाज़ में गूँजते। आदमियों की शि़रकत यहाँ भी केवल औरतों का साथ देने के लिए ही थी।

एक नौजवान लड़की (बुरक़ा पहने हुए) साइमा रहमान, जो बी.कॉम. की छात्रा है, यहाँ ख़ूब सक्रिय नज़र आईं, अपनी तल्ख़ आवाज़ में बातें करते हुए तमाम लोगों को इस आन्दोलन में जुड़ने के लिए समझाती नज़र आईं। सवाल पूछने पर उसने एक कविता में जवाब दिया—

पूछता है तिलक से वज़ू चीख़कर,
आमने-सामने-रू-ब-रू चीख़कर,
जब मेरा और तिरा एक ही रंग है,
फिर बताओ भला किसलिए जंग है?

इस धरना स्थल पर बड़ी संख्या में नौजवान लड़कियों की मौजूदगी फ़िज़ा को बहुत ही वाइब्रेंट बनाए हुए थी। यहाँ बैठी सभी औरतों का कहना था कि मोदी जी ने शेरनियों को जगा दिया है और अब ये वापस नहीं जाएँगी। सबके अन्दर रानी चिन्नम्मा जैसी ज्वाला जला गए हैं। कित्तूर की रानी चिन्नमा ने अंग्रेज़ों के ख़िलाफ़ बेहद ज़ोरदार युद्ध छोड़ा था। हम उन्हें याद करते हुए, उनसे हौसला बँधाते हुए आगे बढ़ रहे हैं। यहाँ पर गाना चल रहा था, हमारे मुल्क में हिन्दू-मुसलमान साथ रहते हैं, साथ खाते हैं, साथ बढ़ते हैं...ये हिन्दुस्तान, ये हिन्दुस्तान हमारा है ...और सब लोग इस गाने को दोहरा रहे थे।

प्रोफेसर शारिया दुर्रानी, जो इस आन्दोलन के आयोजकों में से एक थीं, ने बताया, "मुझे देश में बढ़ती साम्प्रदायिकता से लम्बे समय से

परेशानी हो रही थी, साँस लेना मुश्किल हो रहा था। और सीएए, एनआरसी पर तो लगा कि अब आवाज़ नहीं उठाई तो जीने के कोई मायने नहीं हैं। कम-से-कम हम कायरों की तरह घर में बैठे-बैठे तो नहीं मरेंगे, लड़ते हुए शहीद होंगे।"

यहाँ औरतों का साथ देने के लिए आनेवाली शख़्सियतों में जाने-माने अभिनेता नसीरुद्दीन शाह और गुजरात के विधायक जिग्नेश मेवानी शामिल थे।

वाशरमैनपेट, चेन्नई

सीएए-एनआरसी के मुद्दे पर चेन्नई व तमिलननाडु के अन्य हिस्सों में भी गुस्सा तो था। त्रिची, कोयम्बटूर, सलेम व तिरुवनावेल्ली जैसी जगहों पर छोटे-छोटे प्रदर्शन भी हुए, लेकिन भाजपा की अनुरागी अन्नाद्रमुक सरकार के प्रभाव में मीडिया ने उनकी मोटे तौर पर उपेक्षा ही की। राजधानी चेन्नई तक इसका असर पहुँचने में वक़्त लगा। जनवरी के अन्त में औरतों ने उत्तर चेन्नई के वाशरमैनपेट में प्रदर्शन की शुरुआत की। लेकिन प्रशासन ने सख्ती दिखाते हुए चौबीसों घंटे चलनेवाले धरने की इजाज़त नहीं दी और केवल दिन-दिन में प्रदर्शन करने की मंजूरी दी। प्रदर्शनकारी औरतों को यह रास नहीं आया और उन्होंने वह जगह पूरी तरह छोड़ दी। फिर एक सप्ताह में काफ़ी लोगों को अपने आन्दोलन से जोड़ा और अपनी ताक़त बढ़ाई। एक सप्ताह बाद जुमे की नमाज़ के बाद वे फिर से उसी जगह पर लेकिन कहीं ज़्यादा तादाद में जा धमकीं।

हज़ारों की संख्या में औरतों ने वहाँ सड़कों व गलियों में डेरा जमा लिया। नारेबाज़ी होने लगी। हाल यह था कि आमतौर पर हिन्दी के लिए मुश्किल जगह मानी जानेवाली चेन्नई में हिन्दी व उर्दू में नारेबाज़ी और तक़रीरें चलती रहीं और सुनी जाती रहीं। लेकिन प्रशासन अपनी सख्ती से बाज नहीं आया। ख़ासा हंगामा हुआ, लाठीचार्ज भी किया गया औरतों के साथ बदतमीज़ी हुई, उनको उठाकर यहाँ से बहुत दूर ले जाकर छोड़ दिया गया, लेकिन औरतों ने ज़मीन नहीं छोड़ी।

चेन्नई की इस घटना का असर बाक़ी जगहों पर भी बहुत हुआ। तमिलनाडु के दूसरे शहरों और यहाँ तक कि गाँवों से भी औरतों के सड़कों पर उतरकर

धरना-प्रदर्शन शुरू करने की ख़बरें आने लगीं। यह वह लहर थी जो किसी के रोके रुकनेवाली नहीं थी।

चेन्नई में चल रहे शाहीन बाग़ में बहुत दिलचस्प घटनाएँ भी हुईं, जो अनेक लोगों के लिए आजीवन यादगार बनी रहेंगी। एक मुस्लिम युगल, सुमय्या और शाहीन शाह ने धरना स्थल पर ही शादी रचाई। इस जोड़े का प्रेम परवान चढ़ा इस प्रदर्शन के दौरान। दोनों यहाँ नियमित रूप से आ रहे थे। यहीं इनके बीच प्यार हुआ और उन्होंने यहीं शादी भी की। शादी को उन्होंने अपने मक़सद से बेहद ख़ूबसूरती से जोड़ा। पूरे शहर में यह चर्चा में बना रहा। शादी के दौरान दोनों ने अपने हाथों में सीएए के विरोध में लिखे नारों वाली तख़्तियाँ थाम रखी थी। तख़्ती पर लिखा था, 'सीएए, एनपीआर, एनआरसी नहीं'।

अपनी शादी में सुमय्या ने चटख़ लाल रंग की साड़ी पहनी थी जबकि शाहीन ने कत्थई रंग की ड्रेस पहनी थी। इस बात की भी चर्चा रही कि जिस तरह से देश-भर में फैले शाहीन बाग़ों में मुस्लिम समाज से जोड़ के देखे जानेवाले रंगों और उनके झंडों से परहेज़ किया गया, वैसे ही इस शादी में भी। इस युगल की शादी प्रदर्शन में शामिल एक इमाम ने ही कराई। शादी होने के बाद वहाँ मौजूद प्रदर्शनकारियों ने जोड़े को तोहफ़े भी दिए। साथ ही तिरंगा झंडा लहरा कर सीएए और एनआरसी के ख़िलाफ़ नारे भी लगाए।

मुमताज़ बाग़, हैदराबाद

हैदराबाद पुलिस ने भरसक कोशिश की थी कि दिल्ली के शाहीन बाग़ की तर्ज पर कोई बेमियादी धरना शहर में शुरू न होने पाए, लेकिन वह भुलावे में ही रह गई। बरकस में ख़ालिद मियाँ दरगाह के ठीक सामने मुमताज़ बाग़ मैदान में अचानक दो सौ से ज़्यादा औरत-मर्द व बच्चे पहुँच गए और सीएए-एनआरसी के ख़िलाफ़ धरना देना शुरू कर दिया, नारेबाज़ी शुरू हो गई। ये सभी वहाँ लम्बे डटने के इरादे से आए थे। महाशिवरात्रि में व्यस्त पुलिस को इस धरने ने चौंका दिया, लेकिन फिर उसने तुरन्त ही इलाक़े की घेरेबन्दी कर ली। तब तक धरना जम चुका था और उसे ज़िन्दा बनाए रखने के लिए आयोजकों की तरफ़ से कई तरह के कार्यक्रमों की

तैयारियाँ भी कर ली गई थीं। इस तरह एक नया नाम हैदराबाद में भी खड़ा हो चुका था।

मुम्बई बाग़

महानगरों में दिल्ली के बाद सबसे ज़्यादा असर मुम्बई में देखने को मिला। यहाँ कई जगहों और स्तर पर सीएए-एनआरसी के ख़िलाफ़ प्रदर्शन देखने को मिले। इन सब जगहों पर तिरंगा था, संविधान की प्रस्तावना थी, फ़ैज़ की 'हम देखेंगे' थी और 'आज़ादी' के नारे थे।

23 दिसम्बर, 2019 को मुम्बई के धारावी में तीस हज़ार से ज़्यादा लोगों ने सीएए-एनआरसी के ख़िलाफ़ ज़बरदस्त प्रदर्शन किया। 'धारावी रहिवासी सेवा संघ' के बैनर तले यह प्रदर्शन पूरी तरह से स्थानीय लोगों के हाथ में था। इस प्रदर्शन ने महानगरी में आगे के प्रदर्शनों व धरनों के लिए ज़मीन तैयार कर दी। इसी दिन कुछ और जगहों पर भी मार्च हुए।

जनवरी के आख़िरी हफ़्ते में मुम्बई के मदनपुरा इलाक़े में औरतों व बच्चों ने मिलकर सीएए-एनआरसी के ख़िलाफ़ धरना शुरू कर दिया। उन्हीं दिनों नागपाड़ा इलाक़े में भी धरना शुरू हो गया और शाहीन बाग़ की तर्ज़ पर उसे 'मुम्बई बाग़' नाम दे दिया गया।

इसी तरह फिर 15 फरवरी, 2020 को आज़ाद मैदान में कई हज़ारों की तादाद में लोग विरोध जताने के लिए जमा हुए। तब तक देश-भर में यह आन्दोलन फैल चुका था। यह कार्यक्रम सीएए-एनआरसी-एनपीआर के ख़िलाफ़ नेशनल अलायंस के महाराष्ट्र चैप्टर के बैनर तले था।

नागपाड़ा में 'मुम्बई बाग़' का धरना-प्रदर्शन लगातार चलता रहा। इसका काफ़ी असर देखने को मिला। बड़ी संख्या में पूरे महानगर से लोग रोज़ यहाँ जुटने लगे। आख़िरकार 23 मार्च, 2020 को जब कोविड के फैलने की वजह से पाबन्दियाँ लगने लगीं तो यहाँ का धरना ख़त्म कर दिया गया।

7

आन्दोलन के औज़ार

देश के तक़रीबन हर कोने तक शाहीन बाग़ की आँच पहुँची। शाहीन बाग़ के औज़ारों को समझने के लिए कुछ झलकियों को पेश करना बेहद ज़रूरी है—

> कड़ाके की ठंड में, जब हवा इतनी सर्द थी कि हाथों को सिर्फ़ शॉल या जेब से बाहर निकालने की हिम्मत नहीं हो रही थी, तब नन्ही कौसर दो साल के फ़िरोज के गाल पर तिरंगा बनाने में मशगूल थी। वह पूरी कोशिश कर रही थी कि उसका हाथ डगमग न हो...महज़ दस मिनट में गाल पर तिरंगा बन गया। प्रेम से उसकी पेशानी (माथे) को चूम कर कौसर ने कहा, "उफ़्फ़! अब दूसरा गाल ढूँढ़ना पड़ेगा।" इतना काम था उस नन्ही जान के पास। उसकी ख़ाला पास में बैठी थीं। मैंने उनसे पूछा, "कब से यह तिरंगा बना रही है चेहरे पर?" उन्होंने जवाब दिया, "अरे, पहले मैं बनाती थी इसके गाल पर, फिर घर जाकर इसने ख़ूब प्रैक्टिस की और अब यही मास्टर हो गई है। सारे रंग ख़त्म कर देती है। यहाँ तिरंगा बनाने का कॉम्पीटिशन जो चलता है।"
>
> एक महिला नीले रंग की साड़ी पहने, गोदी में एक छोटे-से बच्चे को पकड़े हुए, दूसरे हाथ में भारत का झंडा पकड़े...आगे क़दम बढ़ा रही है। सामने लिखा है शाहीन बाग़ और नीचे आज़ादी, सबसे नीचे लिखा है 'नो एनआरसी, नो सीएए'। यह है शाहीन बाग़ के मंच के पास सबसे लम्बे समय तक लगा एक पोस्टर, जो तक़रीबन तमाम वीडियो-फ़ोटो में नज़र आता रहा। शाहीन

बाग़ की सारी भावना, स्त्री सशक्तीकरण, आन्दोलन में बच्चों की अनिवार्यता और देशभक्ति का नारीवादी आख्यान...यह सब कुछ मंच के बिलकुल बगल में एक ही पोस्टर में चस्पाँ था।

एक बड़ा-सा पिंजरा रखा हुआ है, जिसे कला की भाषा में इंस्टॉलेशन कहते हैं। इसके ऊपर लिखा हुआ है—डिटेंशन सेंटर। देश के उत्तर-पूर्वी राज्य असम को छोड़कर शेष भारत में कहीं भी (तब तक) डिटेंशन सेंटर नहीं था, लेकिन लोगों को पता था कि एनआरसी का सीधा सम्बन्ध इन डिटेंशन सेंटरों से है। जैसे असम में कई लोग जो एनआरसी की प्रक्रिया के दौरान खुद को भारत का नागरिक नहीं साबित कर पाए, उन्हें इन डिटेंशन सेंटरों में डाल दिया गया। इनमें से कई को मौत निगल गई और बहुतों का जीवन मौत से बदतर बन गया। शाहीन बाग़ में बना यह इंस्टॉलेशन सीएए और एनआरसी की क्रूरता को लोगों के सामने रख रहा था। इस 'डिटेंशन सेंटर' पर भगत सिंह, आंबेडकर और गांधी के पोस्टर लगे हैं। जमैका के पॉप सिंगर और प्रतिरोध संगीत के प्रतीक बॉब मारले का कथन पोस्टर पर लिखा हुआ था—'पूरी ज़िन्दगी जेल में काटने से अच्छा है, आज़ादी के लिए लड़ते-लड़ते मर जाना।' इसी तरह से एक और पोस्टर जो इस 'डिटेंशन सेंटर' पर चिपका था, उसका मज़मून था—'यह खुद को क़ैद करके सींखचों के पीछे बन्द करने का समय नहीं है, यह इसके ख़िलाफ़ लड़ने का समय है।' एक और पोस्टर, जिसके आगे नौजवान लड़के-लड़कियाँ ख़ूब सेल्फी खींचते उस पर लिखा था—

'भगत सिंह की हिम्मत, अशफ़ाक का जज़्बा, बिस्मिल का राग हूँ, ऐ हुकूमत आँख मिला मुझसे। मैं शाहीन बाग़ हूँ।'

तिरंगे ही तिरंगे थे चारों तरफ़। शाहीन बाग़ धरना स्थल पहुँचने से पहले ही हर तरफ़ नज़र आने लगता था देश का झंडा। 26 जनवरी, 2020 को जितने लोग शाहीन बाग़ में झंडा फहराने पहुँचे थे, उतने किसी सरकारी आयोजन में पहुँचे या नहीं—इसकी

> तो तुलना नहीं की जा सकती है, लेकिन यह बात तो तय थी कि शाहीन बाग़ हज़ारों की संख्या में जो लोग पहुँचे थे, उनके दिलों में आज़ादी और वतनपरस्ती का तराना धूम से बज रहा था। हर कोने पर तिरंगा था, हर हाथ लहरा रहा था। राजधानी में सबसे ऊँचा तिरंगा फ़हराने की ख़्वाहिश को साकार किया राधिका वेमुला (दलित प्रतिरोध का प्रतीक बने रोहित वेमुला की माँ। जातिगत भेदभाव के कारण रोहित को आत्महत्या करनी पड़ी थी, जिसे संस्थागत हत्या माना गया), सायदा (जुनैद की माँ। 25 जून 2017 को ट्रेन में मॉब लिंचिंग के शिकार हुए थे जुनैद), फ़ातिमा नफ़ीस (जवाहरलाल नेहरू विश्वविद्यालय के छात्र नज़ीब की माँ, जो सन्दिग्ध परिस्थितियों में ग़ायब हो गए थे) और शाहीन बाग़ की आवाज़ का प्रतीक बनी दादियों-नानियों ने। सबने—जन-गण-मन गाया। हज़ारों की भीड़, तिल भर जगह नहीं...लेकिन कहीं कोई धक्का-मुक्की नहीं, छेड़ख़ानी नहीं, कोई वारदात नहीं। सब कुछ जनता के भीतरी अनुशासन की बदौलत। हज़ारों की भीड़ में औरतों की संख्या मर्दों से कहीं ज़्यादा थी।

हम यहाँ सिर्फ़ दिल्ली के शाहीन बाग़ की बात नहीं कर रहे हैं, दिल्ली के तमाम धरनों और देश-भर में फैले अनगिनत धरनों में एक बात बहुत आम थी और वह थी, देश के प्रतीकों पर अपनी दावेदारी ठोंकना। शाहीन बाग़ ने आन्दोलन को नित नए रूप दिए। परम्परागत आन्दोलन जिस ढाँचे में चलते हैं, चलाए जाते हैं, वैसा ढाँचा इसका नहीं था। इतनी बड़ी संख्या में औरतें इसमें शामिल हुईं थीं, उन्हें लगातार सक्रिय बनाए रखना, जोड़े रखना एक बड़ी चुनौती रही होगी, ख़ासकर तब जब इसका किसी राजनीतिक पार्टी का सहयोग-समर्थन नहीं था। लेकिन इससे भी बड़ी बात थी, बहुत बड़ी संख्या में नौजवान लड़कियों और लड़कों की शिरकत। उनकी शिरकत ने इस आन्दोलन को नई धार दी।

इस आन्दोलन पर शुरू से ही हमले बहुत ज़्यादा हो रहे थे, इसके ख़िलाफ़ साज़िशें की जा रही थीं। सत्ता में बैठे शीर्ष राजनीतिक नेताओं ने शाहीन बाग़ आन्दोलन को लगातार निशाने पर रखा। जनवरी में गृह मंत्री

फ़ोटो : सर्वेश

आन्दोलन की संगी राधिका वेमुला (बीच में)

अमित शाह ने दिल्ली विधानसभा चुनाव के दौरान एक रैली (27 जनवरी, 2020) में शाहीन बाग़ पर सीधे-सीधे मोर्चा खोलते हुए कहा कि मोदी सरकार देशद्रोही ताक़तों को छोड़ेगी नहीं...।[1]

तत्कालीन केन्द्रीय मंत्री गिरिराज सिंह ने 6 फरवरी, 2020 को कहा कि शाहीन बाग़ में आत्मघाती बम फेंकनेवाले दस्तों को तैयार किया जाता है। देश की राजधानी में देश के ख़िलाफ़ साज़िश हो रही है।[2] उन्होंने इस बारे में विरोध प्रदर्शन के भाषणों के वीडियो के साथ ट्वीट किया।

इस तरह के अनगिनत आरोपों की झड़ी शुरू से ही यह आन्दोलन झेलता रहा। लिहाज़ा, इन्होंने अपने प्रतिरोध को बिलकुल अलग धरातल पर विकसित किया। ये सब मुस्लिम इलाक़े थे, बैठनेवालीं मुसलमान औरतें थीं, इसके बावजूद अपने किसी भी प्रतीक में यह मुसलमानों का आन्दोलन

---

1. https://www.tribuneindia.com/news/reviews/story/amit-shah-dares-kejriwal-to-visit-shaheen-bagh-asserts-modi-govt-will-not-spare-anti-nationals-31981
2. https://www.hindustantimes.com/india-news/creating-suicide-bombers-bjp-minister-amps-up-attack-on-delhi-s-shaheen-bagh/story-PVD9RDKope5JpLgDltn3lI.html

नहीं बना। यह संविधान और देश को बचाने की ही लड़ाई रही। यहाँ हरा झंडा नहीं, तिरंगा लहराया गया। जब प्रधानमंत्री नरेन्द्र मोदी ने कहा कि सीएए का विरोध करनेवालों की पहचान कपड़ों से हो सकती है तो शाहीन बाग़ की औरतों ने तिरंगा ओढ़ लिया। अपने कपड़ों को तिरंगा बना लिया।

तिरंगा, संविधान, संविधान की प्रस्तावना, प्यार-अमन की बातों को बेख़ौफ़ अन्दाज़ में कहना और सीधे-सीधे सत्ता के शीर्ष से संवाद करना, हर जवाब को कलात्मक रूप देना—ये सारे तौर-तरीक़े शाहीन बाग़ की औरतों और आन्दोलन के समर्थकों ने बहुत सजगता से ईज़ाद किए।

यह दक्षिणपंथी राष्ट्रवाद को जवाब देने के अन्दाज़ में हुआ। देशभक्ति को एक ख़ास अन्दाज़ में, आक्रामक अन्दाज़ में ही पेश करना 'न्यू नॉर्मल' बन गया था। पिछले एक दशक में, तिरंगे को, देशभक्ति को एक हथियार के तौर पर दक्षिणपंथी उग्र हिन्दू राष्ट्रवादी ताक़तों ने इस्तेमाल किया था, वह भी अल्पसंख्यकों को ख़ौफ़ज़दा करने के लिए। जिस तरह से उत्तर प्रदेश मुस्लिम बस्तियों में तिंरगा यात्रा निकाली गई, उसका सौ फ़ीसदी मक़सद साम्प्रदायिक तनाव फैलाना था। उत्तर प्रदेश में 2017 में आदित्यनाथ सत्ता में आए और इसके कुछ ही महीने बाद जनवरी, 2018 में कासगंज में तिरंगा यात्रा निकालने के नाम पर गोलबन्दी शुरू हुई। इस यात्रा का आह्वान किया था *भारत जोड़ो अभियान* ने और भाजपा-संघ से जुड़े संगठनों के युवक इसमें शामिल थे। भगवा कपड़े पहने, बाइक पर सवार युवकों की टोलियाँ तिरंगा लहराते हुए, मुसलमानों को ललकारते हुए निकल रही थीं और दंगे के हालात पैदा कर रही थीं—ऐसे कई वीडियो सामने आए।

जिस तरह का माहौल पैदा कर दिया गया था, उसके नतीजे में हिंसा हुई, जिसमें चन्दन गुप्ता नामक युवक की हत्या हुई। बाद में बताया गया कि इस हत्या का बदला देने के ही लिए जामिया में 30 जनवरी, 2020 को एक युवक ने फ़ायरिंग की थी। सीएए के ख़िलाफ़ जामिया में चले इस प्रदर्शन को जिस तरह से इस युवक ने फ़ायरिंग कर निशाना बनाया और उसे बदले की कार्रवाई में तब्दील किया, उसे खुद युवक चन्दन गुप्ता के पिता ने सिरे से नकार दिया। उन्होंने कहा, "मैं अपने बेटे के नाम पर कोई हिंसा और नफ़रत नहीं चाहता।"

यह अलग बात है कि हिंसा हुई और 'तिरंगा यात्रा' के नाम पर ध्रुवीकरण हुआ। हक़ीक़त यही है कि तिरंगा और उसकी यात्राएँ कई बार अलग-अलग तरीक़ों से एक ख़ास एजेंडे में इस्तेमाल आती रहीं।

प्रधानमंत्री कार्यालय में मंत्री जितेन्द्र सिंह ने आतंकवाद, भ्रष्टाचार और साम्प्रदायिकता से भारत को मुक्त कराने के नाम पर जम्मू से पहले अगस्त, 2016 में और फिर अगस्त, 2017 में 'तिंरगा यात्रा' का आयोजन किया था। तिरंगा यात्राओं का सिलसिला फिर देश-भर में चला। खुद प्रधानमंत्री नरेन्द्र मोदी ने ट्वीट करके इन तिरंगा यात्राओं को 2022 तक नए भारत के निर्माण से जोड़ दिया और इस तरह इनके लिए समर्थन की ज़मीन तैयार की। इसी राजनीतिक समर्थन की वजह से 2018 का पूरा साल तिरंगे को आक्रामक रूप से इस्तेमाल करने के नाम रहा। दिसम्बर, 2018 में राम मन्दिर के निर्माण के लिए जो यात्राएँ निकलीं, उन सबमें तिरंगे का खुलकर इस्तेमाल किया गया। यहाँ देखनेवाली बात यह है कि किस तरह से तिरंगे को हिन्दू राष्ट्रवाद के साथ जोड़ दिया गया। इसका पूरा रंग मर्दवादी रहा और इन तमाम रैलियों की कमान बड़े पैमाने पर लड़कों के पास रही।

यहाँ हमें याद आती है प्रसिद्ध डॉक्यूमेंटरी फ़िल्म निर्माता आनन्द पटवर्धन की फ़िल्म *पिता, पुत्र और धर्मयुद्ध* (1995) की, जिसमें उन्होंने दिखाया था कि जब 90 के दशक की शुरुआत में एक तरफ़ राम मन्दिर निर्माण के लिए भाजपा नेता लालकृष्ण आडवाणी रथयात्रा निकाल रहे थे, ठीक उसी के साथ किस तरह से समाज में मर्दवादी वर्चस्व को मान्यता मिल रही थी। इस मायने में यह फ़िल्म बेहद अहम है क्योंकि यह साम्प्रदायिकता के मर्दवादी रिश्ते को खोलकर रखती है और बताती है कि किस तरह से इसका धीरे-धीरे आक्रामक होना स्वाभाविक है। इस फ़िल्म में बहुत ही बारीक नज़र से बाबरी मस्जिद के विध्वंस, नफ़रत की राजनीति के विकराल रूप, औरतों पर बढ़ती यौन हिंसा और हिंसक मर्दवादी विमर्श के अन्तर्सम्बन्धों की पड़ताल की गई थी।

इसी की दूसरी कड़ी के रूप में 2014 से शुरू हुई इन यात्राओं को देखा जा सकता है। ये तमाम यात्राएँ हिन्दू युवकों की आक्रामकता को प्रदर्शित करने का ज़रिया बनती हैं, जिनमें वे माथे पर भगवा साफ़ा या कन्धे पर भगवा गमछा डाले, बाइक पर तिरंगा बाँधे, त्रिशूल हाथ में लिये भारत माता

का जयकारा लगाते हुए निकलते हैं। उन्हें पता होता है कि उन्हें कहीं भी रोका नहीं जा सकता। यह भीड़ क़ानून से परे रही है—यह नए नॉर्मल के रूप में स्थापित हो चुका है। इसे ही काँवड़ियों की भीड़ के एक उग्र हिस्से के रूप में देखा जा सकता है। शिव के भक्त गंगा का पानी लेकर शिवरात्रि के आसपास वापस आते हैं तो उनके पूरे रास्ते को एक ख़ास रास्ता-विशेष दर्ज़ा मुहैया कराया जाता है। शुरू में ट्रैफ़िक की सुगमता के लिए बने इन्तज़ाम धीरे-धीरे राजनीतिक सरंक्षण की वजह से उसे एक ऐसी भीड़ में तब्दील करनेवाले हो गए, जिसे कोई रोक-टोक नहीं सकता। भक्तों की भारी भीड़ में उपद्रवियों और उग्र राष्ट्रवादियों की घुसपैठ कराना आसान काम था। मैंने खुद देश की राजधानी दिल्ली में 2016 और 2017 में काँवड़ियों को हिंसा पर उतारू भीड़ में तब्दील होते देखा है। अगर एक कार रास्ते में आ जाए, जरा-सी छू जाए तो काँवड़ियों की भीड़ सरेआम कार को तोड़ देती है, कार में बैठी महिला के साथ अभद्रता तक करती हैं, उसे कार छोड़कर जान बचाकर भागना पड़ता है, और यहाँ भी तिरंगा मौजूद रहता है। यह एक नया ट्रेंड बन गया था, जहाँ झंडा इन नफ़रत फैलानेवाली ताक़तों और एक धर्म विशेष के आयोजनों के साथ जोड़ा जाने लगा।

तनाव भड़काने के लिए तिरंगे का इस्तेमाल पूरे देश में बिलकुल एक ही पैटर्न पर किया गया। मुस्लिम युवकों को रास्ते में रोककर 'भारत माता की जय' या 'जन-गण-मन' या 'जयश्री राम' आदि कहने के लिए मजबूर करना विश्व हिन्दू परिषद्, बजरंग दल, अखिल भारतीय विद्यार्थी परिषद् जैसे संगठनों का प्रिय शगल बन गया। क्या विडम्बना है कि इन तमाम ताक़तों का वैचारिक केन्द्रक है राष्ट्रीय स्वयंसेवक संघ और उसके मुख्यालय पर अभी कुछ ही सालों से तिरंगा फहराना शुरू हुआ है, वरना वहाँ राष्ट्रीय दिवसों पर भी तिंरगा फहराने का चलन नहीं रहा। ज़ाहिर है कि इस विचारधारा के लोगों ने तिरंगे को अपने छद्म राष्ट्रवाद को फैलाने के लिए इस्तेमाल करना शुरू किया। हाल यह हो गया कि जम्मू-कश्मीर में कठुआ बलात्कार कांड में दोषियों के पक्ष में निकली रैली में भी तिरंगा फहराया गया, तो हरियाणा में सरकारी संरक्षण में बने तथाकथित गोरक्षक दलों द्वारा की गई हिंसा की वारदातों में भी तिरंगे का इस्तेमाल किया गया। और तो और, बुलन्दशहर के जाँबाज़ एसपी सुबोध कुमार सिंह की हत्या के पाँच आरोपियों को जब

देवबन्द में हर नारे के साथ लहराता तिरंगा

अगस्त, 2019 में ज़मानत मिली तो जेल के बाहर खड़ी भीड़ हाथ में तिरंगा थामे भारत माता के जयकारे लगा रही थी।[1]

लिहाज़ा, यहाँ इस बात की तस्दीक ज़रूरी है कि जिस समय शाहीन बाग़ आन्दोलन शुरू हुआ, तब तक तिरंगा लहराना, उसका इस्तेमाल बिलकुल दूसरे अर्थों में होने लगा था। ऐसे में शाहीन बाग़ आन्दोलन एक गेम-चेंजर के रूप में सामने आया। इस आन्दोलन की औरतों ने जब तिरंगा थामा और देश पर दावेदारी ठोंकी तो वह तिरंगे के बहाने फैलाई जा रही नफ़रत और ख़ौफ़ के प्रतिकार बन गया। यही उनकी सबसे बड़ी पहचान और आवाज़ बन गई। रात में जब तापमान शून्य के आसपास मँडरा रहा होता, उस समय नारों की गूँज के साथ जब हाथों में तिरंगे लहराने लगते तो मानो दृश्य ही बदल जाता। ठंड काफूर हो जाती। नब्बे साल की अस्मां ख़ातून कहतीं, "इस तिरंगे में हमारा ख़ून शामिल है, देश को आज़ाद कराने से लेकर तिरंगा बनाने तक में हमारा ख़ून-पसीना शामिल है। तुम्हारा भी

1. https://www.aajtak.in/crime/story/bulandshahr-violence-inspetor-subodh-kumar-murder-accused-welcomed-with-garlands-uttar-pradesh-956756-2019-08-25

तिरंगा है, हमारा भी तिरंगा—हर भारतीय का तिरंगा है। जब मौसम ज़्यादा सर्द होता है तो फिर तिरंगा फहराने लगती हूँ, ख़ून गर्म हो जाता है। हमें तिरंगे की ताक़त पता है। इसी की बदौलत मुल्क यहाँ तक पहुँचा है और आगे भी जाएगा।"

शाहीन बाग़ में जहाँ से एंट्री होती थी, वहीं पर तमाम आकार के तिरंगे लगे हुए थे। इन्हें बेचनेवाली मासूमा ख़ातून ने कहा, "बहुत बार तो मैं बिना पैसे के ही तिरंगा दे देती हूँ, लेकिन औरतें अगले दिन आकर याद से मुझे इसके पैसे थमा देती हैं। पहली ही बार मैंने तिरंगे ख़रीदे और बेचे हैं। लोग अपने घरों के लिए भी ले जाते हैं। आप शाहीन बाग़ के तमाम घरों को देख लें, तक़रीबन हर घर में झंडे मिलेंगे। धरना स्थल से लेकर घरों तक, तिरंगा एक ज़रूरी सामान हो गया है। पहले 15 अगस्त और 26 जनवरी के आसपास ही इसका क्रेज़ रहता था। दिल को बड़ी तसल्ली मिलती है कि वतन के लिए कुछ काम आए।"

सिर्फ़ दिल्ली के शाहीन बाग़ ही में नहीं, देश-भर में जहाँ कहीं भी सीएए, एनआरसी, एनपीआर के ख़िलाफ़ धरना-प्रदर्शन, रैलियाँ हुईं, वे तिरंगे के साथ थीं। ये जो आम भारतीय नागरिक का तिरंगे पर भरोसा और तिरंगे से ताक़त हासिल करने का सिलसिला बना—वह बिलकुल नया तो नहीं था, लेकिन भारतीय औरतों और ख़ासतौर से मुसलमान औरतों द्वारा इसे थामना एक नई परिघटना ज़रूर थी। एक तरह से यह इस आन्दोलन की वतन, और वतन की पहचान से जुड़े तमाम प्रतीकों पर दावेदारी का ऐलान था। इस बारे में शाहीन बाग़ में रहनेवाले जावेद अंसारी का कहना था, "हमें (मुसलमानों को) इतना ज़्यादा दबा दिया गया, इस तरह से ढकेलते हुए दीवार से चिपका दिया गया है कि हमारे पास जान देने और खुद को साबित करने के अलावा कोई चारा ही नहीं है।

राहत साहेब (राहत इन्दौरी) को यह लिखना पड़ा—

मर जाऊँ तो मेरी अलग पहचान लिख देना,
मेरे लहू से मेरी पेशानी पर हिन्दोस्तान लिख देना,

"तब आप समझिए, कितना मुश्किल है एक मुसलमान का अपनी वतन परस्ती साबित करना? ठीक उसी तरह से हमें अगर तिरंगा पकड़ना पड़े,

तभी हमारी देशभक्ति साबित होगी, यह समीकरण किसी भी व्यक्ति के सहज विकास में बाधा पैदा करता है।"

इससे पहले इतने बड़े पैमाने पर तिरंगे का इस्तेमाल किसी आन्दोलन ने किया, तो वह अन्ना हज़ारे का लोकपाल बिल की माँग को लेकर 'इंडिया अगेंस्ट करप्शन' के बैनर तले किया गया आन्दोलन था। साल 2011 में शुरू हुए इस आन्दोलन की पहचान बना था तिरंगा और 'भारत माता की जय' का नारा। इस आन्दोलन ने समाज के बड़े हिस्से को झकझोरा था और कांग्रेस के नेतृत्व वाली केन्द्र की मनमोहन सिंह सरकार को सत्ता से हटाने में अहम भूमिका निभाई थी। इस आन्दोलन में तमाम तरह की शक्तियाँ शामिल थीं, लेकिन कमान दक्षिणपंथी शक्तियों के हाथ में थी। इसके राजनीतिक परिणाम के तौर पर केन्द्र में नरेन्द्र मोदी की सरकार सत्ता पर काबिज़ हुई और दक्षिणपंथी राजनीति और दक्षिणपंथी कॉरपोरेट पूँजी का अभूतपूर्व मिलन हुआ।

आन्दोलन के दौरान जिस तरह से तमाम कॉरपोरेट घरानों ने अपने कर्मचारियों को रामलीला मैदान में जाने की सुविधा और इन्तज़ाम किया, बसें मुहैया कराईं, आधे दिन की छुट्टी दी, उससे भी इसका कनेक्शन ज़ाहिर होता है। हालाँकि यह बात भी सही है कि कांग्रेसी भ्रष्टाचार के ख़िलाफ़ देश के अवाम में जो वाज़िब गुस्सा था, उसके बाहर आने का भी एक बड़ा प्लेटफ़ॉर्म बना था यह आन्दोलन। लेकिन आन्दोलन का नेतृत्व, रुझान और वैचारिक प्रतिबद्धता दक्षिणपंथी ही थी। इसके बारे में, इस आन्दोलन में बेहद सक्रिय भूमिका निभानेवाले वकील प्रशान्त भूषण ने 16 सितंबर, 2020 को 'इंडिया टुडे टीवी' के वरिष्ठ पत्रकार राजदीप सरदेसाई को एक साक्षात्कार में कहा कि अन्ना हज़ारे आन्दोलन को राष्ट्रीय स्वयंसेवक संघ और भारतीय जनता पार्टी का समर्थन हासिल था, और उन्हें इस बात का अफसोस ज़िन्दगी भर रहेगा कि वह इसे देख समझ नहीं पाए।[1]

सवाल सिर्फ़ प्रशान्त भूषण के मानने का नहीं है। इससे पहले खुद राष्ट्रीय स्वयंसेवक संघ के प्रमुख मोहन भागवत भी यह दावा कर चुके हैं कि संघ ने अन्ना आन्दोलन को पूरा समर्थन दिया था। संघ ने कहा था कि अन्ना हज़ारे की भ्रष्टाचार विरोधी मुहिम में संघ के कार्यकर्ताओं ने महत्त्वपूर्ण

1. https://www.bbc.com/hindi/india-54179074

भूमिका निभाई थी। मोहन भागवत ने कहा—

> *"पता नहीं क्यों अन्ना हज़ारे, संघ के साथ अपने रिश्तों को स्वीकारने में संकोच करते हैं? संघ भ्रष्टाचार विरोधी मुहिम में उनके साथ खड़ा था। अन्ना की सिविल सोसायटी से संघ का कोई सम्बन्ध नहीं है, लेकिन संघ ने पूरे देश में आन्दोलन को खड़ा करने में महत्त्वपूर्ण भूमिका निभाई थी। हमारे कार्यकर्ताओं और समर्थकों ने भ्रष्टाचार विरोधी इस आन्दोलन में बड़े पैमाने पर भाग लिया था। भ्रष्टाचार को इतनी आसानी से समाप्त नहीं किया जा सकता। भ्रष्ट राजनीतिक प्रणाली के ख़िलाफ़ कठोर कार्रवाई करके ही ऐसा किया जा सकता है।*[1]

प्रशान्त भूषण की स्वीकारोक्ति से पहले ही 'कारवाँ' मैगज़ीन ने सितम्बर, 2017 की अपनी कवर स्टोरी में बता दिया था कि अन्ना हज़ारे के आन्दोलन की बुनियाद किस तरह से रखी गई थी। इस स्टोरी ने इस बात का भी ख़ुलासा किया था कि कैसे कड़ी से कड़ी जोड़ी जाती है, राजनीतिक आन्दोलनों के पीछे किस तरह के समीकरण काम करते हैं और किस तरह से उनका एजेंडा सेट किया जाता है?

वह स्टोरी मूलतः राष्ट्रीय सुरक्षा सलाहकार अजित डोवाल और भाजपा को स्थापित करने में उनकी भूमिका पर केन्द्रित थी। इसमें बताया गया था कि संघ के नज़दीकी विवेकानन्द इंटरनेशनल फाउंडेशन ने अप्रैल, 2011 में 'काला धन' पर दो दिन का एक सेमिनार आयोजित किया था। इसमें शिरकत करनेवालों में डोवाल और एस. गुरुमूर्ति के अलावा बाबा रामदेव, अन्ना हज़ारे, अरविन्द केजरीवाल, सुब्रमण्यम स्वामी, किरण बेदी और के.एन. गोविन्दाचार्य भी थे। कुछ ही समय बाद अन्ना हज़ारे के नेतृत्व में आन्दोलन शुरू हो गया।[2] ज़ाहिर है कि यह सब संयोग नहीं था, और अब तो यह बात साबित भी हो चुकी है।

---

1. https://www.bhaskar.com/indian-national-news-in-hindi/news/NAT-sangh-blasts-anna-part-of-anti-corruption-crusade-2827808.html
2. https://caravanmagazine.in/vantage/vivekananda-international-india-foundation-ajit-doval-influence

लेकिन इन आलोचनाओं के बावजूद उस आन्दोलन की एक सकारात्मकता यह थी कि उसने यह साबित कर दिया कि ऊपर से शान्त दिखनेवाली हमारी मध्यवर्गीय टेक्टोनिक प्लेटों के नीचे कितनी राजनीतिक हलचल है और वे उसके बाहर निकलने के सही मौके का इन्तज़ार करती रहती हैं। राजनीतिक विश्लेषक वेणु माधव गोविन्दु ने लिखा था, "तमाम जायज आलोचनाओं के बावजूद अन्ना हज़ारे 'शो' ने जो विरोध प्रदर्शन जुटाए, वे हमारी सुस्त राजनीति में किसी जीवन के आश्चर्यजनक संकेत देते हैं।" यही हलचल राजनीतिक चेतना के रूप में शाहीन बाग़ में भी दिखाई दी।[1]

ऐसे में अन्ना आन्दोलन में तिरंगा फहराए जाने और शाहीन बाग़ की औरतों द्वारा झंडा फहराने में क्या कोई अन्तर देखा जा सकता है? निश्चित तौर पर देखा जा सकता है। अन्ना आन्दोलन में तिरंगा 'भारत माता की जय' और 'भारत माता' की फ़ोटो के साथ विराजमान होता था, जो राष्ट्रीय स्वयंसेवक संघ द्वारा पोषित राष्ट्रवाद का प्रतीक है। इसका आख्यान मर्दवादी-अन्धराष्ट्रवादी है।[2]

उसके विपरीत, शाहीन बाग़ में औरतें संविधान की प्रस्तावना से लैस होकर तिरंगा फहरा रही थीं। उन्होंने तिरंगे के साथ संविधान थाम रखा था मुल्क का। हर क्षण वे देश के संविधान की जय बोलती थीं। शाहीन बाग़

1. https://caravanmagazine.in/perspectives/man-and-movement#
2. राष्ट्र को लेकर राष्ट्रीय स्वयंसेवक संघ की अवधारणा में सारा दारोमदार पुरुषों पर है। इसकी ट्रेनिंग संघ की शाखाओं में शुरू होती है, जहाँ सौ फ़ीसदी पुरुषों का आरक्षण होता है। हिन्दु पुरुषों के शौर्य के साथ राष्ट्रप्रेम को गूँथा जाता है। जाति के हिसाब से हो या जेंडर के लिहाज़ से—संघ में सवर्ण सामन्ती जातियों का वर्चस्व है, नेतृत्वकारी रोल में। वहाँ मर्दों पर फोकस है। राष्ट्रीय स्वयंसेवक संघ के सरसंघचालक मोहन भागवत खुलकर कहते रहे हैं कि स्त्री अगर घर में अपने कर्तव्यों का निर्वाह नहीं करती तो पति उसे छोड़ सकता है। इसी तरह से बलात्कार के बारे में भी उन्होंने कथित तौर पर यह नज़रिया पेश किया था कि बलात्कार भारत (ग्रामीण) में नहीं होते, इंडिया (शहरी) में होते हैं। सारी सोच *मनुस्मृति* पर आधारित है, जो स्त्रियों को पुरुषों के अधीन मानती है। इसी तरह से राष्ट्रवाद की कल्पना समावेशी नहीं है। यह पड़ोसी देशों, ख़ासतौर पर पाकिस्तान के प्रति नफ़रत और दुश्मनी पर आधारित है। इन देशों को लेकर उसकी जो सोच है, वह बहुत आक्रामक और ज़हरीली है। उसकी अखंड भारत की कल्पना में भारत, पाकिस्तान, बांग्लादेश, नेपाल, अफ़गानिस्तान और म्यांमार (बर्मा) सब शामिल है—यानी इन देशों के अस्तित्व के ख़ात्मे की कल्पना है। इसी तरह से संघ के राष्ट्रवाद की कल्पना हिन्दू/आर्य श्रेष्ठता पर आधारित है। यही ध्वनियाँ अन्ना आन्दोलन में सुनाई पड़ती रहीं। और, बाद में संघ ने खुद यह दावा भी किया कि अन्ना आन्दोलन के पीछे उसका हाथ था।)

में संविधान की प्रस्तावना के ये शब्द पसरे हुए थे—'हम भारत के लोग' और ये हिन्दू राष्ट्रवाद को आगे बढ़ानेवाले उस एजेंडे को चुनौती दे रहे थे, जिसकी ध्वजा पर अलिखित-सा लिखा होता था—'हम भारत के मर्द'। यह अन्तर ही निर्णायक साबित होता है।

देश की 70 साला आज़ादी में पहली बार संविधान एक जीवित दस्तावेज़ में तब्दील हुआ। पहली बार संविधान की प्रस्तावना—जो इसकी धार और इसका सार है—उसका एक-एक शब्द लोगों को याद हुआ। प्रस्तावना का पाठ देश की तमाम भाषाओं में हुआ। लोगों ने स्वत:स्फूर्त ढंग से इसका पाठ किया और इसमें नौजवानों की संख्या ज़बर्दस्त थी। देश-भर में जहाँ भी धरने हुए, हर जगह संविधान की प्रस्तावना का पोस्टर, होर्डिंग और कटआउट लगे थे। इसने शाहीन बाग़ की पूरी अवधारणा को संवैधानिक नैतिकता प्रदान की।

शाहीन बाग़ की तमाम औरतों की आवाज़ में बेइन्तहा अधिकार भाव था। उनका सशक्तीकरण देखते ही बनता था। वे बराबर के स्तर पर खड़ी होकर माँग करती रहीं। वे भीख के तौर पर नहीं, अपने हक़ के साथ वतन पर अपनी दावेदारी जता रही थीं। इसलिए उनकी आवाज़ में हीनता नहीं नज़र आई, डॉयलॉग करने की माँग थी। वे खुलकर कह रही थीं—

> *मोदी जी, आपको हमारी इतनी फ़्रिक रही है, अब हम कह रहे हैं कि आओ हमसे बात करो, एक बार आओ यहाँ और देखो कि हम भारत के नागरिक इतना परेशान क्यों हैं? नागरिक ही तो सम्प्रभु हैं, तभी तो देश सम्प्रभु है। हमने आपको चुना है, और अब आप कह रहे हो कि आप हमें चुनोगे, ऐसा तो देश का आईन नहीं कहता। लिहाज़ा, आपको हमारी माँग सुननी ही चाहिए क्योंकि यही देश का आईन (संविधान) भी कहता है कि हम भारत के लोग ही सबसे बड़ी ताक़त हैं।*

रूबी ने जिस आत्मविश्वास से इस बात को शाहीन बाग़ में मुझे इंटरव्यू देते हुए कहा, उनके एक-एक लफ़्ज़ में देश के संविधान की ताक़त झलक रही थी। इससे ज़ाहिर था कि आम मुस्लिम औरत को देश का संविधान किस क़दर ताक़तवर बना सकता है।

देशप्रेम, नागरिकता को मौलिक अधिकार बताना, संविधान और उसकी प्रस्तावना, प्रधानमंत्री नरेन्द्र मोदी को 'डिवाइडर-इन-चीफ' बतानेवाले लेखक आतिश तासीर की टिप्पणी[1], शिक्षा व शिक्षण संस्थानों पर हो रहे हमलों पर तीखे कटाक्ष वाले विचार...ये सब वहाँ पसरे थे—सड़कों पर, दीवारों पर पेंटिग के रूप में, ग्राफ़िटी के रूप में, इंस्टॉलेशन के रूप में।

'टाइम' मैगज़ीन में आतिश तासीर ने जो लिखा, वह बहुत दूर तक गया। इस कवर स्टोरी का एक अंश पढ़कर समझा जा सकता है कि इसने किस तरह से मोदी की विकास की अवधारणा को चुनौती दी—

> ***क्या दुनिया का सबसे बड़ा लोकतंत्र मोदी सरकार के पाँच साल और झेल पाएगा?***
>
> *मोदी की जीत एक अविश्वास की अभिव्यक्ति थी। उन्होंने भारत के अजेय संस्थापकों पर हमला किया, जैसे नेहरू, फिर पवित्र राजकीय विचारधाराओं, जैसे नेहरूवादी धर्मनिरपेक्षता और समाजवाद पर हमला किया, उन्होंने 'कांग्रेस मुक्त' भारत की बात की; उन्होंने हिन्दुओं और मुसलमानों के बीच भाईचारे की भावनाओं को बढ़ावा देने की कोई इच्छा नहीं दिखाई। सबसे बढ़कर, उनकी विजय ने दिखाया कि अभिजात वर्ग के विश्वास की सतह के नीचे एक उदार समकालिक संस्कृति थी, भारत वास्तव में धार्मिक राष्ट्रवाद, मुस्लिम विरोधी भावना और गहरी जातिगत कट्टरता का एक गढ़ था। देश में राजनीतिक रूप से भड़काए गए साम्प्रदायिक दंगों का एक लम्बा इतिहास रहा है, विशेष रूप से 1984 में इन्दिरा गांधी की उनके सिख अंगरक्षकों द्वारा हत्या के बाद दिल्ली की सड़कों पर कम-से-कम 2,733 सिखों की हत्या होना।*
>
> *कांग्रेस नेतृत्व को निर्दोष नहीं कहा जा सकता, लेकिन कांग्रेस धर्मनिरपेक्षता की आदर्शवादी बातों का कुछ हद तक इस्तेमाल करते हुए, एक बड़ी भीड़ द्वारा किए गए कामों से खुद*

---

1. टाइम मैगज़ीन की कवर स्टोरी, मई 2019—Can the World's Largest Democracy Endure Another Five Years of a Modi Government?

को अलग करने में सक्षम रही। वहीं 2002 में अपने गृह राज्य गुजरात में 1,000 से अधिक लोगों—ज़्यादातर मुस्लिमों—की हत्या जैसे अत्याचारों के बाद मोदी का कुछ न कहना और चुप्पी साध लेना उन्हें भीड़ के पक्ष में खड़ा कर देता है। उन्होंने कथित तौर पर अतीत के पाखंडों को नकारते हुए माहौल तो तैयार किया, लेकिन जैसा कि एल्डस हक्सले लिखते हैं, "कोई राजनीतिक पाखंडी भी यह तो मानता ही है कि उसके मौजूदा राष्ट्रीय, दलगत और आर्थिक फ़ायदे से भी ऊपर के कुछ मूल्यों का अस्तित्व तो है ही।" (लेकिन) मोदी ने बिना कोई वैकल्पिक नैतिक समाधान प्रदान किए भारत के पूर्व स्थापित मानकों का तिरस्कार किया, और पूर्व में लिए प्रत्येक नैतिक निर्णय को विभिन्न सामाजिक वर्गों और संस्कृतियों के आपसी टकराव के रूप में प्रस्तुत किया। पूर्व के स्थापित सारे उच्च आदर्श इस सरकार के आते ही खोखले व शक्तिशाली लोगों का समर्थन करते हुए दिखने लगे। 2019 में जब मोदी ट्वीट करते हैं, "आपको पता है उनके लिए मेरा अपराध क्या है? यह कि एक ग़रीब परिवार में पैदा हुआ इनसान उनकी सल्तनत को चुनौती दे रहा है", तब वे 2014 की उस भावना को ही पुनर्जीवित करने का प्रयास कर रहे हैं, जोकि क्रान्ति की भावना थी। इसमें 'उनके लिए' का इशारा भारत के अंग्रेज़ी बोलनेवाले कुलीनों के लिए है, जिनका प्रतिनिधित्व कांग्रेस पार्टी कर रही है, और 'सल्तनत' वह संकेत है जो इशारा करता है कि जोकि भारत में विदेशी शासन के सभी उत्तराधिकारी सांठगांठ करके काम कर रहे हैं और ये सब मिलकर एक ग़ौरवशाली हिन्दू राष्ट्र के उदय में बाधा डाल रहे हैं।[1]

इसलिए शाहीन बाग़ में आतिश तासीर की कवर स्टोरी और 'टाइम' मैगज़ीन का कवर लम्बे समय तक चर्चा में रहा। ये सब मिलकर न सिर्फ़ मुल्क़ पर मँडरा रहे ख़तरों की शिनाख़्त कर रहे थे, बल्कि भारत कैसा होना

1. https://time.com/5586415/india-election-narendra-modi-2019/

चाहिए, इसका भी एक नक़्शा पेश कर रहे थे। ये सारी कलात्मक अभिव्यक्तियाँ एक प्रगतिशील, समावेशी सोच को प्रतिबिम्बित कर रही थीं।

कोई भी चीज़ यूँ ही नहीं पनपी थी।

औरतों के नए भारत को जन्म देने की प्रक्रिया में लगे होने का ऐलान हो या फिर तख़्ती पर लिखीं ये लाइनें—'अगर संसद उनकी है तो सड़कें हमारी हैं', हर तरह से ये औरतें नागरिक लोकतांत्रिक स्पेस के लिए दावेदारी कर रही थीं। इसी के साथ अगर शाहीन बाग़ में लगे पोस्टरों पर दर्ज़ ये नारे भी पढ़े जाएँ, 'शाहीन बाग़ अब सिर्फ़ शाहीन बाग़ नहीं, हिन्दोस्तां है' और 'हिन्दोस्तां एक बाग़ है और हम उसकी शाहीन हैं', तो आन्दोलन का व्यापक राजनीतिक पटल सामने आता है।

'फ़ातिमा शेख़-सावित्री बाई फुले पुस्तकालय' भी ऐसी ही एक कमाल की परिकल्पना थी। देश की पहली महिला शिक्षिका सावित्री बाई और उनकी साथी फ़ातिमा शेख़, दोनों इस आन्दोलन के मॉडल के रूप में स्थापित थीं। यह पुस्तकालय शाहीन बाग़ का एक जीवन्त कोना था। रोज़ाना ही यहाँ लोगों के लेक्चर होते, अलग-अलग विषयों के महारथी यहाँ आकर अपनी एकजुटता जताते, किताबें देते, तक़रीरें सुनते, गप्पें मारते—यह आन्दोलन का लोकतांत्रिक स्पेस था। बस स्टॉप की जगह पर ही यह पुस्तकालय था। बस स्टॉप पर बैठनेवाली बेंचों पर ही एक तरफ़ किताबें रख दी गई थीं और बगल में लोग बैठ जाते थे। बोलनेवाले के लिए एक कुर्सी का इन्तज़ाम था और साथ में एक माइक। पुस्तकालय के बड़े से बैकड्रॉप पर लिखा था—'लड़ो पढ़ाई करने को, पढ़ो समाज बदलने को'। कैनवास पर एक स्केच था, जिसमें एक लड़का हाथ में किताब लेकर जा रहा है, सामने से पुलिस वाले आ रहे हैं, यह बोलते हुए कि—उसके पास किताब है, उसके पास किताब है। वहीं, बने एक दूसरे स्केच में दिखाया गया है कि एक पुलिस वाले को कुर्सी पर बैठाकर एक लड़की संविधान दिखा रही है, सिखा रही है।

बाहर सावित्री बाई फुले और फ़ातिमा शेख़ के स्केच टँगे हुए थे। ये चित्र महिला एकता और सामाजिक समरसता की मिसाल के तौर पर चमक रहे थे। सम्भवतया ऐसा पुस्तकालय पहली बार किसी आन्दोलन का हिस्सा बना था।

ग़ौरतलब है कि सावित्री बाई फुले भारत की पहली महिला अध्यापिका थी, जिन्होंने लड़कियों को शिक्षित करने का बीड़ा उठाया था। महाराष्ट्र के

फ़ोटो : भाषा सिंह

शाहीन बाग़ में आन्दोलन के दौरान बनाया गया पुस्तकालय

सतारा जिले के नायगाँव में 3 जनवरी, 1831 को जन्मी सावित्री बाई फुले ने लड़कियों के लिए देश का पहला स्कूल खोला और उनकी अभिन्न साथी थी फ़ातिमा शेख़, जो उनके मिशन में लगातार साथ रहीं।

यहाँ बने पुस्तकालय में बहुत से सामाजिक-राजनीतिक कार्यकर्ता, कवि-कलाकार आए और उन्होंने अपनी रचनाओं का पाठ किया। भाकपा (माले) लिबरेशन की पोलित ब्यूरो सदस्य और अखिल भारतीय प्रगतिशील महिला एसोसिएशन (एपवा) की सचिव कविता कृष्णन अपनी किताब *फीयरलेस फ्रीडम* को लेकर पहुँची थीं शाहीन बाग़। वहाँ इस पर उन्होंने चर्चा की और पुस्तकालय में अपनी क़िताब को भी रखा था।

कई रचनाकारों यहाँ ने क़लम के माध्यम से इस आन्दोलन के साथ अपनी प्रतिबद्धता ज़ाहिर की और शाहीन बाग़ पहुँचे अनगिनत छात्र-छात्राएँ पुस्तकालय के सामने बिछी दरी या बस स्टैंड की बेंच पर बैठकर क़िताबें पढ़ते। क़िताबों में महात्मा गांधी की 'सत्य के मेरे प्रयोग', बाबासाहेब भीमराव आंबेडकर की 'जाति उन्मूलन', 'भारत का संविधान', भगत सिंह की 'मैं नास्तिक क्यों हूँ', एपीजे अब्दुल कलाम की 'माय जर्नी' समेत अनगिनत क्लासिक और समकालीन क़िताबें यहाँ थीं। यहाँ तक कि जर्मनी के नाज़ी तानाशाह एडोल्फ़ हिटलर की आत्मकथा 'माइन काम्फ' भी यहाँ थी, जिसे पढ़ते हुए नौजवान भारत के वर्तमान पर मँडराते तानाशाही ख़तरों को समझते और उस पर जमकर चर्चा करते नज़र आते थे।

पुस्तकालय के बगल में चलता था खुले आसमान के नीचे एक स्कूल—बाग़-ए-शाहीन स्कूल, जहाँ एक कपड़े के बैनर पर लिखा हुआ था—सवेरे 11 से रात 8 बजे तक और विद्यार्थियों की उम्र भी बड़े सलीक़े से लिखी हुई थी—उम्र 1-100 साल कोई भी आए, कभी भी आए, पढ़े, सीखे जाने। इसके बगल में लिखा था—'शिक्षा वाली, फुले वाली, फ़ातिमा वाली, इज़्ज़त वाली, हिम्मत वाली, बरक़त वाली, शाहीन वाली आज़ादी!'

एक तरह से यह मक़सद था इस स्कूल का, जिसमें पढ़ानेवाली नौजवान लड़कियाँ बैठी नज़र आती थीं। पढ़नेवालों में बच्चों का तादाद ही ज़्यादा रहती थी। बच्चे अपना स्कूल बैग लेकर यहाँ आते और बेहद अनुशासित ढंग से बैठकर पढ़ाई करते, कुछ सीखते। कई मर्तबा यहाँ अधेड़ उम्र की औरतें भी आतीं, संविधान को हाथ में लिए हुए और पूछती कि इसमें नागरिकता वाली

बात कहाँ लिखी है, या बराबरी वाला हक़ कहाँ लिखा है? यहाँ नियमित रूप से आनेवाली रूबी ने बताया, "सबसे ज़्यादा क्रेज़ आईन के प्रिएम्बल (संविधान की प्रस्तावना) को लेकर रहा। वे इसे याद करना चाहती थीं, अनगिनत औरतों ने इसे रट-रट कर याद कर लिया था और जब देखो तब वे बोलना शुरू कर देती थीं। यह सारी पढ़ाई-लिखाई निश्चित तौर पर उन्हें एक जागरूक भारतीय नागरिक में तब्दील कर रही थी और साथ ही जम्हूरियत की जड़ों को और मज़बूत कर रही थी।"

इसी स्कूल के बगल से फुटओवर ब्रिज की सीढ़ियाँ शुरू होती हैं। यह फुटओवर ब्रिज सामान्य दिनों में कैसा लगता होगा, कैसा दिखता होगा, इस बारे में तो मैं कुछ नहीं बता सकती, क्योंकि तब तक शाहीन बाग़ मेरे नक़्शे पर उभरा नहीं था, लेकिन शाहीन बाग़ आन्दोलन ने इस फुटओवर ब्रिज को कलात्मक अभिव्यक्ति और पोस्टर प्रदर्शनी का अड्डा बना दिया था। एक इंच भी जगह छूटी नहीं थी। हर जगह पोस्टर-बैनर, स्लोगन, स्केच लहरा रहे थे। इससे यह भी आभास होता है कि जब इस तरह के जनान्दोलन उभरते हैं तो उसके साथ-साथ युवाओं की सृजनशीलता में किस तरह का उफान आता है? और, साथ ही जब सड़कें जनता के हवाले होती हैं, आन्दोलनों के साथ होती हैं तो युवा सड़कों को भी कला दीर्घा में तब्दील करने की ताक़त रखते हैं। इसकी मिसाल इस फुटओवर ब्रिज पर स्पष्ट नज़र आ रही थी। यहाँ पर बड़ा नारा लिखा था—एक क्रान्ति शुरू हो गई है। जय भीम, लाल सलाम! इस क्रान्ति और बदलाव के चिन्ह फुटओवर ब्रिज की सीढ़ियों पर लिखे हुए थे—जो राष्ट्र एकजुट रहता है, वही प्रगति करता है! इसी तरह से हाथ से लिखा हुआ एक और पोस्टर एक अलग ढंग का नारीवादी स्वर लिए हुए था—इस खिले हुए फूल को मैं नहीं मानती, और यहाँ उँगली से इशारा खिले हुए कमल के फूल की ओर था।

यह जो संवाद स्थापित करने और अपने अस्त्रों को लगातार पैना रखने का हुनर शाहीन बाग़ की औरतों ने सीखा, वह कमाल का था। जब शाहीन बाग़ के ख़िलाफ़ बहुत नकारात्मक ख़बरें चलने लगीं कि यहाँ सड़क पर चल रहे धरने की वजह से कितनी मुश्किल हो रही है, बाज़ार को नुकसान हो रहा है, आने-जानेवालों को तकलीफ़ हो रही है, वग़ैरह, वग़ैरह—तो इसका जवाब बेहद ज़बरदस्त ढंग से दिया गया। ऐसा करारा जवाब एक ठेठ नारीवादी

सोच के साथ दिया गया कि नफ़रत करनेवाले भी इस पर सनाका खा गए। एक छोटी तख़्ती (प्लेकार्ड) सामने आई, जिसपर साफ़-साफ़ ऐलान लिखा था—'परेशानी के लिए माफ़ी। औरतें काम पर हैं। हम एक नए राष्ट्र को जन्म दे रही हैं। कृपया सहयोग बनाए रखें।' अब इस तख़्ती पर यह जो लिखा था, वह शाहीन बाग़ को शाहीन बाग़ बनाता है।

अगर कोई आन्दोलन सही मुद्दों के लिए खड़ा हो तो कैसे आन्दोलन अपने भीतर से रेडिकल विमर्श, प्रगतिशील दृष्टि विकसित कर सकता है, इसकी मिसाल था शाहीन बाग़ का यह कलात्मक स्वरूप। औरतें काम पर हैं—अब यह पंक्ति किस तरह से काम के आयाम को नए मायने देती है? हम हर जगह यही देखते आए हैं—'आदमी काम पर हैं', (Men at work) जिसे बदल कर 'औरतें काम पर हैं' किया गया और काम कैसे परिभाषित किया गया? सृजन के रूप में—जो सबसे पाक माना जाता है। यहाँ औरतों की प्रजनन क्षमता को क्रान्तिकारी आयाम दिया गया—औरतें नए राष्ट्र को जन्म देने के काम में लगी हुई हैं। यह अपने आप में राष्ट्र के जन्म और राष्ट्र निर्माण सम्बन्धी तमाम मर्दवादी परिकल्पनाओं को ध्वस्त करनेवाला था। साथ ही, उन्होंने यह ऐलान किया कि चूँकि ये औरतें इतने अहम काम में लगी हैं, लिहाज़ा जो दिक़्क़तें-परेशानियाँ हो रही हैं, उन्हें बर्दाश्त किया जाना चाहिए। इस तरह से एक नए भारत के जन्म में मुस्तैद शाहीन बाग़ की औरतों ने सम्प्रेषण के नए-नए औज़ार खोजे।

जिस तरह से इस आन्दोलन को रचनात्मक औज़ारों से लैस किया गया और हर दुष्प्रचार का सकारात्मक ऊर्जा के साथ बिना रक्षात्मक हुए, आक्रामक तेवर में जवाब दिया गया, वह इसके पीछे की विचारधारा को साफ़ करता है। आन्दोलन ने विरोध ज़ाहिर करने के, अपनी बातों को रखने के इतने नए-नए तरीक़े खोजे कि इसके आलोचना में खड़े लोग भी हतप्रभ हो जाते वरना सोचिए, शाहीन बाग़ को नेस्तानाबूद करने के लिए मोदी सरकार, उसका आईटी सेल, योगी आदित्यनाथ सहित बाक़ी सिपहसालार—सारे लोग तमाम संसाधनों के साथ लगे हुए थे। इसमें भी ये औरतें इतने नए औज़ार तलाश लाती थीं कि सामनेवाले खेमे को इसकी ज़रा भी भनक न लग पाती थी। वेलेंटाइन डे यानी 14 फरवरी, 2020 को मोदी सरकार को ऐसे ही आड़े हाथों लिया शाहीन बाग़ ने। गुलाब के फूलों से दिल के आकार की

तख़्तियाँ बनाकर शाहीन बाग़ ने लिख दिया—प्रधानमंत्री मोदी, प्लीज़ शाहीन बाग़ आओ, अपना गिफ़्ट लो और हमसे बात करो।[1]

उत्तर भारत ने एनआरसी के बारे में जो ख़बरें पढ़ी या सुनी थीं, वे सब असम के सिलसिले से जानी थीं। वहीं से जाना था कि सरकार ने डिटेंशन सेंटर बनवाया है, जिसमें उन लोगों को रख दिया जाता है जिनकी नागरिकता पर सरकार को सन्देह होता है, फिर उनका कोई पुरसाहाल नहीं होता। सीएए से सीधा जुड़ा हुआ ख़तरा एनआरसी का ही था और डिटेंशन सेंटर एनआरसी से जुड़ी एक ख़ौफ़नाक हक़ीक़त थी। उस ख़तरे को, इस ख़ौफ़ को कला के इंस्टालेशन के ज़रिये शाहीन बाग़ ने दिखाया। यहाँ एक प्रतीकात्मक डिटेंशन सेंटर बनाया गया, जो आदमक़द था। इसमें भगत सिंह, आंबेडकर का फ़ोटो लगा था और ऊपर लिखा था, 'सीएए और एनआरसी को नकार दो'। तक़रीबन रोज़ाना ही नौजवान इस 'सेंटर' के अन्दर घुसते और फ़ोटो खींचनेवाले फ़ोटो खींचते। इससे सीएए और एनआरसी के ख़तरे को वे साकार कर लेते। वे यही कहते, "डिटेंशन सेंटर में क़ैद होकर मरने से कई गुना ज़्यादा अच्छा है लड़ते-लड़ते मरना।" डिटेंशन सेंटर की मौजूदगी उन्हें सदा लड़ने के लिए तैयार रखती।

सड़क के किनारे लंगर चल रहे थे। ये लंगर उन लोगों या समूहों ने शुरू किए, जो यह मानते थे कि शाहीन बाग़ की औरतें देश को बचाने का काम कर रही हैं। कहने की ज़रूरत नहीं, सबसे पहले पंजाब के किसान राशन लेकर यहाँ पहुँचे। उन्हें काफ़ी मुश्किलें भी उठानी पड़ीं। पंजाब किसान यूनियन के अध्यक्ष रुल्डू सिंह मनसा ने कहा कि किसान शाहीन बाग़ की औरतों के साथ खड़ा है और देश को बचाने की इस लड़ाई में बढ़-चढ़कर हिस्सा लेगा। किसान संगठन बीकेयू के नेता सुखदेव सिंह कोकरी ने कहा कि लंगर चला रहे हैं ताकि देश के वास्ते लड़नेवाली-वाला कोई भूखा न रहे। पहले दस्ते के रूप में क़रीब 350 किसानों का यहाँ जत्था पहुँचा, जिसमें 15 महिला किसान भी थीं।

शाहीन बाग़ में खड़े किए गए तमाम प्रतीकों में सबसे अहम था, यहाँ पर बना इंडिया गेट। अब सोचने की बात यह है कि आन्दोलनकारियों और

---

1. https://www.rediff.com/news/report/shaheen-bagh-protesters-invite-pm-modi-on-v-day/20200213.htm

उसके समर्थन में जुटे कलाकारों को इंडिया गेट को यहाँ खड़ा करने की बात कैसे सूझी होगी? जिस तरह से दिल्ली के इंडिया गेट पर शहीद जवानों के नाम अंकित हैं, उसी तर्ज़ पर यहाँ के इंडिया गेट पर देश-भर में सीएए और एनआरसी के ख़िलाफ़ आन्दोलन में मारे गए आन्दोलनकारियों के नाम दर्ज़ किए गए। दुनिया में भारत जो अहम प्रतीक सर्वाधिक प्रचारित-प्रसारित है, उनमें इंडिया गेट भी शामिल है। यह दिल्ली के सबसे लोकप्रिय स्मारकों में से एक है और सत्ता के केन्द्र के काफ़ी क़रीब स्थित है। इसीलिए शाहीन बाग़ के इंडिया गेट को शायद आन्दोलन के सौ दिनों में जितने प्रेम से सज़ाया-सँवारा गया, उतना किसी और इंस्टालेशन को नहीं। तमाम नौजवान इसका रंग-रोगन करने में लगे रहते और इंडिया गेट बराबर नई रौनक़ अख़्तियार करता रहता।

इसी तरह से ख़ास था, बच्चों द्वारा ड्राइंग बनाने का कॉर्नर। गहरी अन्तर्दृष्टि के साथ तैयार बेहद रोचक जगह। शुरू में ही सोचा गया कि इतनी माँओं के साथ आनेवाले बच्चे कहाँ बैठेंगे और कौन उन्हें सँभालेगा? इसी इरादे से एक कोने में बन्द दुकानों के सामनेवाली जगह को बच्चों के नाम कर दिय गया। बच्चों को सँभालना आसान काम नहीं है, लेकिन यहाँ बच्चों के साथ मिलकर जो ड्राइंग हुई, स्केच-पोस्टर बने—उन्होंने भारतीय लोकतंत्र के सामने साख के गहराते सवाल को बेहद शिद्दत से उठाया। शाहीन बाग़ के आसपास उमड़ते-घुमड़ते गुस्से को साफ़-साफ़ लकीरों के माध्यम से बाहर निकाला। सबसे ख़ास बात यह थी कि बच्चों के साफ़ काँच सरीखे मन पर इस बँटवारे की राजनीति की क्या खरोंचें पड़ रही है—यह भी यहाँ इस कोने में देखने को मिला। बच्चों ने सबसे अधिक तिरंगे झंडे का प्रयोग किया, और लिखा—

मैं सीएए-एनआरसी के ख़िलाफ़ हूँ! मुझे अपने भारत से प्यार है! मोदी जी, हम बच्चों के चेहरों पर जो हँसी होती थी, वह ग़ायब है। उसे प्लीज़ वापस कर दो! मेरी माँ, शाहीन बाग़!

ज़ाहिर था कि अगल-बगल उठ रहे सवाल व बहसें और मुद्दे बच्चों के मन पर भी असर डाल रहे थे।

शाहीन बाग़ आन्दोलन ने ग्राफ़िटी (दीवारों पर पेंटिंग्स) कला को भी आन्दोलन का अंग बनाया। इन सौ दिनों में एक से बढ़कर एक ख़ूबसूरत ग्राफ़िटी दिल्ली और देशवासियों को देखने को मिली। यह अपने आप में

अनूठा था। एक बड़ी सी कई मंज़िला ऊँची ग्राफ़िटी में सबसे ऊपर लिखा था—'हम भारत के लोग (अंग्रेज़ी में), दो औरतें—नानी-दादी हैं' और एक उसके नीचे औरतों के चित्र उकेरे गए थे। वे नानी-दादी थीं और एक नौजवान का चित्र बना था, जिसके हाथ में संविधान था। नौजवान, जिसके हाथ में भारत का संविधान है। वे दोनों औरतें कह रही थीं—मोहब्बत ज़िन्दाबाद, इश्क़ का इंक़लाब। बगल में एक बाज बना था, दूज के-से चाँद पर। भारत के झंडे के रंगों, आज़ादी और मुक्ति के चिन्हों से सजी ये ग्राफ़िटी क़रीब तीन मंज़िले मकान जितनी ऊँची थी। इसका सन्देश सरहदों के दायरों के पार जाता था। इश्क़ का इंक़लाब, मोहब्बत ज़िन्दाबाद और भारत का संविधान—यह सारा आख्यान इतने स्तरों पर आज़ादी और लोकतंत्र को स्थापित करनेवाला था, जिससे ज़ाहिर तौर पर कोई भी संवेदनशील इनसान असहमत नहीं हो सकता था। ऐसी कई ग्राफ़िटी जामिया की दीवारों पर भी उकेरी गईं। हरेक का राजनीतिक सन्देश बिलकुल स्पष्ट था। वे सब सीएए-एनआरसी पर सरकारी झूठ की पोल परत-दर-परत खोलती थीं, औरतों के नेतृत्व को स्थापित करती थीं। इसी तरह एक पोस्टर मोदी सरकार को सियासी सन्देश दे रहा था, जिसमें संविधान निर्माता बी.आर. आंबेडकर मौजूदा गृह मंत्री अमित शाह का कान पकड़े हुए है और पीछे बोर्ड पर लिखा है—क़ानून के सामने सब बराबर हैं।

शाहीन बाग़ ने अपने औज़ार खुद ही गढ़े। इनमें सबसे शक्तिशाली प्रतीक बना 35 फीट ऊँचा 2.5 टन लोहे से बना भारत का नक़्शा। इसे दो कलाकारों—पवन शुक्ला और वीर चन्द्रा ने बाक़ी लोगों के साथ मिलकर बनाया था। इस पर लिखा था—'हम भारत के लोग सीएए और एनआरसी को नकारते हैं।' इंडिया गेट की ही तरह इस नक़्शे की छटा भी निराली रही। किनारे-किनारे लगे बल्बों से रात में भारत का नक़्शा जगमग-जगमग करता और एक तरह से राह दिखाता।

आज भी भारत का नक़्शा, संविधान, तिरंगा...हम सबको राह दिखा रहे हैं।

8

भाजपा का एजेंडा और गोदी में बैठा मीडिया

जो मीडिया पर नियंत्रण करता है, वही लोगों के दिमाग़ को भी नियंत्रित कर लेता है।

—नोम चोम्स्की

मीडिया किस तरह से अवधारणा बनाने के उद्योग में बदल चुका है, इसकी अनगिनत मिसालें हम देश-दुनिया में देख रहे हैं। प्रख्यात अमेरिकी राजनीतिक एक्टिविस्ट, सामाजिक आलोचक व दार्शनिक नोम चोम्स्की की मीडिया की भूमिका पर जो टिप्पणी है, वह भारतीय मीडिया की मौजूदा दशा-दिशा और समाज-राजनीति व आन्दोलनों से उसके रिश्ते को बख़ूबी बयान करती है। चोम्स्की कहते हैं कि मीडिया राज्य व कॉरपोरेट शक्ति के हितों की चिन्ता करता है और ये दोनों ही एक-दूसरे से जुड़े हैं। मीडिया अपनी रिपोर्टिंग व विश्लेषण इसी तरह से गढ़ता है कि वह स्थापित सत्ता के समर्थन में है और उसी अनुरूप उसमें बहस व विचार को न्यूनतम रखा जाए। चोम्स्की कहते हैं कि आप अपनी आबादी को ताक़त से भले ही नियंत्रित न कर सकें, लेकिन उसका ध्यान तो निरन्तर बँटा सकते हैं। चोम्स्की ने व्हाइट हाउस व अमेरिकी कांग्रेस के सन्दर्भ में यह कहा था कि मीडिया खुद भी कॉरपोरेट है, लिहाज़ा वह सत्ता पर ख़ासा प्रभाव रखता है। यह बात भारत समेत बाक़ी देशों पर उतनी ही भी लागू होती है।

भारतीय मीडिया भी कॉरपोरेट की गिरफ़्त में तो लम्बे समय से से है, लेकिन तक़रीबन पिछले एक दशक में यह शिकंजा और अधिक कसा है। ख़ासतौर से 2014 के बाद से जब से राजनीतिक फलक पर अकूत बहुमत

फ़ोटो : सर्वेश

प्रतिरोध की रचनात्मकता

और कॉरपोरेट जगत् से गहरे ठोस रिश्तों के आधार पर भाजपा सत्ता में काबिज़ हुई। उसके बाद से मीडिया की भूमिका में गुणात्मक परिवर्तन आया। मीडिया घरानों का मालिकाना और अधिक केन्द्रित होकर एक या दो कॉरपोरेट समूहों के पास सिमट गया। इसके बाद से सत्ता के पक्ष में अवधारणा बनाने की राह में अनगिनत मील के पत्थर कॉरपोरेट मीडिया ने पार किए और उसका एक अहम मुकाम शाहीन बाग़ की कवरेज में भी रहा।

फ़र्ज़ी ख़बरें किस तरह चलाई जा सकती हैं, प्रसारित की जा सकती हैं और उस आधार पर नफ़रत फैलाई जा सकती है, इसके कुछ उदाहरण हम आपके साथ यहाँ शेयर करेंगे। यह पहलू बहुत अहम है क्योंकि इस तरह से मीडिया के बड़े घराने पहले कभी एक्सपोज़ नहीं हुए थे—इतना खुल्लम-खुल्ला। भाजपा आईटी सेल के साथ मीडिया के कुछ आला पत्रकारों का कैसा समन्वय रहता है, वह नेटवर्क भी इसमें सामने आया। इस पर चर्चा करना और इसका दस्तावेज़ीकरण करना इसलिए भी बहुत ज़रूरी है क्योंकि शाहीन बाग़ आन्दोलन ने जिस तरह से मीडिया के एक खेमे के दुर्भावनापूर्ण रवैये को बेनक़ाब किया और जिस तरह से उसके साथ डील किया, वह आगे के आन्दोलनों के लिए भी नज़ीर रही।

नवम्बर, 2020 में तीन कृषि क़ानूनों के ख़िलाफ़ शुरू हुए किसानों के ऐतिहासिक आन्दोलन ने भी सम्भवतः शाहीन बाग़ से सबक सीखते हुए मीडिया के साथ अलग ढंग का सलूक किया। नेगेटिव कवरेज़ से कैसे बिना किसी कॉरपोरेट सहयोग के निपटा जा सकता है, इसकी एक राह शाहीन बाग़ ने दिखाई, जो आगे चलकर किसान आन्दोलन ने पुख़्ता की। इससे आप और हम सहमत-असहमत हो सकते हैं, लेकिन यह हक़ीक़त है। मीडिया ने जिस तरह से कोरोना महामारी के दौरान मुसलमानों के ख़िलाफ़ तबलीग़ी प्रकरण की आड़ में नफ़रत बोई और काटी थी, उसने भी बहुत बड़े हिस्से को आशंकित किया था।

24 जनवरी, 2020 की शाम, शाहीन बाग़ के मंच से दो-तीन औरतें अपनी कविताओं-ग़ज़लों का पाठ कर चुकी थीं। मंच का संचालन करनेवाली टीम के पास वक्ताओं की लम्बी फ़ेहरिस्त थी। अचानक एक नौजवान दौड़ता हुआ आता है और कहता है कि पत्रकार दीपक चौरसिया आए हैं और उनसे बोलने के लिए, लाइव दिखाने के लिए बोला जाएगा। मंच के पास ही दीपक चौरसिया और उनके साथ क़रीब आठ-दस लोगों की टीम दिखाई देती है। कैमरापर्सन के साथ-साथ तमाम लोग मोबाइल पर कुछ रिकॉर्डिंग कर रहे हैं। जैसे ही मुझे यह दिखाई देता है, मैं तुरन्त उधर लपकती हूँ। तब तक मंच से दीपक चौरसिया काम नाम ले लिया जाता है और लाइव कवरेज़ करने के लिए कहा जाता है।

दीपक के साथ चल रहे लोगों में से एक-दो धरना-प्रदर्शन में शामिल औरतों से बिरयानी की बात पूछने लगते हैं। इससे माहौल गर्म हो जाता है, औरतें तीखी प्रतिक्रिया देती हैं। वे कहती हैं "लाइव काटो! यहाँ से कुछ रिकॉर्ड करके जाते हो, और दिखाते कुछ और हो..." मसला नाजुक होने लगता है। कुछ नौजवान आकर उस टीम से रिकॉर्डिंग रोकने को कहते हैं। और बस फुटेज मिल जाता है। मीडिया के गिद्धों को इसी क्षण का इन्तज़ार था...मेन कैमरा ऑफ़ होता है, लेकिन हाथों में तैनात मोबाइल से रिकॉर्डिंग चालू रहती है...आख़िर शाहीन बाग़ को जेहादियों का अड्डा जो दिखाना है। इसके बाद का शॉट नहीं दिखाया जाता, जिसमें वॉलेंटियर—जिनमें बड़ी संख्या औरतों की भी थी, भीड़ को चीरते हुए पहुँचती हैं। पूरी हिफ़ाज़त के

साथ ह्यूमन चेन के बीच से दीपक चौरसिया और उनकी टीम को बाहर निकाला जाता है। यह कवर उन्हें शाहीन बाग़ धरना स्थल को छोड़ने तक मुहैया कराया जाता है, ताकि उनका बाल भी बांका न हो।

किस तरह से पहले से योजना बनाकर शाहीन बाग़ सरीखे आन्दोलन पर मीडिया का एक बड़ा हिस्सा हमला करता है—उस दिन मैं इसकी चश्मदीद गवाह बनी। जब कुछ ही समय बाद दोस्तों के फ़ोन आने लगे कि शाहीन बाग़ में दीपक चौरसिया पर हमला हुआ, कैमरा तोड़ दिया गया वग़ैरह। और फिर सारी कहानी सामने आने लगी। दीपक चौरसिया और उनके साथ जो भी मीडियाकर्मी थे, उनमें से किसी को भी रोका नहीं जाना चाहिए था, कैमरा बन्द करने की कोशिश नहीं की जानी चाहिए थी—इस बात से तो मैं सौ फ़ीसदी सहमत हूँ। यह ग़लत हुआ, लेकिन साथ ही यह भी सरासर ग़लत और झूठ है कि दीपक चौरसिया पर किसी तरह का हमला हुआ या उन्हें मॉब लिंचिंग के ख़तरे का सामना करना पड़ा। उन्हें हज़ारों की भीड़ में से सुरक्षित निकाला गया, और अन्त-अन्त तक उनसे अपील की गई कि आप यहाँ से लाइव फुटेज दिखाएँ।

आन्दोलनकारी औरतों का जो सवाल था, उसका जवाब न तो 'न्यूज़ नेशन' के दीपक चौरसिया के पास था और न ही मुख्यधारा के ज़्यादातर टीवी चैनलों के पास। शाहीन बाग़ की औरतों का पूछना था कि आख़िर क्यों मीडिया लगातार ग़लत ख़बरें चलाकर आन्दोलन को बदनाम करने की साज़िश कर रहा है? शाहीन बाग़ की औरतों में और यंग वॉलेंटियर्स में इस बात को लेकर नाराज़गी बहुत ज़्यादा थी कि भाजपा आईटी सेल की तरफ़ से जो भी दुष्प्रचार चलाया जाता, ग़लत व शरारतपूर्ण वीडियो चलाए जाते, उन्हें मीडिया जस का तस आगे अपने चैनलों पर बढ़ा देता। इसका सबसे बड़ा उदाहरण वे पेश कर रही थीं भाजपा के आईटी सेल के प्रमुख अमित मालवीय द्वारा ट्वीट किया गया वह वीडियो, जिसमें कहा जा रहा था कि शाहीन बाग़ की औरतों को 500 रुपये प्रतिदिन की रेट से धरने पर बैठाया गया है और वे बिरयानी के लिए यहाँ बैठ रही हैं।

अमित मालवीय ने 15 जनवरी को ट्वीट करके एक वीडियो डाला था, जिसमें दुकान पर बैठा एक लड़का यह दावा कर रहा है कि शाहीन बाग़ में औरतें पैसे के एवज़ में बैठ रही हैं। इस वीडियो पर ही मीडिया में ख़ूब

ख़बरें हुईं, ख़ासतौर से न्यूज़ चैनल्स की तरफ़ से। इसमें अपनी तरफ़ से कोई पड़ताल करने की, किसी से बात करने की कोशिश नहीं हुई। इस वीडियो की बाद में बहुत पड़ताल हुई और तब इसका सच सामने आया। इस पर वेबसाइट लल्लनटॉप ने एक दिलचस्प रिपोर्ट भी जारी की थी—

> *अमित मालवीय, BJP IT सेल के मुखिया हैं। इन्होंने एक वीडियो सोशल मीडिया पर पोस्ट किया। वीडियो में दिख रहा है एक लड़का। उससे बात कर रहा है कोई 'रिपोर्टर टाइप' आदमी। माइक ID नहीं है इसलिए हम कह नहीं सकते हैं कि वो आदमी रिपोर्टर ही है।*

रिपोर्टर टाइप जनाब उस लड़के से शाहीन बाग़ में चल रहे प्रोटेस्ट को लेकर सवाल पूछ रहे हैं और लड़का बता रहा है—

> *मकान मालिकों ने किराया माफ़ कर दिया। दुकानों का डेढ़-डेढ़ लाख का किराया माफ़ कर दिया।*

फिर रिपोर्टर टाइप जनाब उससे पूछते हैं कि जो लेडीज़ बैठ रही हैं वे पाँच-पाँच सौ ले रही हैं? इस पर लड़का कहता है—

> *500-700 रुपये बँट रहे हैं। शिफ़्ट चेंज होती है इनकी। 12 से इतने टाइम का है, गिनती पूरी होनी चाहिए इनकी। मतलब 1,000 बन्दों के पैसे हैं तो 1,000 बन्दे पूरे होने चाहिए। एक गई तो दूसरी उनके जगह पर आकर बैठेगी।*

इस पर रिपोर्टर टाइप शख़्स बिरयानी बँटने का तुर्रा छोड़ते हैं, तो लड़का कहता है—

> *'बस, खाना चल रहा है। चाय-बिरयानी सब चल रहा है, पैसा मिल रहा है। घर पे जाओ खाना बनाकर आ जाओ, जो घर पे न सोओ यहाँ आकर बैठ जाओ, 500 रुपये मिल रहे हैं, क्या जा रहा है? कालिन्दी कुंज की बात है। पैसा कमा रहे हैं, और कुछ नहीं हो रहा है ये। एक-एक साल के बच्चे को लेकर बैठे हैं, पैसे मिल रहे हैं पाँच-पाँच सौ इन्हें।'*

इतने में रिपोर्टर बने भाईसाब कहते हैं "कांग्रेस का खेल है सब।" और वीडियो बन्द हो जाता है।

#वीडियो की ऑथेंटिसिटी

जो वीडियो अमित मालवीय ने पोस्ट किया है, उसमें एक लड़का बात कर रहा है। वो लड़का कौन है, यह साफ़ नहीं है। कोई भी रैंडम लड़का हो सकता है। इस वीडियो में प्रोटेस्ट में शामिल किसी महिला या किसी और शख़्स से बातचीत नहीं की गई है न ही यह कोई स्टिंग वीडियो है जिसमें कोई महिला खुद पैसे लेने की बात स्वीकार कर रही हो। वीडियो के आख़िर में वीडियो बनानेवाला शख़्स कह रहा है कि यह सब कांग्रेस करवा रही है। एक रैंडम वीडियो के आधार पर उस पूरे प्रोटेस्ट को यह कहकर ख़ारिज़ नहीं किया जा सकता है कि वह कांग्रेस प्रायोजित है। वीडियो में उस लड़के की बकवास के अलावा ऐसा कुछ नहीं है जो अमित मालवीय के दावे की पुष्टि करता हो कि प्रोटेस्ट में बैठनेवाली औरतों को पैसे दिए जा रहे हैं।

#प्रोटेस्ट करने में ग़लत क्या है

बीते दिनों एक दोस्त के घर एक कार्यक्रम में जाना हुआ। लौटते हुए आस-पड़ोस में रहनेवाले हम चार-पाँच लोगों ने एक कैब कर ली। इनमें से दो शाहीन बाग़ में रह चुके थे, कुछ साल पहले। एक ने कहा—"यार, पतली गलियाँ थीं, खाना बहुत बेकार मिलता था।" इतने में ड्राइवर साब बोल पड़े—"अब मिनी पाकिस्तान में रहेंगे तो यही होगा न!"

मिनी पाकिस्तान से उस ड्राइवर का मतलब था वो इलाक़ा जहाँ बहुत सारे मुसलमान रहते हैं। जब से सीएए के ख़िलाफ़ शाहीन बाग़ में प्रदर्शन शुरू हुआ तब से सोशल मीडिया पर एक धड़ा उसे मिनी पाकिस्तान का प्रोटेस्ट साबित करने पर अड़ा रहा। वही धड़ा प्रदर्शनकारियों को भी एंटी नेशनल साबित करता रहा है।[1]

---

1. https://www.thelallantop.com/bherant/offensive-hashtag-for-shaheen-bagh-women-tops-twitter-trend-after-bjp-it-cell-chief-amit-malviya-shares-a-video/

इस वीडियो पर 'न्यूज़ लॉन्ड्री' और 'ऑल्ट न्यूज़' ने भी पड़ताल की और वे जा पहुँचे उस दुकान के मालिक के पास, जहाँ वह वीडियो शूट हुआ था। लेकिन ज़ाहिर था कि यह करते-करते तीन हफ़्ते लग गए, और तब तक जो नुकसान मीडिया के ज़रिये, टीवी न्यूज़ चैनलों के ज़रिये किया जाने का मक़सद था, वह हो चुका था। 'टाइम्स नाउ' पर अपने शो के दौरान मेघा प्रसाद ने कहा—

> *यह वीडियो देखने में स्टिंग ऑपरेशन मालूम पड़ता है। निश्चित तौर पर इसकी शूटिंग खुफ़िया कैमरे से की गई है और इससे यह बात साबित होती दिखती है कि जो लोग भी शाहीन बाग़ में धरने पर बैठे हैं, उन्हें ऐसा करने के बदले पैसे दिए जा रहे हैं...*

जिस दिन अमित मालवीय ने वीडियो ट्वीट किया, उसी शाम 'इंडिया टुडे' और 'रिपब्लिक टीवी' ने इस विषय पर प्राइम टाइम डिबेट आयोजित की। 'रिपब्लिक टीवी' की डिबेट में न केवल यह सवाल प्रमुखता से उछाला गया कि 'क्या शाहीन बाग़ का प्रोटेस्ट पेड है?' बल्कि #प्रोटेस्टऑनहायर का हैशटैग भी चलाया गया।

अब हक़ीक़त देखिए। 'न्यूज़ लॉन्ड्री' और 'ऑल्ट न्यूज़' ने अपनी पड़ताल में पाया कि—

> *इस कथित सनसनीख़ेज़ ख़ुलासे की शूटिंग शाहीन बाग़ से आठ किलोमीटर दूर दक्षिणी दिल्ली के पुल प्रह्लादपुर इलाक़े में की गई थी। यह इलाक़ा तुग़लकाबाद विधानसभा क्षेत्र में आता है। वीडियो की शूटिंग तुग़लकाबाद मेट्रो स्टेशन से कुछ मिनट की पैदल दूरी पर एफ़ ब्लॉक—मित्तल कॉलोनी में स्थित कुस्मी टेलीकॉम (दुकान नम्बर 134) पर की गई थी।*
>
> *तुग़लकाबाद शहरी क्षेत्र दक्षिणी दिल्ली की पहाड़ियों पर स्थित है, इसलिए यहाँ की सड़कों पर ढलान देखी जा सकती है। मित्तल कॉलोनी के एफ़ ब्लॉक की मुख्य सड़क—जिसके दोनो तरफ़ बाज़ार लगता है—पहाड़ी पर ऊपर की तरफ़ जाते हुए चौराहे पर ख़त्म हो जाती है। 'कुस्मी टेलीकॉम' यहीं पर स्थित है।*

38 वर्षीय अश्विनी कुमार दुकान के मालिक हैं। वह अपने बुज़ुर्ग पिता के सहयोग से दुकान चलाते हैं। डाटा प्लान रिचार्ज व प्रिंटआउट के काम के साथ-साथ चिप्स, अंडे व सिगरेट आदि भी बेचते हैं। दुकान तक़रीबन 8 गुणा 10 वर्ग फुट की ही होगी। दुकान के बाहर लाल रंग के होर्डिंग/पोस्टरों पर एयरटेल और वोडाफ़ोन के विज्ञापन देखे जा सकते हैं। दुकान की दीवारें हल्के नीले-हरे रंग में रँगी हुई हैं और दीवार पर सामने की तरफ़ रुख़ करके एक दीवार घड़ी लगाई गई है, जिसके बैकग्राउंड पर भाजपा नेताओं, ख़ास तौर पर नरेन्द्र मोदी की झांकती हुई तसवीर देखी जा सकती है।

दुकान के मालिक अश्विनी व उनके पिता ने शुरू में तो बेहद आक्रामक तरीक़े से इस बात से इनकार किया कि वीडियो उनकी दुकान में बना है, लेकिन लगभग चार दिन बाद अपनी बात से पलटते हुए उन्होंने यह स्वीकार किया कि हाँ, ऐसा हुआ था। हालाँकि उन्होंने खुद शूटिंग करने से इनकार किया, लेकिन उनकी बातों में कोई तारतम्य नहीं था।

बहरहाल, शुरुआती 20 मिनट की बातचीत से कुछ बातें निश्चित तौर पर स्पष्ट हो जाती हैं।

अव्वल तो यह कि भाजपा द्वारा फैलाया गया सनसनीखेज़ वीडियो इस दुकान पर शूट किया गया था। वीडियो के बैकग्राउंड में जो भी चीज़ें नज़र आती हैं, वो दुकान से हू-ब-हू मेल खाती हैं, अंडे, दीवार, नम्बर आदि।

दूसरी बात, वीडियो में तीन आवाज़ें सुनाई पड़ती हैं : आरोप लगानेवाले व्यक्ति की आवाज़ जिसे वीडियो में साफ़ देख सकते हैं और दो अन्य लोगों की आवाज़ें, जिनकी झलक नहीं दिखाई पड़ती। जहाँ तक हमें लगता है, उन अन्य दो आवाज़ों में से एक अश्विनी कुमार के पिता की है, जिनका स्वर थोड़ा ऊँचा है और आवाज़ में भारीपन है। बल्कि ऐसा लगता है कि उनके पिता ने ही वीडियो में यह कहा, "सब कांग्रेस का खेल है"। बाद में यही लाइन अमित मालवीय ने अपने ट्वीट के कैप्शन में लिखी, और

इसे ही 'टाइम्स नाउ' पर भी दोहराया गया।

इसी तरह अश्विनी कुमार की आवाज़ भी वीडियो में कैमरे के पीछे से आती आवाज़ से हू-ब-हू मेल खाती है।

तीसरी बात जो सामने आती है कि कथित वीडियो स्टिंग कैमरे के बजाय मोबाइल फ़ोन से बनाया गया था। वीडियो का ओरिजिनल फ्रेम फ़ोन-साइज़ फ्रेम की तरह है, जो अमित मालवीय के शेयर में थोड़ा छोटा हो गया था।

...ऐसे लम्बे-चौड़े अफ़वाहजनित दावों—जिनसे न केवल उस दुकानदार ने ख़ुद को अलग कर लिया बल्कि जिसके पक्ष में भाजपा भी किसी भी तरह का प्रामाणिक दस्तावेज़ पेश करने में असफल रही—से भले ही लोगों का ध्यान आकर्षित हो जाए या विज्ञापन रेवेन्यू में इज़ाफ़ा हो जाए, लेकिन इसके मूल में इस पूरे घटनाक्रम के सन्दर्भ में मीडिया के ज़रिये आधारहीन व अप्रामाणिक दावों को वैधता प्रदान करना ही है।

यह घटना उसी पूरी सोची-समझी प्रक्रिया का एक हिस्सा है, जिसके तहत शाहीन बाग़ की महिला प्रदर्शनकारियों की छवि धूमिल करने की कोशिश की गई। इसके लिए छेड़छाड़ की गई तसवीरों व एडिट किए गए वीडियो का इस्तेमाल किया गया। राजनैतिक गलियारों में फ़ौरी तौर पर एक के बाद एक इस तरह की तमाम गतिविधियाँ हुईं, जिनमें छवियाँ बिगाड़ने की कोशिशें लगातार जारी रहीं और उनसे राजनीतिक हित साधने के प्रयास लगातार किए गए। गृहमंत्री अमित शाह ने दिल्ली के विधानसभा चुनावों पर लोगों से कहा, "आप लोग ईवीएम का बटन इतने गुस्से में दबाना कि करंट शाहीन बाग़ के अन्दर लगे।" भाजपा के ही एक मंत्री ने दिल्ली में चुनावी भीड़ से नारे लगवाए, "देश के गद्दारों को, गोली मारो सालों को।" इस तरह के बयानों व मीडिया प्रोजेक्शन से शाहीन बाग़ के बच्चों व बड़े-बूढ़ों की ज़िन्दगी पर ख़तरे का साया मँडराने लगा है।[1]

1. https://www.newslaundry.com/2020/02/07/shaheen-bagh-alt-news-amit-malviya-bjp-fake-news-caa-nrc

शाहीन बाग़ की औरतों ने अपने 100 दिन के आन्दोलन में इस तरह के अनगिनत वार झेले। मीडिया का एक खेमा जिस तरह से इन औरतों को बदनाम करने के लिए किसी भी हद तक उतारू था, उसने इन औरतों को मीडिया के प्रति भीषण रूप से आशंकित बना दिया। कैमरे के साथ मीडिया की तमाम टीमें आती थीं, शूट करती रहती थीं और जो औरतें बोलती थीं, उसे न दिखाकर बिलकुल दूसरा ही एँगिल चैनलों पर दिखाया जाता था। आलम यह हो गया था कि सुबह से रात तक बैठी औरतें अगर धरना स्थल पर कुछ खाती भी थीं, तो वॉलेंटियर्स को इस बात का ध्यान रखना पड़ता था कि कहीं कोई उनका वीडियो न बनाए।

यह अनुभव खुद मुझे भी हुआ। मैं शाहीन बाग़ की नानियों-दादियों का इंटरव्यू रिकॉर्ड कर रही थी और पीछे कुछ बच्चियाँ खा रही थीं, पानी और चाय दी जा रही थी। इतने में नौजवान वॉलेंटियर ने कहा, "आप कैमरा अभी बन्द कर दें। सब लोग कुछ खा-पी रहे हैं, ग़लत मैसेज जाएगा।" उनकी बात सुनकर मैंने कैमरा तो बन्द कर दिया, लेकिन फिर उनसे पूछा कि क्यों? तो उन्होंने बताया लगातार तक़रीबन रोज़ ही ऐसे वीडियो सोशल मीडिया पर डाले जाते हैं, जिसमें शाहीन बाग़ की औरतों को पैसे के लिए, खाने के लिए भूखी औरतों के तौर पर दिखाया जाता है। बहुत निगेटिव इमेज जाती है।

इतने में बिलकिस नानी ने कहा, "तुम कैमरा खोलो। मैं बोलती हूँ इस पर।"

इसके बाद शाहीन बाग़ का प्रमुख चेहरा बनकर उभरी 82 साल की बिलकिस ने कहा, "क्या मोदी सरकार सोचती है कि हम मुसलमान औरतें खाना खाए बिना ज़िन्दा रहती हैं? मोदी जी, अपनी टीम से बोल दो—यह हमारा घर है। हम औरतों ने इसे ही (तख़्त पर हाथ पटकते हुए) अब अपना घर बना लिया है, हम यहीं खाएँगे, सोएँगे, बच्चे खिलाएँगे और देश को बचाएँगे। हमें बिरयानी का लालच नहीं है। हमें 500 रुपये, 1000 रुपये, 10 लाख रुपये का भी लालच नहीं है। यहाँ अपनी औरतों को भेज दो, हम 5000 रुपये देंगे उनको। बैठकर दिखाएँ, इतनी ठंड में यहाँ। दिन भर बैठे-बैठे पीठ अकड़ जाती है, मोदी जी! हम आज़ादी की लड़ाई लड़ रहे हैं।"

"यह बात तुम्हें और तुम्हारे लोगों को समझ में नहीं आएगी। तुमने कभी ऐसा किया नहीं है न। हमने तो अपना घर छोड़ दिया और तुम हमें 500 रुपये और बिरयानी में तौल रहे हो। मेरे घर आना, खिलाऊँगी तुम्हें असल बिरयानी। मैं 80 से ज़्यादा (उम्र) की हूँ, पर हाथों में और हौसले में बहुत दम है। तुम सब मीडिया वाले आते तो हो यहाँ, पर दिखाते न हो हमारी बातें। उल्टा-सीधा दिखाते हो, क्यों भाई? जब हम नहीं डरे तो तुम भी तो सच दिखाओ!"

अब यह बात बिलकिस नानी को बताने की भी ज़रूरत नहीं थी कि मीडिया का क्या हाल है और कैसे-कैसे रिपोर्टिंग हो रही है मेरे पेशे में। हालाँकि यह काफ़ी दिलचस्प था कि किस तरह से वह इतने वैमनस्य से भरे मीडिया घरानों से भी निबट लिया करती थीं।

भाजपा आईटी सेल के अमित मालवीय ने भी नहीं सोचा होगा कि उन्होंने जो फ़र्ज़ी वीडियो शेयर किया, जिसे मीडिया के एक हिस्से ने उनकी इच्छानुसार लपक भी लिया था, उस पर शाहीन बाग़ की औरतें क़ानूनी लड़ाई में उतर आएँगी। उन्होंने अमित मालवीय को क़ानूनी नोटिस भेजकर तत्काल माफ़ी माँगने और एक करोड़ रुपये का हर्ज़ाना देने की माँग की। यह नोटिस शाहीन बाग़ आन्दोलन से जुड़े वकील महमूद पारचा के मार्फ़त दो औरतों के नाम से भेजा गया—नफ़ीसा बानो (ज़ाक़िर नगर) और शहज़ाद फ़ातिमा (शाहीन बाग़)। इसमें उन्होंने आरोप लगाया कि अमित मालवीय—जो भाजपा से जुड़े हुए हैं—ने जान-बूझकर प्रदर्शनकारियों की छवि ख़राब करने की कोशिश की।[1]

इस सारी क़वायद में बहुत ही दिलचस्प समीकरण दिखाई दे रहा था—मीडिया के लिए शाहीन बाग़ एक टेस्ट केस था तो दूसरी तरफ़ शाहीन बाग़ के लिए मीडिया एक टेस्ट केस था। मीडिया को शाहीन बाग़ ने बहुत कुछ सिखाया। भारतीय मीडिया मुस्लिम समाज और मुस्लिम नेतृत्व के बारे में सेट पैटर्न पर और पूर्वग्रहपूर्ण तरीक़े से सोचने का आदी रहा है। मुस्लिम नेतृत्व का मतलब तमाम टीवी स्टूडियो में किसी टोपी वाले मौलाना की उपस्थिति होती। मुस्लिम महिला तक तो मीडिया तभी पहुँचता है, जब कोई महिला उत्पीड़न का मामला हो, तलाक़ का मामला हो या फतवे का, वरना

1. https://www.aajtak.in/india/story/shaheen-bagh-protesters-send-defamation-notice-to-bjp-it-cell-chief-amit-malviya-1015478-2020-01-20

पूरे समाज की नुमाइन्दगी सिर्फ़ मर्द करते रहे हैं और उसमें भी टोपी-दाढ़ी वाले मर्द।

मुझे याद आता है 'आउटलुक' पत्रिका के दिनों का एक वाक़या, जब मैं वहाँ काम करती थी। मुस्लिम समाज, उसमें आए आधुनिक बदलावों पर कवर स्टोरी की जानी थी। बहुत अच्छी तसवीरें माहिर फ़ोटोग्राफर लेकर आए—खुशहाल-शिक्षित मुस्लिम चेहरों के साथ। एक तो बहुत पॉवरफुल थी, लेकिन मीटिंग में सवाल उठा कि ये तो मुसलमान जैसे लग ही नहीं रहे। बड़े पेचोख़म लगाए गए, दिमाग़ दौड़ाया गया। हम सब जो उस फ़ोटो के पक्ष में बैटिंग कर रहे थे, उन्हें व्यापक जनमानस से कटा हुआ बता दिया गया। जब मैंने लखनऊ के अपने तमाम दोस्तों का ज़िक्र किया—जो मुस्लिम समाज से ताल्लुक़ रखते थे—लेकिन कहीं से भी वे तथाकथित मीडिया द्वारा प्रोमोटेड ट्रेडिशनल छवि के हिसाब से नहीं थे। यानी मीडिया में मुसलमानों की जो छवि फिक्स है, उसके इतर ना तो हम कुछ देखने को तैयार होते हैं और न ही देखते हैं। इस छवि में मुसलमान आदमी की अलग ढंग की दाढ़ी, टोपी, टखने तक पैजामा और औरत का बुर्क़ानशीं होना, हिज़ाब में होना ज़रूरी था। मुसलमान औरत का कम बोलना, सताया हुआ लुक देना भी इस ज़रूरी वाली लिस्ट में शामिल है। कुल मिलाकर इस समाज की नुमाइन्दगी करने का काम, नेतृत्व करने का काम सिर्फ़ और सिर्फ़ मुसलमान मर्दों के कन्धों पर था।

शाहीन बाग़ ने इस तसवीर को चकनाचूर कर दिया। इससे मुस्लिम समाज में जितनी परेशानी थी, उससे कई गुना ज़्यादा समाज के बाहर थी। बहुसंख्यवाद पर आधारित राजनीति को तो ख़ासतौर से मुसलमान औरतों के नेतृत्व से बेइन्तहा परेशान हो गई थी। मुसलमानों के जमावड़े पर ज़ेहादी, इस्लामोफ़ोबिक, पाकिस्तानी, एंटी नेशनल आदि का ठप्पा बड़ी आसानी से लगाया जा सकता था। उनके जमावड़े को आसानी से कुचला जा सकता था, लेकिन यहाँ मुसलमान औरतें थीं। इन औरतों के उद्धार की दुहाई दे कर ही मोदी सरकार तीन तलाक़ को ग़ैर-क़ानूनी बनानेवाला क़ानून लेकर आई थीं। अब ये ही औरतें सड़कों पर उतरकर भारतीय नागरिक के रूप में भारतीय संविधान को बचाने की दुहाई दे रही थीं, तो तुरन्त इनके ख़िलाफ़ मोर्चा खोलना सरकार के लिए भी सम्भव नहीं हो पाया। और न ही मुख्यधारा

के मीडिया के उस हिस्से को यह काम आया, जो सरकारी भोंपू में तब्दील हो चुका था कि किस तरह से मुसलमान औरतों के इस असंगठित हुजूम को अपने दर्शकों के सामने पेश किया जाए?

शुरू में ये मीडिया घराने भारतीय राजनीति की इस नई परिघटना को देखने और समझने की कोशिश करते दिखे, वे सीएए के पक्ष में स्टोरी को ले लेकर घूमते फिरे। इस दौरान देशप्रेम को सीएए के साथ जोड़कर दिखाना न्यूज़ ट्रेंड हो गया। हिन्दू शरणार्थी परिवार की बच्ची का नाम नागरिकता रखे जाने की ख़बर हो या फिर विदेशों में उन पर हुए ज़ुल्म की कहानियां—इन सबने ख़ूब टीआरपी बटोरी। लेकिन जब धीरे-धीरे शाहीन बाग़ जलवानशीं हो गया, इसका नाम हर जगह छाने लगा, और यहाँ से केन्द्र की मोदी सरकार को सीधे-सीधे चुनौती मिलने लगी—तब इसके ख़िलाफ़ खदबदाहट बढ़ने लगी। शाहीन बाग़ में बैठी औरतों को बदनाम करने की साज़िश बेहद गहरी हो चली। जो भी आरोप भाजपा के आईटी सेल के लोग शाहीन बाग़ की औरतों पर लगाते थे, उसे मीडिया—ख़ासतौर कुछ ख़ास टीवी चैनल—जस का तस अपने दर्शकों को परोस देते थे। कई बार तो ये टीवी चैनल भाजपा के प्रवक्ताओं से भी अधिक आक्रामक थे।[1]

मीडिया के इस बड़े और प्रभावशाली खेमे ने शाहीन बाग़ की औरतों को बदनाम करने के लिए जो थ्योरी प्रचारित करनी शुरू की, उनमें जो सबसे ज़्यादा चली वो—500 रुपये के एवज में इन औरतों के धरने पर बैठने, सबको बिरयानी बाँटे जाने, वहाँ बैठनेवाली माँओं के लापरवाह होने वग़ैरह के बारे थी। इसमें कई कथित स्टिंग ऑपरेशन भी किए गए जो सब बाद में फ़र्ज़ी साबित हुए। लेकिन इसकी वजह से मीडिया के प्रति भीषण अविश्वास शाहीन बाग़ में पसर गया था। मीडिया को लेकर वहाँ के वॉलेंटियर्स में और औरतों में गहरा तनाव हो गया था।

कमोबेश यही हाल हर जगह का रहा, चाहे वह जामिया के गेट नम्बर 7 पर चलनेवाला धरना हो या फिर खुरेजी का या फिर लखनऊ के घंटाघर का। लेकिन 100 दिन से अधिक चली इस मशक़्क़त ने इन औरतों को बिलकुल माँझ दिया। वे मीडिया से बात करने, नपे-तुले सटीक जवाब देने में माहिर हो गईं। सवाल कुछ भी कोई पूछे, जवाब वे अपने ही देतीं। उनकी राजनीतिक

1. https://www.youtube.com/watch?v=IamNExxUp2Y

समझ भी इतनी प्रखर हो गई कि विरोधियों के लिए उन्हें घेरना मुश्किल होने लगा। इस सारे एपिसोड ने मुसलमान औरतों का बिलकुल दूसरा चेहरा भारतीय समाज के सामने रखा।

मीडिया के लिए भी यह ज़बर्दस्त ट्रेनिंग का दौरा रहा। मैं व्यक्तिगत तौर पर ऐसे एक दर्ज़न पत्रकारों को जानती हूँ, जो भले ही अपने अख़बारों में या टीवी चैनलों में शाहीन बाग़ के बारे में निगेटिव रिपोर्ट देते रहे (सम्पादकीय लाइन की वजह से), लेकिन दिल से इन औरतों को बहुत सम्मान से देखते थे। उन्हें शाहीन बाग़ की ऊर्जा भीतर तक उद्वेलित करती थी। इन पर कड़कड़ाती ठंग में छोटे-छोटे बच्चों के साथ खुले में बैठी इन औरतों की छवि का बहुत मार्मिक असर पड़ा। दिल्ली स्थित महिला प्रेस क्लब (वुमन प्रेस कॉर्प्स) की कई सक्रिय सदस्य शाहीन बाग़ समूह में आतीं, देखतीं, बैठतीं और चली जातीं।

इनमें से बहुत-सी महिला पत्रकार ऐसी भी थीं, जिन्हें शाहीन बाग़ पर लिखने का एसाइनमेंट नहीं था, जिन्हें दफ़्तर की तरफ़ से वहाँ भेजा भी नहीं गया था, लेकिन वे उत्सुकतावश और समर्थन में भी यहाँ आ रही थीं। सबका कहना था कि शाहीन बाग़ जैसा नज़ारा कभी देखा ही नहीं था और यह की फ़िज़ा को महसूस करना ज़रूरी है। एक तरह से शाहीन बाग़ ने भी पत्रकारों और मीडिया संस्थानों की ट्रेनिंग की। मुस्लिम समाज और मुसलमान औरतों को देखने-समझने का झरोखा खोला।

देवबन्द में सीएए के ख़िलाफ़ प्रतिरोध की रोशनी

9

आगे का रास्ता

करत करत अभ्यास के, जड़मति होत सुजान।
रसरी आवत जात ते, सिल पर परत निसान॥

वृन्द के इस दोहे को अगर मौजूदा सन्दर्भों में व्याख्यायित करें, तो बहुत ही अलग वितान खिंचता है। उसमें भी अगर इस दोहे के आईने में आन्दोलनों को देखें, तो शायद लोकतंत्र की नई परिभाषा की परतें खुलें।

आन्दोलन एक अभ्यास है लोकतंत्र में, जो क्रूर सत्ता-प्रशासन की जड़मति से, उसके अहंकार से टकराकर जीवन को जीने लायक बनाती है। पत्थर की तरह निष्ठुर सरकारों पर जनान्दोलन अपनी छाप छोड़ते हैं, लोकतंत्र को ज़िन्दा रखते हैं। जनता में यह आस बनाए रखते हैं कि अन्याय के ख़िलाफ़ लड़ना ज़रूरी है और सिल पर छोड़े गए निशान आगे के लिए रास्ता भी बनाते हैं। एक आन्दोलन से दूसरा आन्दोलन सीखता है और मज़बूती पाता है। कई बार सबक लेता है। अनेक बार अपनी ग़लतियों से सीखता है। दरअसल, कड़ी से कड़ी जुड़ती है और लोकतंत्र में लोक की दावेदारी बनी रहती है।

शाहीन बाग़ आन्दोलन भारतीय लोकतंत्र का एक ऐसा अहम अध्याय है, जिसकी ज़िन्दा मिसालों की गूँज बहुत लम्बे समय तक फ़िज़ाओं में रहेगी। यहाँ से जो ऊर्जा पैदा हुई, वह रूप बदलकर तमाम गतिविधि केन्द्रों में संचित हो जाएगी। बढ़ी हुई पहलक़दमी कभी किसी समाज को पीछे नहीं जाने देती। घर से निकली हुई महिला का क़दम घर और समाज को नए मायने देता है, जिसकी राजनीतिक छाप पड़े बिना रह नहीं सकती।

यही आत्मविश्वास शाहीन बाग़ की तमाम ज़ाँबाजों में दिखाई दे रहा था। वह आन्दोलन उस समय भी थमा नहीं, रुका नहीं, जब दिल्ली के एक हिस्से में आग लगाई जा रही थी और साम्प्रदायिक हिंसा की चपेट में सैकड़ों दिल्लीवासी आ गए थे। उस भीषण संकट और साम्प्रदायिक तनाव के दौर में तप कर और खरा होकर निकला शाहीन बाग़। कोरोना माहामारी ने जब देश को बुरी तरह अपनी गिरफ़्त में ले लिया, तब शाहीन बाग़ आन्दोलनकर्ताओं ने गहन चिन्तन-मनन के बाद, राजनीतिक परिपक्वता के साथ आन्दोलन को अगले चरण में प्रवेश कराने का ऐलान किया। जिस तरह से दशरथपुत्र राम ने वनगमन के बाद भारत के अनुरोध पर अयोध्या के लिए अपनी खड़ाऊँ दे दी थी, उसी तरह शाहीन बाग़ की नानियाँ-दादियाँ कोरोना के कारण उपजी परिस्थिति में, धरना स्थल पर अपनी चप्पलें छोड़कर कोरोना से दुनिया को बचाने की प्रतिज्ञा करते हुए वापस अपने घर चली गईं।

> *शाहीन बाग़ ज़िन्दा है और ज़िन्दा रहेगा। कुछ हम रखेंगे और कुछ सरकार। अब आप ही देखिए, जब भी कोई इनके (सरकार के) सामने कोई तन कर खड़ा हो, सच बोले तो इन्हें हमारी छाया नज़र आने लगे है। हर जगह इन्हें शाहीन बाग़ ही दिखाई दे। दलित बेटी के साथ अन्याय हो तो शाहीन बाग़ जैसी साज़िश, किसान जुट जाएँ तो शाहीन बाग़ के पैर दिखाई दे जाएँ। (हँसते हुए और पैरों को आगे बढ़ाकर दिखाते हुए) हमें तो पता ही नहीं था कि इतने बड़े हैं हमारे पैर पर हाँ ज़मीन पर टिके हुए हैं। ज़मीन हमने न छोड़ी है और मरते दम तक न छोड़ेंगे।*

यह कहकर शाहीन बाग़ की नानी-दादी बिलकिस ने आन्दोलन या आन्दोलनों के लिए आगे का रास्ता तय कर दिया।

जैसे प्याज़ की एक-एक परत उतरती जाती है, जैसे स्वेटर उधड़ता है, फन्दा-दर-फन्दा, वैसे ही शाहीन बाग़ की अहमियत धीरे-धीरे सामने आती जाती है। इसकी मारक शक्ति का अहसास लम्बे समय तक भारत के राजनीतिक फलक पर महसूस होता रहेगा। भारतीय लोकतंत्र कितनी विविधता वाला है और सतह के भीतर तमाम छोटे-बड़े कोनों में कितनी ऊर्जा बची हुई है, इसका अहसास भी यह आन्दोलन हम सबको करा गया है। यह आन्दोलन

2019 की कड़क सर्दियों के बीच शुरू हुआ था, लेकिन इसकी तपिश ठीक एक साल बाद 2020 की सर्दियों में शुरू हुए जुझारू किसान आन्दोलन में महसूस हो रही थी। जब हम शाहीन बाग़ के असर की बात कर रहे हैं तो भारतीय जनमानस पर पड़े इसके असर को नहीं आँक रहे हैं, बल्कि सत्ता के गलियारों में इसके हव्वे या नकारात्मक प्रभाव को पकड़ने की कोशिश कर रहे हैं।

ग़ालिब का एक शे'र बिलकुल दूसरे सन्दर्भ में यहाँ याद हो आता है—

कोई मेरे दिल से पूछे तेरे तीर-ए-नीमकश को
ये ख़लिश कहाँ से होती जो ज़िगर के पास होता

बहुत गहरे धँसा है शाहीन बाग़ का तीर सत्ता के जिगर में। हर बार, बार-बार, मौक़े-बेमौक़े याद ही आ रहा है सरकारों को शाहीन बाग़। 2019 के बाद से ही कहीं भी कुछ हो रहा होता है, किसी हिंसा या अपराध की घटना के ख़िलाफ़ आक्रोश, देश की राजधानी को साम्प्रदायिक हिंसा का शिकार बनाने की नापाक कोशिश, उत्तर प्रदेश में हाथरस में दलित लड़की के साथ हुए सामूहिक बलात्कार के ख़िलाफ़ योगी सरकार की लीपापोती के ख़िलाफ़ गुस्सा या फिर कृषि क़ानूनों के ख़िलाफ़ 26-27 नवम्बर, 2020 से दिल्ली की सरहद पर किसानों का उमड़ा जनाक्रोश—सब में शाहीन बाग़ का ही हाथ राज्य सरकारों से लेकर केन्द्र सरकार को दिखाई दे रहा है। हर जगह वे शाहीन बाग़ का हवाला देश में हुई एक बहुत बुरी घटना के रूप में, एक साज़िश के रूप में करने की चेष्टा करने लगे हैं। बार-बार शाहीन बाग़ का इस तरह का प्रोजेक्शन करके व्यापक जनमानस के ज़ेहन में नकारात्मक छवि को स्थायी किया जा रहा है और एक दुश्मन विचार की तरह उसे राजनीतिक विमर्श में स्थापित करने की सोच के तहत यह सब हो रहा है।

यह अलग ढंग का नैरेटिव है, जो किसी भी असुविधाजनक सवाल, सत्ता से टकराती आवाज़ों को बहुत ही आराम से देशद्रोही, टुकड़े-टुकड़े गैंग, अवॉर्ड वापसी गैंग, ख़ान मार्किट गैंग, विदेशी फ़ंडिंग से चलनेवाले गैंग के रूप में ब्रांड कर देता था और इन गोलबन्दियों से उठनेवाले सवालों को सिरे से नकार देता था। बुनियादी रूप से इन सरकारों ने हक़ के लिए उठनेवाली तमाम निर्भीक आवाज़ों, गोलबन्दियों, संगठित आवाज़ों को—जिन्हें ख़रीदना

सम्भव न हो—शाहीन बाग़ से जोड़कर देखना शुरू कर दिया। हर आन्दोलन के पीछे एक साज़िश है और इस साज़िश का तथाकथित कनेक्शन शाहीन बाग़ से ही है—इस समझदारी पर केन्द्र सरकार से लेकर योगी सरकार और बाक़ी भी कई और राज्य सरकारें पहुँच गई हैं। उनके लिए यह प्रचार-प्रसार बहुत मुफ़ीद है। इससे साँप भी मर जाएगा और लकड़ी भी नहीं टूटेगी। बदनाम करने की फ़ैक्टरी को खुलकर खेलने का मौक़ा भी शाहीन बाग़ आन्दोलन के दौरान मिला। कुल मिलाकर सत्ताशाली वर्ग के लिए शाहीन बाग़ एक शत्रु विचार की तरह ध्रुवीकरण कराने का पर्याय बन गया।

शाहीन बाग़ अहंकारी सत्ता की आँखों में कांटे की तरह इतने लम्बे समय तक चुभता रहेगा कि हर आन्दोलन में उसे उसकी ही आहट सुनाई देती रहेगी। और यह आहट सिर्फ़ दिल्ली में ही नहीं, देश के हर कोने में सरकारों को सुनाई देने लगी। इसका सबसे क्रूर उदाहरण दिखाई दिया उत्तर प्रदेश के हाथरस जिले में दलित लड़की के साथ हुए नृशंस बलात्कार के मामले में। इस जातिगत बर्बरता के ख़िलाफ़ जब लोगों का गुस्सा फूटना शुरू हुआ तो योगी सरकार ने इसकी तुलना सीएए के विरोध में हुए आन्दोलन से करना शुरू कर दी। यह सन्देश प्रचारित किया गया कि इस अपराध की घटना पर भी कुछ लोग बड़ा आन्दोलन—सीएए के विरोध में शाहीन बाग़ सरीखा—खड़ा करने की तैयारी कर रहे हैं। रातों-रात एक वेबसाइट आ गई, आन्दोलन भड़काने के लिए विदेश से करोड़ों रुपये आने की झूठी ख़बरें प्रचारित-प्रसारित की गईं। यहाँ तक कि केरल के पत्रकार सादिक़ कप्पन को रिपोर्टिंग के लिए हाथरस जाते समय गिरफ़्तार कर लिया गया और उनके ख़िलाफ़ राजद्रोह व ग़ैर क़ानूनी गतिविधियाँ (निवारण) अधिनियम (यूएपीए) के तहत मामला दर्ज कर लिया।

इस सन्दर्भ में मीडिया की भूमिका का ज़िक्र करना भी बेहद ज़रूरी है क्योंकि उसे एक औज़ार के रूप में इतना खुलकर इस्तेमाल किया गया ताकि आम लोगों के बीच एक सोच को स्थापित किया जा सके।

उदाहरण के तौर पर, हम देश के कई शहरों से प्रकाशित होनेवाले हिन्दी दैनिक 'अमर उजाला' में छपी एक ख़बर को देखते हैं। इस ख़बर ने भाषा और तथ्यों के ज़रिये जिस तरह से नफ़रत फैलाने की कोशिश की गई, वह हैरान करता है। जो काम पुलिस ने नहीं किया, वह पत्रकारों ने किया।

हाथरस कांड के बाद हिंसा की साज़िश में मथुरा से गिरफ़्तार कैंपस फ्रंट ऑफ़ इंडिया (सीएफआई) के कथित सदस्यों को लेकर चौंकानेवाली जानकारी सामने आई है। सीएए के विरोध में सन्देशों को वेबसाइट द्वारा फैलाने में सीएफआई के सदस्यों की सक्रिय भूमिका थी। इनमें केरल का पत्रकार सिद्दीक़ दिल्ली के शाहीन बाग़ में हुए विरोध प्रदर्शन के दौरान से ही खुफ़िया विभाग के रेडार पर था। अलीगढ़ मुस्लिम विश्वविद्यालय (एएमयू) में हुए विरोध प्रदर्शन के दौरान बहराइच निवासी मसूद और मुज़फ़्फ़रनगर के अतीकुर्रहमान की सक्रियता बताई जा रही है।

मथुरा जिले से सीएफआई के चार कथित सदस्यों के गिरफ़्तारी के बाद से एटीएस, आईबी, मिलिट्री इंटेलीजेंस समेत खुफ़िया एजेंसियाँ जाँच में जुटी हैं। सन्दिग्धों के बरामद लैपटॉप और स्मार्टफ़ोन से नई-नई जानकारियाँ सामने आ रही हैं।

बताया जा रहा है कि गिरफ़्तार किए गए केरल निवासी पत्रकार सिद्दीक़ शाहीन बाग़ के विरोध प्रदर्शन में सन्देश फैलाने में सक्रिय रहा। खुफ़िया एजेंसियों को इस तरह के मेल और वेबसाइट की जानकारियाँ उसके लैपटॉप से मिली हैं।

...सीएफआई का मुख्य काम विश्वविद्यालयों के युवाओं को संगठन से जोड़ने का है, इसलिए एएमयू में भी इस संगठन की सक्रियता का पता चला है। बताया जाता है कि मसूद और अतीकुर्रहमान से इसके तार जुड़ रहे हैं। इनसे जुड़े जिन लोगों के नाम सामने आ रहे हैं, वे सभी एएमयू के विरोध प्रदर्शन में सक्रिय थे।

अब देखिए, कैसे हाथरस में रिपोर्टिंग के लिए जा रहे पत्रकार को गिरफ़्तार करके सारे तार जोड़े जाने लगे। सूत्र जोड़ दिया गया सीएए के ख़िलाफ़ चल रहे आन्दोलन से, अलीगढ़ में चले विरोध प्रदर्शन से।

यह तो एक छोटी-सी बानगी थी। ऐसे अनेकों उदाहरण सामने आए जिनमें—सत्ता आगे क्या रास्ता अख़्तियार करने जा रही है—यह खुलकर सामने आया। इस समय 2020 के अन्त में देश की राजधानी की सीमाओं

पर जो किसान आन्दोलन चल रहा है, उस पर भी यही हथकंडा इस्तेमाल किया जा रहा है।

वैसे, साल 2020 अगर कोरोना महामारी के संकट के नाम रहा तो वह उसी दौरान शाहीन बाग़ सहित देश-भर में फैले शाहीन बाग़ों में सक्रिय लोगों की किसी-न-किसी बहाने गिरफ़्तारी या उनपर कसते शिकंजे के नाम भी रहा।

यहाँ अगर हम इस बात का उल्लेख न करें कि किस तरह से फ़रवरी अन्त में देश की राजधानी दिल्ली को साम्प्रदायिक हिंसा का शिकार बनाया गया और इसके लपेटे में उन तमाम लोगों को लिया गया, जो सीएए विरोधी आन्दोलन का चेहरा थे या आन्दोलन के समर्थक थे, तो शायद हम पूरे ताने-बाने को समझने में असमर्थ रहेंगे। कोरोना काल में सबसे जमकर गिरफ़्तारियाँ दिल्ली में साम्प्रदायिक हिंसा वाले मामले में की गईं। इसमें एक सिरे पर जामिया मिल्लिया इस्लामिया आन्दोलन की मीडिया कॉ-ऑर्डिनेटर सफूरा ज़रगर को देखा जा सकता है, तो दूसरे सिरे पर जवाहरलाल नेहरू विश्वविद्यालय के प्रतिभावान छात्र व नेता उमर ख़ालिद दिखाई देते हैं। इनके दरम्यान सैकड़ों लोग ऐसे हैं, जिन्हें या तो गिरफ़्तार किया गया या जिनके ख़िलाफ़ मामले बनाए गए या जिनके नाम बहुत सोच-समझकर मीडिया में लीक किए गए।

शाहीन बाग़ की औरतों ने जब अपना आन्दोलन कोरोना महामारी से लड़ाई के नाम पर कुर्बान कर दिया, उसके बाद उनके इस संवैधानिक-शान्तिप्रिय आन्दोलन को एक बड़ी साज़िश में तब्दील करने की तैयारी सत्ता ने शुरू की। जिस समय दिल्ली जलना शुरू हुई, साम्प्रदायिक हिंसा में देश की राजधानी के एक हिस्से को जब शिकार बनाया जा रहा था, उस समय भी शाहीन बाग़ में चल रहा विरोध धरना पूरी तरह से शान्तिपूर्ण बना रहा। साम्प्रदायिक हिंसा की तपिश तो अफ़वाहों पर तैरते हुए यहाँ पहुँची, लेकिन शाहीन बाग़ आन्दोलन ने इससे एक भी चिनगारी नहीं सुलगने दी। यहाँ पर अमन-चैन क़ायम रहा, हालाँकि लगातार निशाना इसी ओर तना रहा। लेकिन ये सारे प्रयास दिल्ली पुलिस को उस समय नज़र नहीं आए, जब वह उसे दिल्ली हिंसा से जोड़कर चार्जशीट तैयार कर रही थी।

अब यह जो रवैया जाँच एजेंसियों ने अपना लिया है कि विरोध करने, असन्तोष ज़ाहिर करने को ही आपराधिक कार्रवाई मान लिया जाए, इसने भी शाहीन बाग़ की छाप को भारतीय राजनीति में स्थायी कर दिया। शाहीन

बाग़, बतौर एक आन्दोलन बेहद अनूठा था, इस बात से कोई भी इनकार नहीं कर पाया और न ही कर सकता है। शायद इसीलिए इसकी शक्ति और मार को भाँपते हुए आगे के तमाम आन्दोलनों का भी दानवीकरण (डमोनाइज) करने की सुनियोजित साज़िश यहीं से शुरू होती है। साधारण बोलचाल में, व्हाट्सअप मैसेज में, सोशल नेटवर्क पर जैसे ही किसी विरोध, किसी धरने की बात हो तो तुरन्त दक्षिणपंथी रुझान वाले लोग शाहीन बाग़ को घसीटकर ले आते हैं। हर बात पर शाहीन बाग़ वाली, शाहीन बाग़ की बिरयानी का हक़ अदा करनेवाले/वाली का ताना देना नया नार्मल हो गया। मुझे ही अनगिनत बार इन जुमलों से नवाज़ा गया।

इस तरह से जायज़ माँग को सरकारों के सामने उठाने को भी एक आपराधिक कृत्य की संज्ञा देने के लिए शाहीन बाग़ आन्दोलन का इस्तेमाल सरकारों द्वारा शुरू हो गया। इसके लिए बड़े पैमाने पर भारतीय जनमानस को तैयार करने का काम सोशल मीडिया के ज़रिये आईटी सेलों द्वारा किया जाने लगा। ठीक उसी तरह से जैसे इससे पहले जवाहरलाल नेहरू विश्वविद्यालय को एक विलेन के तौर पर, देशद्रोही ताक़तों के अड्डे के तौर पर दुष्प्रचारित किया गया, जबकि जवाहरलाल नेहरू विश्वविद्यालय देश के शीर्ष शैक्षणिक संस्थानों में शामिल है और खुद सरकारी आंकड़े इसकी गवाही देते हैं।

दूसरी तरफ़ शाहीन बाग़ आन्दोलन और गोलबन्दी की बिलकुल अलहदा नज़ीर बन गया। ऐसी नज़ीर, जहाँ बतौर नागरिक औरतें अपने वतन, उनकी नागरिकता, अपनी दावेदारी को बचाने के लिए निकल पड़ीं, बिना किसी राजनीतिक दल के ज़ाहिराना हस्तक्षेप या नेतृत्व के।

शाहीन बाग़ की औरतें, यहाँ की नानियाँ-दादियाँ अपनी चप्पलों को छोड़कर उठ गईं। कहने को कह सकते हैं, जैसे अपने खड़ाऊँ को छोड़ राम बनवास को निकले थे, वैसे ही ये औरतें अपनी संघर्षों की सत्ता को चप्पलों से छेंक कर चली गई...

अपने आन्दोलन को ज़िन्दा रखने की क़समें खाते हुए, एक-दूसरे को ढांढस दिलाते हुए, फिर जल्द मिलने के अहद के साथ वे ऐसे एक-दूसरे से गले मिलीं, मानो बचपन की गुइयाँ (दोस्त) हों। उनमें से किसी को भी यह अन्देशा नहीं था कि यह अन्तराल इतना लम्बा हो जाएगा। इतने दिन बीत जाएँगे। हर चीज़ को कोरोना काल डस जाएगा, इसका इल्म सिर्फ़ शाहीन

बाग़ की औरतों को ही नहीं, पूरी दुनिया में किसी को न था। 100 दिनों में शाहीन बाग़ ने भारतीय लोकतांत्रिक ढाँचे को बचाने के लिए फ़िक्रमन्द क़ौम का आगे का रास्ता तय कर दिया।

शाहीन बाग़ का रुतबा जम्हूरियत पसन्द लोगों में बढ़ता ही गया। लोग बात-बात में इन जाँबाज़ औरतों का हवाला देते और पूछते—क्या आपमें भी शाहीन बाग़ की औरतों जैसा हौसला है? शाहीन बाग़ ने मुसलमान औरतों के साथ-साथ औरतों की हिम्मत और राजनीतिक सूझबूझ की अलग छाप छोड़ी। बहुत से लोग जो इस आन्दोलन के पीछे की राजनीति या राजनीतिक सुगबुगाहटों से चिन्तित थे, वे भी शाहीन बाग़ की औरतों की लड़ने की शक्ति के कायल थे। इसने राजनीति के वैकल्पिक मॉडल को बिलकुल नया आयाम दिया।

बिना किसी राजनीतिक झंडे, राजनीतिक नेताओं, राजनीतिक संगठनों के यह पूरा आन्दोलन 100 फ़ीसदी राजनीतिक था। यहाँ हिन्दुत्ववादी विचारधारा के बरक्स साझी विरासत वाले भारत की नए सिरे से खोज हो रही थी। यहाँ नए भारत को गढ़ने में औरतें और उनके समर्थन में उतरे लोग व्यस्त थे। यहाँ अपने मुल्क पर दावेदारी का भाव था। यहाँ तमाम लोग खुद को बाक़ी भारतीय नागरिकों के समकक्ष मानकर प्रधानमंत्री नरेन्द्र मोदी से बात करने के इच्छुक थे। वे कहती थीं, "मोदी हमारे प्रधानमंत्री हैं, उन्हें वोट देकर इस देश के अवाम ने गद्दी पर बैठाया है। उन्हें हमारी सुननी ही होगी। यही हमारा संविधान कहता है। यही ज़म्हूरियत है।"

लोकतंत्र को अपने ढंग से व्याख्याहित करने का काम—संविधान की किताब को हाथ में थामकर—इस आन्दोलन ने बख़ूबी किया। यह एक बड़ी मिसाल बना। इस आन्दोलन के बारे में हमारे दौर की सबसे बड़ी इतिहासकार रोमिला थापर ने इंडियन कल्चरल फोरम में सलीम यूसुफ़जी के साथ बातचीत में बेहद अहम बिन्दुओं पर ध्यान डाला, उन्होंने कहा—

> *इसने (शाहीन बाग़ ने) 1940 के दशक के औपनिवेशिक विरोधी राष्ट्रीय आन्दोलन से जुड़े जनसमूह की यादें ताज़ा कर दीं। मैं यह नहीं कह रही कि यह कोई दोहराव था, क्योंकि दोनों के दौर और सन्दर्भ के बीच एक बड़ा फ़ासला है, लेकिन एक ऐसा माहौल*

तो था ही, जो इसे लेकर एक जाना-पहचाना-सा एहसास था और जिसने पहले के दौर की याद दिला दी। उपनिवेशवाद विरोधी जनान्दोलनों की पहुँच औरतों तक भी हो गई थी, और 1940 में तो उनकी भागीदारी ज़्यादा देखी जा रही थी। वे गांधी द्वारा बुलाई गई प्रार्थना सभाओं और अन्य राजनीतिक सभाओं में आती थीं। औरतों ने पहले भी इस तरह की सभाओं में भाग लिया था, लेकिन चालीस के दशक के शुरुआती सालों में तो इस भागीदारी के हाव-भाव ही कुछ अलग थे। शायद यह सहज अनुभूति थी कि यह आन्दोलन अपने निर्णायक क्षण, यानी आज़ादी पाने और भारत के स्वतंत्र राष्ट्र बनने की बात तक पहुँच रहा था। औरतों की भागीदारी प्रभावशाली थी, हालाँकि कुछ लोगों का कहना है कि ये औरतें बड़ी संख्या में बहला-फुसलाकर लाई जाती थीं। यह बात मानी जाती रही कि औरतों को शराब की दुकानों के घेराव करने और खादी पहनने से ज़्यादा कुछ करने की ज़रूरत थी। उस भागीदारी का मतलब था—बैठकों में भाग लेना और विरोध में अपनी आवाज़ मिलाना।

इसकी (शाहीन बाग़ की) शुरुआत तो पूरी तरह से एक ऐसे अहिंसक विरोध के तौर पर थी, जिसमें भाग लेनेवाली औरतें इस आन्दोलन की मंशा को पूरी तरह समझने के साथ शामिल हुई थीं। चूँकि वे बतौर भारतीय नागरिक अपने संवैधानिक अधिकारों को लेकर जागरूक थीं, इसलिए उन्हें अपनी नागरिकता के खो जाने का डर था। सभाओं में संविधान की प्रस्तावना को बार-बार पढ़ना एक धर्मनिरपेक्ष प्रकार की नागरिकता पर ज़ोर देने का ही तो प्रतीक था। यह उसी तरह की नागरिकता की याद दिला रहा था,जिसे लेकर उस समय के कुछ राष्ट्रीय नेता अपनी आवाज़ बुलन्द कर रहे थे। औरतों को राजनीतिक कार्रवाई को लेकर पर्दे से बाहर आने और भागीदारी करने का आह्वान सही मायने में पितृसत्ता के साथ सीधा टकराव का मामला था। पितृसत्ता के लिए यह ज़रूरी होता है कि औरतें घर में क़ैद रहें और सार्वजनिक जीवन में भाग नहीं ले।

...औरतों द्वारा जो रुख़ अपनाया गया था, वह साम्प्रदायिक राजनीति से एक़दम अलग था। फ़ौरी चिन्ता यही हो सकती है कि जिन लोगों की नागरिकता पर सवाल उठाए जा रहे थे, उनमें ज़्यादातर मुसलमान थे।

प्रदर्शनकारी अपनी नागरिकता के सिलसिले में नए क़ानूनों के निहितार्थ पर चर्चा करने को लेकर बातचीत की माँग कर रहे थे। पहली नज़र में तो यह माँग उन अल्पसंख्यकों के ही होने की सम्भावना थी, जो सबसे ज़्यादा प्रभावित होंगे, लेकिन जैसा कि पता चलता है कि बहुसंख्यक समुदाय के कई लोगों के पास भी ज़रूरी दस्तावेज़ नहीं हैं। यह न सिर्फ़ सामुदायिक पहचान, बल्कि भारतीय नागरिकता को साबित करने की ज़रूरी भारतीय पहचान की समस्या का मामला भी है।

मुझे शायद इस बात का भी ज़िक्र करना चाहिए कि हममें से जिन लोगों के पास ब्रिटिश राज की यादें और औपनिवेशिक-विरोधी आन्दोलन की स्मृति हैं, उन्हें उस दौर के तत्त्वों में से कुछ तत्त्व मौजूदा दौर की कुछ घटनाओं में भी मिल जाएँगे। समाज के कामकाज में एक ग़ैर-ज़रूरी हस्तक्षेप और धर्मनिरपेक्षता को कमज़ोर करनेवाले तौर-तरीक़ों पर आपत्ति जताते हुए विचार और अभिव्यक्ति की स्वतंत्रता को नियंत्रित करनेवाले धार्मिक कोड को लेकर चलनेवाली बहस एक ऐसी हालत को सामने रखती है, जिसमें स्वतंत्रता आन्दोलन वाला मंज़र दिखाई देता है, हालाँकि उस हद तक तो नहीं, लेकिन कुछ-कुछ तो वैसा ही दिखता है।

89 साल की उम्र की रोमिला थापर का खुद शाहीन बाग़ आना और तमाम औरतों की हौसलाअफ़ज़ाई करना और इस लड़ाई से खुद को जोड़ना, इस आन्दोलन के दूरगामी प्रभावों का स्थापित करता है। इस वरिष्ठ इतिहासकार ने अपनी अनुभवी और पैनी निगाहों से शाहीन बाग़ को अतीत, वर्तमान और भविष्य के आईने में व्याख्यायित किया।

(https://hindi.newsclick.in/A-Secular-Democracy-Threatened-Religious-Majoritarianism)

आगे का रास्ता किसान आन्दोलन के रूप में मूर्त रूप में समने आया। तीन कृषि क़ानूनों—'कृषक उपज व्यापार और वाणिज्य (संवर्धन और सरलीकरण) विधेयक, 2020', 'कृषि (सशक्तीकरण और संरक्षण) क़ीमत अश्वासन और कृषि सेवा करार विधेयक, 2020' और 'आवश्यक वस्तु संशोधन विधेयक, 2020' के ख़िलाफ़ देश की राजधानी दिल्ली की सीमाओं पर 26-27 नवम्बर, 2020 से शुरू हुए किसान आन्दोलन की धार और ज़मीनी पकड़ शाहीन बाग़ की तुलना में कहीं अधिक व्यापक थी। भारतीय राजनीति में किसान, किसान जत्थेबन्दियाँ और किसान यूनियनें ख़ासा प्रभाव रखती रही हैं, जिनको राजनीतिक रूप से सिरे से नकारना असम्भव रहा है, लेकिन केन्द्र की मोदी सरकार ने किसान आन्दोलन को डिसक्रेडिट करने, बदनाम करने की पूरी कोशिश की, सारे हथकंडे अपनाए। ख़ालिस्तान जैसे विध्वसंकारी विचार से जोड़ने जैसे दुष्प्रचार ख़ूब चले और आगे भी चलते ही रहेंगे, लेकिन इन तमाम हमलों, फ़ेक न्यूज़ और अनर्गल प्रलाप से कैसे लड़ा जा सकता है, इसकी बुलन्द मिसाल शाहीन बाग़ का आन्दोलन पहले ही पेश कर चुका था।

किसान आन्दोलन ने शाहीन बाग़ द्वारा खींची गई लकीर को और आगे बढ़ाया। शाहीन बाग़ ने उस मीडिया की खुलकर शिनाख़्त करने की कोशिश की थी, जो जनविरोधी एजेंडे के साथ किसी धरना स्थल पर पहुँचता है, नफ़रत का एजेंडा फैलाता है, झूठी ख़बरें चलाता है। इन मीडिया घराने के दुष्प्रचार का खुलकर जवाब दिया था शाहीन बाग़ ने। इस सिलसिले को आगे बढ़ाया किसान आन्दोलन ने। उन्होंने बाक़ायदा गोदी मीडिया की शिनाख़्त की। पोस्टर लगाया—एक के साथ एक फ़्री। खुलकर कहा कि हमें गोदी मीडिया नहीं चाहिए। अब यह रास्ता तो दिखाया शाहीन बाग़ ने ही न!

जायज़ मुद्दे पर विरोध प्रदर्शन, धरना करने का अगर संकल्प हो तो देश की जनता मदद करती है। यह सीख भी शाहीन बाग़ आन्दोलन की है। इसे ही आगे बढ़ाते हुए बढ़े पैमाने पर साकार किया किसान आन्दोलन ने। शाहीन बाग़ में देश के कोने-कोने से लोग आए मदद करने, खाना खिलाने, कड़कड़ाती ठंड में रजाई-कम्बल देने। खुद किसानों ने भी वहाँ लंगर खोला। अब देखिए, यही रास्ता किस तरह से किसान आन्दोलन की रीढ़ बना। तीन कृषि क़ानूनों के ख़िलाफ़ चलनेवाले इस किसान आन्दोलन ने सीधे-सीधे

कॉरपोरेट राज को चुनौती दी, अडानी-अंबानी का बायकॉट करने का आह्वान किया, लेकिन उनके यहाँ न तो अनाज की कमी हुई और न ही संसाधनों की। यह देश की जनता की शक्ति पर भरोसा करने का सबब रहा।

ऐसे अनगिनत आगे के रास्तों खोले शाहीन बाग़ ने। इनमें से एक का ज़िक्र किए बिना बात बिलकुल नहीं बनेगी और वह था इस बात को सुनिश्चित करना कि किसी भी राजनीतिक-सामाजिक-आर्थिक मुद्दे पर केन्द्रित आन्दोलन में अब आधी आबादी की शिरकत की गारंटी के बिना काम नहीं चलेगा। किसी भी सूरत में कोई भी आन्दोलन औरतों को नेतृत्व दिए बिना आगे नहीं बढ़ सकता, प्रगतिशील व लोकतांत्रिक होने का दावा नहीं कर सकता। भारतीय राजनीति में यह नारीवादी विमर्श (feminist gender discourse) बेहद ख़ामोशी से शामिल हुआ, शाहीन बाग़ की बदौलत।

एक बड़ी हलचल, क्या भविष्य के गर्भ में सोई पड़ी बाक़ी हलचलों को हिलाती-ढुलाती हैं क्या? क्या एक कड़ी से दूसरी कड़ी जुड़ती हैं? इन सब पहलुओं के बारे में सौ फ़ीसदी गारंटी के साथ तो कोई राजनीतिक भविष्यवाणी नहीं की जा सकती। आख़िर, 2014 के बाद से जो घटनाक्रम चल रहा है, उसके बारे में भी पहले से कोई क़यास कहाँ लगा पाया था? कौन-सा मुद्दा किस तरह से snowball effect कायम कर लेता है यानी अचानक से छोटा दिखनेवाला बिन्दु, तेज़ी से अपने इर्द-गिर्द समर्थन हासिल कर लेता है और बड़ा बन जाता है, कहना मुश्किल है। लेकिन ऐसा होता तो है। ऐसी कई घटनाएँ घटित हुईं, शाहीन बाग़ का आन्दोलन बड़ा होता गया और उसका असर राष्ट्रीय-अन्तर्राष्ट्रीय स्तर तक पहुँचा। बिलकिस नानी-दादी का दुनिया की सबसे प्रतिष्ठित माने जानेवाली पत्रिका टाइम में छपना इसी कड़ी का हिस्सा है।

शाहीन बाग़ ने सिखाया-दिखाया कि शान्तिपूर्ण ढंग से इंसाफ़ की लड़ाई लड़ने का जज़्बा भारतीय औरतों में पूरे दम-खम के साथ मौजूद है।